Literatur um 1900
Naturalismus – Fin de Siècle – Expressionismus

Akademie Studienbücher

Literaturwissenschaft

Herausgegeben von
Iwan-Michelangelo D'Aprile

Philip Ajouri

Literatur um 1900

Naturalismus – Fin de Siècle – Expressionismus

Akademie Verlag

Der Autor:
Dr. Philip Ajouri, Jg. 1974, Akademischer Mitarbeiter der Abteilung für Neuere Deutsche Literatur I an der Universität Stuttgart

Bibliografische Information der Deutschen Nationalbibliothek
Die Deutsche Nationalbibliothek verzeichnet diese Publikation in der Deutschen Nationalbibliografie; detaillierte bibliografische Daten sind im Internet über http://dnb.d-nb.de abrufbar.

ISBN 978-3-05-004536-8

© Akademie Verlag GmbH, Berlin 2009

www.akademie-studienbuch.de
www.akademie-verlag.de

Das eingesetzte Papier ist alterungsbeständig nach DIN/ISO 9706.
Alle Rechte, insbesondere die der Übersetzung in andere Sprachen, vorbehalten. Kein Teil dieses Buches darf ohne schriftliche Genehmigung des Verlages in irgendeiner Form – durch Fotokopie, Mikroverfilmung oder irgendein anderes Verfahren – reproduziert oder in eine von Maschinen, insbesondere von Datenverarbeitungsmaschinen, verwendbare Sprache übertragen oder übersetzt werden.

Einband- und Innenlayout: milchhof : atelier, Hans Baltzer Berlin
Einbandgestaltung: Kerstin Protz, Berlin, unter Verwendung eines Titelblatts der
   Jugend. Münchner illustrierte Wochenschrift für Kunst und Leben (Januar 1900/Nr. 1),
   München und Leipzig. bpk/Dietmar Katz.
Satz: Druckhaus „Thomas Müntzer" GmbH, Bad Langensalza
Druck und Bindung: CS-Druck Cornelsen Stürtz GmbH, Berlin

Printed in Germany

Literatur um 1900

1	**Moderne um 1900**	9
1.1	Moderne Gesellschaft	11
1.2	Literatur in der modernen Gesellschaft	16
1.3	Die „Ur-Katastrophe" 1914	21
2	**Literarischer Wandel**	25
2.1	Der Wandel aus der Sicht der Zeitgenossen	27
2.2	Realistisches und nachrealistisches Erzählen	28
2.3	Konzepte des Wandels	33
3	**Steckbriefe**	41
3.1	Naturalismus	43
3.2	Fin de Siècle	46
3.3	Expressionismus	49
4	**Autorschaft**	55
4.1	Autorschaft als Problem der Moderne	57
4.2	Die Boheme	58
4.3	Revolutionäre, Wissenschaftler und Heilige	60
4.4	Künstlerproblematik bei Thomas Mann	66
5	**Neue Religiosität**	69
5.1	Religiosität und Religionskritik	71
5.2	Monismus und Literatur	72
5.3	Lebensphilosophie und Lebensbegriff	76
6	**Literatur und Gesellschaft**	83
6.1	Industrialisierung und Arbeitswelt	85
6.2	Naturalismus und Sozialdemokratie	86
6.3	Kunst für die Kunst im Fin de Siècle?	90
6.4	Gesellschaftskritik im Expressionismus	91
7	**Erkenntnisoptimismus und Naturalismus**	99
7.1	Materialismus und Positivismus	101
7.2	Positivismus in der Poetik	102
7.3	Wirklichkeit und Erkenntnis im Drama	106

8 Ich-Krise I: Philosophie und Bewusstseinspsychologie — 115
8.1 Das Ich in Philosophie und Bewusstseinspsychologie — 117
8.2 Impressionismus in der Lyrik — 122
8.3 Ich-Krise und neue Ich-Entwürfe im Einakter — 125

9 Ich-Krise II: Tiefenpsychologie — 131
9.1 Tiefenpsychologie und Literatur — 133
9.2 Darstellung des „Halbbewussten" bei Schnitzler — 137
9.3 Erweitertes Bewusstsein bei Rilke und Musil — 140
9.4 Döblin: Narrativierung psychischer Krankheiten — 143

10 Sprachkrise und neue Ausdrucksformen — 147
10.1 Entstehung der Sprachskepsis — 149
10.2 Sprachkrise bei Hofmannsthal — 152
10.3 Auswege und Alternativen — 154
10.4 Vom Expressionismus zum Dadaismus — 158

11 Völkische Bewegung und Heimatkunst — 163
11.1 Die völkische Bewegung — 165
11.2 Programmatik der Heimatkunst — 168
11.3 Der Heimatroman — 170
11.4 Völkische Theaterreform und völkisches Drama — 174

12 Degeneration und Décadence — 177
12.1 Verhältnis von Degeneration und Décadence — 179
12.2 Krankheit und Verfall — 182
12.3 Künstlichkeit und Ästhetizismus — 185
12.4 Erotik und Geschlechterrollen — 188

13 Wahrnehmung und neuer Mensch im Expressionismus — 191
13.1 Dissoziierte Wahrnehmung in der Großstadt — 193
13.2 Kinodebatte und Kinostil — 195
13.3 Experimentelle Reflexionsprosa — 198
13.4 Utopie, Wandlung und neuer Mensch — 202

14 Wirkungsgeschichten — 207
14.1 1933 – Eine historische Zäsur — 209
14.2 George: Verehrung, Vereinnahmung, Parodie — 210
14.3 Die Expressionismusdebatte — 213
14.4 Kafkas Popularität — 216

15	**Serviceteil**	221
15.1	Allgemeine Hilfsmittel	221
15.2	Textsammlungen	223
15.3	Werkausgaben, Periodika und Institutionen zu einzelnen Autoren	225
16	**Anhang**	233
16.1	Zitierte Literatur	233
16.2	Abbildungs- und Gedichtverzeichnis	246
16.3	Personenverzeichnis	247
16.4	Glossar	251

1 Moderne um 1900

Abbildung 1: Jugend. Münchner illustrierte Wochenschrift für Kunst und Leben (Januar 1900 / Nr. 1), Titelblatt

Der monumentale Januskopf auf dem Titelblatt der Zeitschrift „Jugend" befindet sich auf einem Sockel, der mit der Jahreszahl 1900 versehen ist. Der Doppelkopf besteht aus dem abgewandten Gesicht einer alten und dem nach vorne blickenden Kopf einer jungen Frau. Beide Köpfe werden durch ein Blumenband zusammengehalten. Am Fuß des Sockels lehnt ein Mann, der mit starren Augen und heruntergezogenen Mundwinkeln dem Blick des jungen Frauenkopfs folgt.

Die Zeit um 1900 wurde von den damaligen Menschen als markante Zeitenwende erfahren. Auf der einen Seite war die reiche überlieferte Kultur der vergangenen Jahrhunderte. Doch diese verlor rasant an Geltung und schien keine Orientierungspunkte mehr für die Gegenwart zu liefern. Die Gegenwart war wiederum ganz auf die Zukunft ausgerichtet, die zwar idealerweise harmonisch – gleichsam durch ein Blumenband – mit der Vergangenheit verbunden sein sollte, der man aber dennoch mit gemischten Gefühlen entgegensah. Der Feuilletonist Friedrich Michael Fels schrieb 1891: „Wir stehen an der Grenzscheide zweier Welten; was wir schaffen, ist nur Vorbereitung auf ein künftiges Großes, das wir nicht kennen, kaum ahnen" (Fels 1891 in: Brunner 1972ff., Bd. 4, S. 121). Die Jetztzeit sollte also zur Vorbereitung der Zukunft dienen, die jedoch im hohen Maße als ungewiss, offen und gestaltbar erlebt wurde. Was für eine Gesellschaft war das, die so gebannt in eine offene Zukunft blickte? Welche Stellung hatte die Literatur in dieser Zeit? Unter welchen gesellschaftlichen Bedingungen wurde sie geschrieben und gelesen?

1.1 **Moderne Gesellschaft**
1.2 **Literatur in der modernen Gesellschaft**
1.3 **Die „Ur-Katastrophe" 1914**

1.1 Moderne Gesellschaft

Seit etwa Mitte der 1880er-Jahre empfanden sich die Menschen explizit als „modern" (von lateinisch *modo*; eben, erst, jetzt) und die eigene Epoche als Moderne. Dieses Substantiv wurde vom Literaturhistoriker Eugen Wolff 1888 in einer Abhandlung eingeführt, um die neueste Literatur zu charakterisieren. Zwar hatte man schon im Mittelalter den lateinischen Terminus *modernus* verwendet, um sich vom Alten und Überlieferten abzusetzen, aber erst um 1890 wurde der Begriff substantiviert und zum gängigen Schlagwort. Im Kern des um 1890 verwendeten Moderne-Begriffs steckt ein besonderes Verhältnis zur Zeit: Das Zeiterleben beschleunigte sich. Das bedeutet, dass die Menschen die Vergangenheit als etwas wahrnahmen, das immer schneller veraltete, und die Zukunft als etwas, das immer rasanter heranrückte. Die Gegenwart schrumpfte zur „Vergangenheit einer zukünftigen Gegenwart" (Gumbrecht in: Brunner 1972ff., Bd. 4, S. 96). Die Moderne wurde zu einem Projekt, das gestaltet werden musste; denn je weniger die Vergangenheit Maßstab für die Gestaltung des Kommenden war, desto ‚offener' wurde die Zukunft empfunden.

Begriff „Moderne"

Einen gesellschaftsübergreifenden Konsens darüber, wie die Zukunft aussehen sollte, gab es nicht, und nicht einmal über die Deutung der Gegenwart ließ sich Einigkeit erzielen. Um 1900 herrschte ein Meinungspluralismus, der in dieser Form neu war. War die Gesellschaft im Fortschritt oder im Verfall begriffen? Was war ein gesellschaftliches Ideal, für das sich zu kämpfen lohnte? Eine klassenlose Gesellschaft, wie die Sozialisten dachten, die Einheit und Reinheit des Volkes, wie Teile der Völkischen Bewegung glaubten, die Rückkehr zu einem natürlichen Leben, wie sie von Anhängern der Lebensreformbewegung gefordert wurde, oder, ganz im Gegenteil, der technische Fortschritt? Sollte das Deutsche Reich eine Monarchie bleiben, war eine demokratische Gesellschaftsordnung erstrebenswert oder wollte man gar anarchische Zustände? Die verschiedensten gesellschaftlichen Gruppen stritten für ihre Ziele und rangen um Aufmerksamkeit.

Meinungspluralismus

Ebenso wenig Übereinkunft war über das Wesen und die Aufgaben der Dichtung herzustellen. Sollte sich die Literatur im Dienst der Wahrheit den Naturwissenschaften anschließen? War die Veränderung der Gesellschaft eines ihrer Ziele? Oder war Dichtung im Gegenteil gerade dasjenige, das gar keinen Zweck hatte? Schufen Dichter gleichsam heilige Texte für eine kleine Schar auserwählter Geister oder sollte Literatur populär-unterhaltend sein und die Massen errei-

Rolle der Dichtung

chen? Für alle diese und viele weitere Auffassungen lassen sich in den Jahren zwischen 1885 und 1920 wichtige Autoren und Leserkreise ausmachen. Diese Vielfalt existierte im Wesentlichen gleichzeitig – auch das ist in dieser Radikalität neu.

Folgt man dem Soziologen Niklas Luhmann, ist genau dieser Meinungspluralismus ein grundlegendes Kennzeichen moderner Gesellschaften: Sie können über ihre wichtigsten Ideen und Werte keinen Konsens mehr erzielen. Das lässt sich Luhmann zufolge mit dem Aufbau moderner Gesellschaften erklären. Bis weit ins 18. Jahrhundert war die mitteleuropäische Gesellschaft vorwiegend stratifikatorisch differenziert, das heißt in Schichten (Stände) unterteilt, die jeweils das Leben und Denken des Einzelnen bestimmten. Viele Abstimmungsfragen stellten sich erst gar nicht, weil Beruf, Partnerwahl und wichtige Werte für diesen Stand vorgeschrieben waren; man lebte ausschließlich innerhalb seines Standes, war in ihm eingeschlossen (inkludiert) und gewann erst durch ihn seine Identität (vgl. Luhmann 1993).

Diese Gliederung der Gesellschaft in Schichten wurde in einem lange währenden Prozess durch eine Differenzierung in Funktionssysteme abgelöst – nicht vollständig, aber doch in großen Bereichen. Moderne Gesellschaften bestehen dieser Sicht nach aus verschiedenen Funktionssystemen (Recht, Wirtschaft, Wissenschaft, Bildung, Gesundheit, Kunst etc.), die jeweils ganz eigene oberste Werte haben (Gerechtigkeit, Gewinn, Wahrheit, Ausbildung, Gesundheit, Schönheit etc.), um ihren Zweck möglichst gut erfüllen zu können. Doch der Zweck des einen Systems gilt nicht im anderen, weil keines als grundlegend angesehen werden kann. Der moderne Mensch ist nicht mehr lebenslang in einen Stand eingeschlossen, sondern er nimmt an vielen verschiedenen Systemen in wechselnden Konstellationen teil. Konnte ein Adliger früher Rechtsangelegenheiten standesgemäß regeln, so musste beispielsweise ein Arzt um 1900 seinen Rechtsstreit nach den spezifischen und ihm selbst zunächst unverständlichen Regeln des Rechtssystems (mit Gesetzestexten, Kommentaren, Richtern, Anwälten, Gutachtern, Revisionen, Instanzen, Zuständigkeiten) beilegen. Die immer weitere Ausdifferenzierung dieser Systeme führte zur Auflösung überlieferter Semantiken, das heißt, die Gesellschaft konnte sich immer weniger auf gemeinsame Ziele, Werte und Praktiken einigen. In einem viel zitierten Aufsatz hat Horst Thomé auf diesen zentralen Veränderungsprozess und seinen Zusammenhang mit dem modernen Krisenbewusstsein hingewiesen (vgl. Thomé 2000).

Für die Individualität eines Menschen bedeutet dies, dass sie nicht mehr wie früher durch Inklusion (in einen Stand), sondern durch Exklusion bestimmt wird. Eben weil der Arzt mit dem Zweckprimat des Gesundheitssystems („Gesundheit") weder vor Gericht etwas erreicht noch mit demselben seine Finanzen regeln kann, muss er als moderner Mensch seine Individualität außerhalb dieser Funktionssysteme suchen. Gerade das, was in den unterschiedlichen Rollen nicht aufgeht, wird seit dem 18. Jahrhundert als die einzigartige Individualität des Menschen semantisiert (vgl. Luhmann 1993).

Nun gab es noch im 19. Jahrhundert Bereiche, aus denen insbesondere bürgerliche Schichten ihre Individualität durch Inklusion gewinnen konnten, und das waren Familie und Arbeit. Die Familie stand in allerhöchster Geltung. Singles, unverheiratete Paare in häuslicher Gemeinschaft und Scheidungen gab es so gut wie nicht. Die Familie wurde noch im *Kleinen Brockhaus* von 1911 als „natürliche Grundform alles gesellschaftlichen Lebens" interpretiert und sollte aus der Ehe sich zweckfrei liebender Menschen hervorgehen (vgl. Nipperdey 1998, S. 43–73). Weiterhin verstanden insbesondere (männliche) Bildungsbürger ihre Arbeit nicht bloß als Job, der den Unterhalt sicherstellte. Ebenso wenig empfanden sie sich als Spezialisten, deren Arbeit keinen übergeordneten Bildungswert hatte. Im Gegenteil: Sie sprachen ihrer Bildung eine persönliche Bedeutung zu und entwickelten eine Berufsmoral, die mit Werten wie „Dienst am Allgemeinen", Pflicht, Loyalität oder Fürsorge weitere Lebensbereiche zu regeln vermochte (vgl. Nipperdey 1998, S. 382–389).

Familie und Arbeit

Die Frau übernahm mit der Heirat Titel und Rang des Mannes (Frau Doktor, Frau Kommerzienrat) und fügte sich in die patriarchalische Familienstruktur. Sie wurde selbst als kaum geschäftsfähig betrachtet, der Mann handelte für sie. Die Frau musste bzw. konnte ihre Individualität damit nur über ihre Zugehörigkeit zur Familie bestimmen. In den Bereichen Ehe/Familie und Arbeit überdauerten also alte Bestandteile der Inklusionsindividualität.

Stellung der Frau

Um 1900 änderte sich die gesellschaftliche Realität von Familie und Arbeit sowie, in einer Art wechselseitiger Abhängigkeit, auch die ihnen kulturell zugeschriebenen Bedeutungen. Die Frauenbewegung forderte bessere Berufs- und Bildungsmöglichkeiten sowie eine rechtliche Gleichstellung mit dem Mann (vgl. Nipperdey 1998, S. 73–112). Das Ergebnis war die zunehmende Emanzipation der Frau. Frauen arbeiteten immer häufiger in der Fabrik oder dem Dienstleistungssektor und wurden finanziell selbstständiger. Auch wenn es selten praktiziert wurde, so war es doch zumindest denkbar geworden, als Frau alleine zu leben. Insgesamt kam es zu einer Pluralisierung der Frauenrollen.

Emanzipation der Frau

MODERNE UM 1900

Wandel der Familie

In der Familie wurden die vormals gleichsam als natürlich angesehenen Familienverhältnisse als sozial variabel durchschaut. Die patriarchalische Stellung des Vaters geriet durch die beginnende Emanzipation der Frau und die Jugendbewegungen ins Wanken – eines der zahlreichen literarischen Zeugnisse für diese Veränderung ist das Drama *Der Sohn* (1914) vom Expressionisten Walter Hasenclever (→ KAPITEL 6.4). In den Großstädten, in denen soziale Kontrolle nicht in dem Maße wie auf dem Land vorhanden war, entstanden besondere Gesellschaftsschichten wie die Boheme, die ein dezidiert antibürgerliches Leben führte (→ KAPITEL 4.2). Hier gab es offene Beziehungen, uneheliche Partnerschaften, sexuell selbstbestimmte Frauen, alleinerziehende Mütter. Diese Lebensformen erschienen plötzlich als Alternativen zur bürgerlichen Familie, die auf der als heilig und naturgemäß verstandenen Ehe beruhte. Die Sexualmoral änderte sich langsam auch in breiteren Schichten. Die Ehe und die darauf gegründete Institution Familie büßte in der Folge einen Teil ihrer Fähigkeit ein, die Individualität von Vätern, Müttern und jugendlichen Kindern allein durch die Tatsache zu gewährleisten, dass diese einer Familie angehörten.

Wandel der Arbeitswelt

Aber auch die Arbeitswelt wandelte sich radikal: Im Zuge der Industrialisierung wuchs die Größe der Betriebe, hohe Investitionen in Produktionsgüter bedingten eine straffere Arbeitsorganisation und führten zu schweren Verwerfungen am Arbeitsmarkt, etwa weil sich Handarbeit nun nicht mehr lohnte (→ KAPITEL 6). Arbeitsabläufe wurden nach 1900 analysiert und rationalisiert (Taylorismus), in normierten Produktionsanlagen wurden arbeitsteilig Massenprodukte gefertigt. Jeder Arbeitnehmer war durch seine Funktion definiert und konnte gegen einen anderen bei Funktionsgleichheit ausgetauscht werden. Das wurde als problematisch empfunden. Die Marxisten sprachen von „Entfremdung" von der Arbeit, der Soziologe Max Weber stellte eine Trennung von Wertsphäre und Beruf fest. In immer mehr Berufszweigen konnte der Arbeitnehmer seine Individualität nicht mehr durch seine Zugehörigkeit zur Arbeitswelt definieren, sondern musste sich schon vorher als Individuum verstanden haben, das neben vielem anderen auch einer Arbeit nachging.

Eben weil Ehe und Familie bzw. das Arbeitsleben Reservate von Inklusionsindividualität waren, musste der Wandel in diesen Bereichen die Schwierigkeiten bei der Identitätssuche verschärfen. Diese Probleme trugen erheblich zur sogenannten Krise des modernen Subjekts bei, die zu einem der zentralen Themen der Literatur um 1900 wurde. In Arthur Schnitzlers Dramen-Zyklus *Anatol* (1892) wurden beispielsweise (sexuelle) ‚Treue' und Liebe als etwas täglich Wech-

Krise des Subjekts

selndes dargestellt, was im Text wiederum mit der Frage nach der Stabilität des Ich korreliert (→ KAPITEL 8). Oder die moderne Arbeitswelt wurde als entfremdend dargestellt, sei es, dass Gottfried Benn in seiner Novellensammlung *Gehirne* (1916) einen Arzt vorführt, der nach der pathologischen Begutachtung von zweitausend Leichen erschöpft ist (→ KAPITEL 13.3), sei es, dass im expressionistischen Drama *Die Wandlung* (1919) von Ernst Toller eine Fabrik als Gefängnis gezeigt wird.

Im Laufe des 19. Jahrhunderts hatten es die Naturwissenschaften zu hohem Ansehen gebracht. Die funktionale Differenzierung hatte um 1900 auch sie voll erfasst. Sie waren inzwischen – anders als noch um 1800 – in der Regel deutlich von der Philosophie abgegrenzt und institutionell verankert. Es gab immer mehr Fachstudiengänge an Universitäten oder an den restrukturierten oder neu gegründeten Technischen Hochschulen sowie spezialisierte Forschungseinrichtungen, etwa das Seminar für experimentelle Psychologie der Universität zu Berlin, dessen Direktor Carl Stumpf den Schriftsteller Robert Musil promovierte. Die Disziplinen hatten zunehmend eigene Forschungsverfahren (Beobachtung, Experiment etc.) und publizierten ihre Ergebnisse in Fachzeitschriften, wobei man sich im Klaren darüber war, dass dieses neue Wissen auch schnell wieder überholt sein konnte. Diese Spezialisierung führte zu großen Erfolgen, viele Entdeckungen konnten technisch nutzbar gemacht werden und veränderten den Alltag. Vor allem die Literatur des Naturalismus orientierte sich an den Erkenntnissen der Naturwissenschaften und an der Methode des Positivismus, die darin bestand, ohne metaphysische Spekulationen das Gegebene zu beschreiben und die Abhängigkeiten der gegebenen Tatsachen untereinander exakt festzuhalten (→ KAPITEL 7).

Naturwissenschaften

Die Fachwissenschaftler erwarteten keine umfassende Sinngebung mehr von ihren Forschungsergebnissen und die universitäre Philosophie hatte durch die massive Kritik an der Philosophie des deutschen Idealismus stark an Einfluss verloren. Es entwickelte sich seit den 1850er-Jahren eine neue Art von Weltanschauungsliteratur, die die Ergebnisse der Naturwissenschaften aufgriff und sie mit Bestandteilen aus der Philosophie so verquickte, dass kühne Hypothesen die Folge waren. Letztere wurden wiederum oft genug als gesicherte Erkenntnis ausgegeben. Das Erfolgsbuch *Die Welträthsel* (1899) des Biologen Ernst Haeckel ist ein Beispiel hierfür. Je stärker er seine am Darwinismus orientierte Naturphilosophie vertrat, die er als eine neue Religion (→ KAPITEL 5.2) ausgab, desto weniger wurde er von Fachkollegen ernst genommen. Dennoch erfuhren diese Art von Weltanschauungslitera-

Weltanschauungsliteratur

tur und andere Formen von Ganzheitsangeboten vom Arbeiter bis zum Bildungsbürger stärkste Resonanz.

Unter den Wissenschaften gewannen die Bewusstseinspsychologie und die Psychoanalyse besondere Bedeutung für die Literatur, weil ihre Ergebnisse die Selbstdeutung des Menschen unmittelbar veränderten. Althergebrachte Ich-Konzepte, die sich zum Teil bis in die 1880er-Jahre bewährten, waren davon ausgegangen, dass das Ich eine zeitlich stabile, autonome, rationale und bewusste Einheit sei. Dieser Ich-Entwurf geriet im letzten Drittel des 19. Jahrhunderts in eine fundamentale Krise, die als *Modernisierung des Ich* (1989) beschrieben wurde (vgl. Pfister 1989). Die Autonomie des Menschen wurde dadurch infrage gestellt, dass seine biologische und soziale Bedingtheit erforscht wurden. Die Bewusstseinspsychologie glaubte, dass alles Psychische bewusst sei, und strebte nach wissenschaftlicher Exaktheit sowie experimenteller Überprüfbarkeit. Der Psychologe Wilhelm Wundt löste beispielsweise die Seele in einzelne Empfindungen und Gefühle auf, was bei den Rezipienten wie dem Physiker und Philosophen Ernst Mach zu der Annahme führte, dass Ich sei flüchtig und dem Augenblick verhaftet (→ KAPITEL 8). Die Tiefenpsychologie, insbesondere die psychoanalytische Lehre Sigmund Freuds, behauptete dagegen, dass der wichtigste Teil der menschlichen Seele unbewusst sei – eine unterschwellige Depotenzierung des Ich durch die Mächte des Unbewussten, die auch für die Dichtung wichtig wurde (→ KAPITEL 9). Verbunden insbesondere mit subjekt- und erkenntniskritischen Positionen, wie sie in den Schriften des zeitgenössischen Philosophen Friedrich Nietzsche zu finden sind, modellierten und verstärkten diese wissenschaftlichen Erkenntnisse die oben beschriebene Krise des Subjekts.

Modernisierung des Ich

1.2 Literatur in der modernen Gesellschaft

Zivilisatorische und ästhetische Moderne

Von einer zivilisatorischen Moderne, wie sie mit ihrem Hauptmerkmal der funktionalen Ausdifferenzierung beschrieben wurde, muss eine ästhetische Moderne, also die Summe moderner Werke von Künstlern und Schriftstellern, unterschieden werden. Natürlich sind beide Phänomene nicht zu trennen: Die ästhetische Moderne fand unter den besonderen Bedingungen der modernen Gesellschaft statt. Trotzdem nahmen beide Modernen nicht immer positiv zueinander Stellung. Die ästhetische Moderne reflektierte häufig kritisch den zivilisatorischen Modernisierungsprozess und umgekehrt wurde die ästhetische Moderne vielfach von Vertretern der zivilisatorischen Moderne angegriffen (vgl. Anz 2002, S. 18-23).

Die Literatur als ein System der Gesellschaft blieb von der weiter fortschreitenden funktionalen Differenzierung und der zunehmenden Pluralisierung nicht unberührt. Durch die Durchsetzung der Schulpflicht hatte sich die Alphabetisierungsquote erhöht. Der Buchmarkt – neben käuflichen Büchern und Zeitschriften gab es mehrere tausend Leihbibliotheken – wurde größer, anonymer und heterogener. Wichtige Institutionen des literarischen Lebens des 19. Jahrhunderts, beispielsweise Familienzeitschriften wie *Die Gartenlaube* oder die Hoftheater, verloren an Bedeutung und büßten ihre Orientierungsfunktion ein. Denn zum einen bedienten Schriftsteller mit Unterhaltungsliteratur ein anonymes Massenpublikum, zum anderen bildeten sich Subkulturen, denen jeweils eigene Verlage, Zeitschriften, Theaterbühnen und Leser beziehungsweise Zuschauer nahestanden. Die Trägerschichten von Literatur, also diejenigen Schichten, die Literatur schrieben, lasen und institutionell trugen, pluralisierten sich. So wurde Ende der 1880er-Jahre der neugegründete S. Fischer Verlag zum Forum der Naturalisten, die Freie Bühne in Berlin zum Spielort naturalistischer Stücke, publizierte der Diederichs-Verlag zunehmend esoterische und mystische Literatur, sammelten die Verleger Ernst Rowohlt und Kurt Wolff ab 1910 die jungen expressionistischen Autoren um sich. Zahlreiche Gruppierungen und Vereine entstanden, häufig mit einem speziellen ästhetischen Programm und einer eigenen Lesergruppe (→ KAPITEL 3). Die verschärfte zeitliche Beschleunigung in allen Lebensbereichen machte sich auch in der Literatur bemerkbar, und zwar dadurch, dass sich die literarischen Strömungen schnell gegenseitig zu überbieten trachteten. Der Naturalismus war beispielsweise kaum entstanden, schon rief der Wiener Hermann Bahr zur *Überwindung des Naturalismus* (1891) auf.

Pluralisierung der Trägerschichten von Literatur

In der Ästhetik herrschten bei zunehmender Beschleunigung der Entwicklung ein Innovationsgebot und dementsprechend ein Imitationsverbot. Die Künstler wollten Avantgarde sein, also wie eine Vorhut dem großen Heer voranstürmen. Dabei wurden ‚Revolutionen' der Literatur, z. B. der Lyrik oder des Theaters, verkündet (→ KAPITEL 2.1), denn die Opposition zu anderen Strömungen war häufig ein zentrales Moment des eigenen Programms. Die Feststellung eines Imitationsverbotes gilt allerdings nicht allgemein, da in einigen Subkulturen, beispielsweise im Kreis um den Lyriker Stefan George, gerade die Nachahmung des Meisters geboten sein konnte (→ KAPITEL 4.3). Neben dieser Gründung einer ganz eigenen Tradition und

Ästhetik der Avantgarde

dem inszenierten Traditionsbruch gab es aber auch Rückgriffe auf alte und älteste Literatur, beispielsweise wenn Hugo von Hofmannsthal den antiken Elektra-Stoff in seinem gleichnamigen Drama *Elektra* (1904) wieder aufgriff (vgl. Frick 2007).

Anders als im Realismus, wo beispielsweise politische Dichtung, sogenannte Tendenzdichtung, verpönt war (→ ASB STOCKINGER), konnte sich die Literatur um 1900 beinahe beliebig anderen Bereichen der Gesellschaft öffnen oder verschließen. Literatur wurde in den Dienst der Politik, der Religion oder der Wissenschaft gestellt, konnte aber auch, ganz im Gegenteil dazu, hermetisch gegen andere Bereiche der Gesellschaft abgeschlossen werden. Dieser im 18. Jahrhundert begonnene Autonomisierungsprozess von Dichtung radikalisierte sich insofern, als sie sich nun vom Anspruch emanzipierte, gut, wahr und schön sein zu müssen. Dass Dichtung in irgendeiner Weise das Gute befördern solle, war über die längste Zeit der Literaturgeschichte und verstärkt in der Aufklärung (→ ASB D'APRILE/SIEBERS) eine Selbstverständlichkeit gewesen. Um 1900 nun wurde die Bindung der Literatur an solch ethische Werte zurückgewiesen, etwa im Ästhetizismus (→ KAPITEL 8.3, 12.3). Ähnlich verhält es sich mit der lange tradierten Auffassung, Literatur vermittle – auf eine wie auch immer verschlüsselte Weise – Wahrheit und Erkenntnis. Auch dieses Postulat wurde um 1900, etwa im Organ des George-Kreises, den *Blättern für die Kunst*, abgestritten. Schon seit Charles Baudelaires *Les Fleurs du Mal* (1857; *Die Blumen des Bösen*, 1925) gab es einflussreiche literarische Beispiele für eine dezidierte Ästhetik des Abstoßenden (z. B. das Gedicht *Une Charogne*, deutsch: *Ein Aas*). Das Hässliche und Kranke sowie der Wahnsinn wurden seit dem Naturalismus verstärkt zum Gegenstand der Dichtung und nach 1890 in Deutschland auch positiv bewertet. Damit war Dichtung nun prinzipiell aus der Trias des Guten, Wahren und Schönen gelöst, was freilich nur hieß, dass das Verhältnis eines Textes oder seines Autors zu diesen Werten je verschieden ausfallen konnte.

Autonomisierung der Literatur

Um 1900 verlor ein weiteres Ordnungsschema an Bedeutung, das lange die dichterische Produktion bestimmte und entsprechend die Erwartung des Publikums lenkte: das System der literarischen Gattungen mit den Hauptformen Epik (Roman, Novelle), Lyrik und Dramatik (Tragödie, Komödie). Nachdem diese Unterscheidungen im 19. Jahrhundert über die längste Zeit unbedingte Geltung hatten und sogar eine Wertung implizierten – die Tragödie stand am höchsten –, kam es um 1900 vermehrt zu Mischformen. Das Drama wurde im Naturalismus durch detaillierte Nebentexte dem Epischen ange-

Wandel des Gattungssystems

nähert. Der Wiener Hugo von Hofmannsthal schrieb gereimte lyrische Dramen. Das Prosagedicht, aus Frankreich stammend, verbreitete sich und konnte auch die Sprache von längeren erzählenden Texten bestimmen, etwa von Rainer Maria Rilkes *Die Aufzeichnungen des Malte Laurids Brigge* (1910). Man kann das „Lyrisierung" der Prosa nennen (Völker 1993, S. 491) und darunter verstehen, dass in der modernen Prosa das Erzählen subjektiv-monologisch wird, der traditionelle Plot an Bedeutung verliert und die textinterne Verweisungsstruktur, Bildlichkeit sowie Musikalität der Sprache größeres Gewicht bekommen.

Neben der Auflösung fester Gattungsgrenzen wurde die Ästhetik der modernen Literatur zusätzlich von modernen Medien, von der Massenpresse und der Werbung geprägt. Das Zeitungslesen wurde nicht zuletzt durch die kommerziellen Werbeanzeigen (die Generalanzeiger) für alle Schichten erschwinglich, die Presse veränderte die Wahrnehmung der Welt und wurde durch die hohen Auflagenzahlen zunehmend zu einer eigenen Macht im Staat. Jakob van Hoddis' Gedicht *Weltende* (1911) reflektiert beispielhaft die durch Zeitungslektüre mitbedingte neue Weltwahrnehmung (→ KAPITEL 13). Neben der Massenpresse – häufig auch in Abgrenzung zu ihr – gab es die vielen Kulturzeitschriften mit zum Teil sehr kleinem Leserkreis (→ KAPITEL 3). Der Wiener Karl Kraus ging in bewusste Opposition zur Massenpresse und kämpfte mit seiner Zeitschrift *Die Fackel* dagegen an, dass die Sprache durch die ‚Journaille' seiner Meinung nach zunehmend verflachte.

Massenpresse

Kulturzeitschriften

Der Gegensatz von Großstadt und Landleben war um 1900 sicher größer als heute und hatte großen Einfluss auf die Literatur. Erscheinungen der Moderne wie Straßen- bzw. Wohnraumbeleuchtung durch Gas und Strom, Leuchtreklame, Straßenbahnen und moderne Medien wie das Kino oder das Telefon fanden sich vornehmlich oder zumindest zuerst in der Großstadt. Die Großstadt war international, ihre soziale Struktur heterogen. Sie zeigte schroffere soziale Gegensätze als das Land oder die Kleinstadt und war von Anonymität und Hektik geprägt. Berlin als die einzige echte Metropole auf deutschsprachigem Boden verkörperte diese Eigenschaften am deutlichsten.

Großstadt und Landleben

Die Literatur um 1900 war in einem hohen Maße an die Großstadt gebunden oder blieb ihr doch durch Ablehnung negativ verpflichtet. Der literarische Naturalismus entstand vornehmlich in den Großstädten Berlin und München, ähnlich verhielt es sich mit dem Expressionismus, der sich in Berlin und Leipzig entwickelte. Die Großstadt bot neue Themen (Großstadtcafés, Warenhäuser, elektrifizierte Verkehrsmittel etc.) und ermöglichte entsprechend neue Wahrnehmungen, unter denen das Kino für die Literatur besondere Bedeutung erlangte (→ KAPITEL 13.2). Die Heimatkunstbewegung setzte gegen die Großstadt ein ländliches oder dörfliches Leben, in dem sie die Einheit von Volk und Boden zu erkennen glaubte. Das war „Heimat" – die vielfältigen großstädtischen Lebens- und Arbeitsformen erschienen dagegen als der Inbegriff allen Übels (→ KAPITEL 11).

Auf die modernen Lebensbedingungen führten die Zeitgenossen eines der markantesten Phänomene der Zeit um 1900 zurück, nämlich die Nervosität bzw. Nervenschwäche (Neurasthenie), ein Phänomen, von dem man weite Kreise der Bevölkerung – insbesondere die Oberschicht und die Stadtbewohner – betroffen glaubte und das man nur unzureichend mit der modernen Vokabel „Stress" übersetzen kann. Die Diagnose lautete: Erschöpfung und Müdigkeit bei leichterer Reizbarkeit. Die Ursachen sah man in modernen (großstädtischen) Lebens- und Arbeitsbedingungen, in Alkohohl- und Tabakkonsum, in ausschweifender Sexualität und in vielem Weiteren. So glaubte der Kulturkritiker Max Nordau, dass das Eisenbahnfahren durch die Erschütterungen das Rückenmark und das Gehirn schädige (vgl. Nordau 1892/93, Bd. 1, S. 66). Es verbreitete sich in Teilen der Gesellschaft eine Untergangsstimmung, die wohl als Reaktion auf einen Modernisierungsschock zu verstehen ist.

Nervosität

Diese Fin-de-Siècle-Stimmung konnte eine eher kulturelle und eine eher biologische Komponente besitzen. Zum einen rückte man den Niedergang der Künste und des Geschmacks (Haartracht, Kleidungstil, Wohnungseinrichtung) in den Vordergrund und sprach dann von Décadence (Verfall). Zum anderen betonte man den Verfall des Körpers (schlechte Zähne und Augen, schwache Nerven, früh ergraute Haare) und nannte das Degeneration. Häufig ging man von einer wechselseitigen Abhängigkeit beider Phänomene aus. In der Literatur wurde der Motivkomplex aus Degeneration und Décadence bei so unterschiedlichen Autoren wie Thomas Mann oder dem Naturalisten Gerhart Hauptmann produktiv (→ KAPITEL 12). Die Völkische Bewegung wollte dem Verfall durch Besinnung auf Volk und Boden entgegenwirken (→ KAPITEL 11), und noch um 1910 glaubten die Expressionisten, die Décadence durch eine Form neuer Vitalität überwinden zu müssen (→ KAPITEL 5.3).

Fin-de-Siècle-Stimmung

Insgesamt wurde die Literatur der Jahrhundertwende von unterschiedlichen ästhetischen und gesellschaftlichen Interessen bestimmt und veränderte sich rasant. Der Pluralismus der deutschen Literatur in den 1890er-Jahren zeigt sich beispielhaft an den von Otto Julius Bierbaum herausgegebenen *Modernen Musen-Almanachen*, den jähr-

Moderne Musen-Almanache

lich erscheinenden Sammelbüchern der neuesten Dichtung. Die beiden Bände für die Jahre 1893 bzw. 1894 enthalten den Naturalismus von Conrad Alberti, Arno Holz oder Johannes Schlaf ebenso wie traditionelle Epigramme des Münchners Max Bernstein, den ersten Akt von Max Halbes naturalistischem Theaterstück *Jugend* ebenso wie das symbolistische lyrische Drama *Der Tor und der Tod* des jungen Wieners Hugo von Hofmannsthal. Die Übersetzungen der französischen und englischen Dichter Charles Baudelaire, Paul Verlaine oder Charles Swinburne, die die Bände jeweils beschließen, führen schließlich vor Augen, dass sich die deutsche Literatur um 1900 in einem internationalen Kontext entwickelte.

Internationaler Kontext

1.3 Die „Ur-Katastrophe" 1914

Der preußische König Wilhelm I. wurde in Versailles nach dem Deutsch-Französischen Krieg 1870/71 zum Deutschen Kaiser ausgerufen. Im selben Jahr ernannte er Otto von Bismarck zu seinem Reichskanzler, der bis 1890 mit beinahe unumschränkter Machtfülle regierte. Mit dem Nachfolger Kaiser Wilhelm II. verschob sich die Machtbalance. Der junge Kaiser wollte selbst regieren und entließ Bismarck 1890, was von den Zeitgenossen als markante Zäsur empfunden wurde (→ KAPITEL 2.1). In den Jahrzehnten vor dem Ersten Weltkrieg wurde der liberale Nachtwächterstaat des 19. Jahrhunderts sukzessive in einen Staat der Daseinsvorsorge und des Rechts umgebaut. Neben diese Entwicklung trat die selbstherrliche Regierungspolitik von Wilhelm II. Seine Entscheidungsbefugnis war zwar begrenzt – man spricht gar vom „Schattenkaiser" –, aber gleichwohl blieben seine Reden und sein Handeln nicht ohne Wirkung. In der Außenpolitik verschärfte er durch seine bedingungslose Unterstützung Österreich-Ungarns und seine rigoros verfolgte Flottenpolitik die Spannungen zwischen den europäischen Staaten.

Entlassung Bismarcks

Der Ausbruch des Ersten Weltkrieges 1914 war wie für die meisten Deutschen auch für die Schriftsteller ein Ereignis, das ihr Leben umfassend veränderte. Nach den Worten des US-Diplomaten und Historikers George F. Kennan war er die „Ur-Katastrophe" des 20. Jahrhunderts (Kennan 1981, S. 12). Auch wenn die Vorstellung, alle Deutschen hätten sich mit gleichsam religiöser Begeisterung dem Kriegsrausch hingegeben, in den letzten Jahren relativiert wurde (vgl. Verhey 2000), so bleibt festzuhalten, dass sehr viele Intellektuelle und Schriftsteller den Krieg emphatisch begrüßten. Dieser Enthusias-

Erster Weltkrieg

mus ist wohl darauf zurückzuführen, dass die Menschen zu jener Zeit mit einem siegreichen kurzen Krieg rechneten und sich von der Zeit danach eine neue politische Ordnung versprachen. Der Krieg schien das in Parteien und Interessengruppen zersplitterte Volk zu einen, und an diese Volksgemeinschaft knüpften sich zuweilen religiöse Gefühle – so wollte es zumindest der eifrig verbreitete Mythos vom „Geist von 1914" (vgl. Verhey 2000). Von den waffentechnischen Neuerungen der vorhergegangenen Jahrzehnte (Maschinengewehr, chemische Kampfstoffe etc.) hatten die Menschen noch keine hinreichende Vorstellung, und Deutschland hatte seit über 40 Jahren überhaupt keinen Krieg mehr gesehen. So kam es, dass der Krieg zu einer Projektionsfläche für mitunter recht persönliche Probleme wurde. Das galt beispielsweise schon lange vor Kriegsbeginn für den jugendlichen Expressionisten Georg Heym. Sein Ausbruchswunsch aus einer als beklemmend empfundenen Gesellschaft schlug sich in seinen Gedichten in Bildern des Krieges nieder, die durch vitalistische Erneuerungshoffnungen bestimmt waren – nach dem Prinzip: durch die Vernichtung zu neuem Leben (→ KAPITEL 5.3). Thomas Mann glaubte, dass der „Krieg seine Künstlerprobleme zu lösen versprach" (Kurzke 1997, S. 138). Hierfür stehen Manns *Gedanken im Kriege* (1914), ein propagandistischer Text, in dem er Kultur, Kunst, Leben und Krieg analogisierte und all das zum Wesen der Deutschen rechnete, während er den Franzosen ein Übermaß an ungesunder Reflexion zuschrieb. Zur Zeit der Décadence wurde der Friede zum Schreckgespenst und der Krieg auch hier als erneuernde Vernichtung begriffen: „Krieg! Es war Reinigung, Befreiung, was wir empfanden, und eine ungeheure Hoffnung." (Mann 2001ff., Bd. 15/1, S. 32)

Fragen und Anregungen

- Wie ändert sich das Zeitempfinden ab den 1880er-Jahren?
- Was ist unter der Krise des Subjekts zu verstehen?
- Überlegen Sie, welche Konsequenzen sich aus der Pluralisierung der Trägerschichten für die Literatur ergeben.
- Beschreiben Sie Grundzüge der Ästhetik um 1900.
- In welchem Verhältnis stehen zivilisatorische und ästhetische Moderne zueinander?

Lektüreempfehlungen

- **Hermann Bahr: Die Moderne** [1890], in: ders., Die Überwindung *Quellen*
  des Naturalismus, hg. v. Claus Pias, Weimar 2004, S. 11–15. –
  Auch in: Gotthart Wunberg (Hg.), Die Wiener Moderne. Literatur,
  Kunst und Musik zwischen 1890 und 1910, Stuttgart 2000,
  S. 189–191 (gekürzt).

- **Friedrich Michael Fels: Die Moderne** [1891], in: Gotthart Wunberg/Stephan Dietrich (Hg.), Die literarische Moderne. Dokumente zum Selbstverständnis der Literatur um die Jahrhundertwende, 2. Auflage, Freiburg 1998, S. 131–137.

- **Maximilian Harden: Die Krisis** [1901], in: Jürgen Schutte/Peter Sprengel (Hg.), Die Berliner Moderne 1885–1914, Stuttgart 1987, S. 116–124.

- **Samuel Lublinski: Die Bilanz der Moderne** [1904], Neudruck hg. v. Gotthart Wunberg, Tübingen 1974. – Auch in: Gotthart Wunberg/Stephan Dietrich (Hg.), Die literarische Moderne. Dokumente zum Selbstverständnis der Literatur um die Jahrhundertwende, 2. Auflage, Freiburg 1998, S. 297–328 (gekürzt).

- **Thomas Mann: Gedanken im Kriege** [1914], in: ders., Große Kommentierte Frankfurter Ausgabe. Werke – Briefe – Tagebücher, hg. v. Heinrich Detering, Eckhard Heftrich, Hermann Kurzke u. a., Frankfurt a. M. 2001ff., Bd. 15/1, S. 27–46 und Bd. 15/2, S. 9–20 (Kommentar).

- **Sabina Becker/Helmuth Kiesel: Literarische Moderne. Begriff und** *Forschung*
  Phänomen, in: dies. (Hg.), Literarische Moderne. Begriff und Phänomen, Berlin/New York 2007, S. 9–35. *Einleitender Aufsatz zu einem aktuellen Sammelband, der sich als Bilanz der Moderne-Diskussion der letzten Jahre versteht.*

- **Thomas Nipperdey: Deutsche Geschichte 1866–1918, Bd. 1: Arbeitswelt und Bürgergeist**, München 1998, S. 770–796. *Der Historiker gibt auf diesen Seiten einen guten Überblick über die Literatur um 1900 (Naturalismus bis Expressionismus) als Teil der Gesellschaft. Zur politischen Geschichte vgl. Bd. 2.*

- **Horst Thomé: Modernität und Bewußtseinswandel in der Zeit des Naturalismus und des Fin de siècle**, in: York-Gothart Mix (Hg.), Naturalismus, Fin de siècle, Expressionismus. 1890–1918, München/Wien 2000, S. 15–27. *Abstrahierender und dicht geschriebener Aufsatz, der die Gesellschaft um 1900 in Anlehnung an die Systemtheorie von Niklas Luhmann beschreibt.*

- **Viktor Žmegač: Moderne/Modernität**, in: Dieter Borchmeyer/ Viktor Žmegač (Hg.), Moderne Literatur in Grundbegriffen, 2. Auflage, Frankfurt a. M. 1994, S. 278–285. *Der Artikel enthält Ausführungen zur Wortgeschichte von „Moderne" und geht auf Prinzipien der modernen Ästhetik wie Originalität und Zweckfreiheit der Kunst ein.*

2 Literarischer Wandel

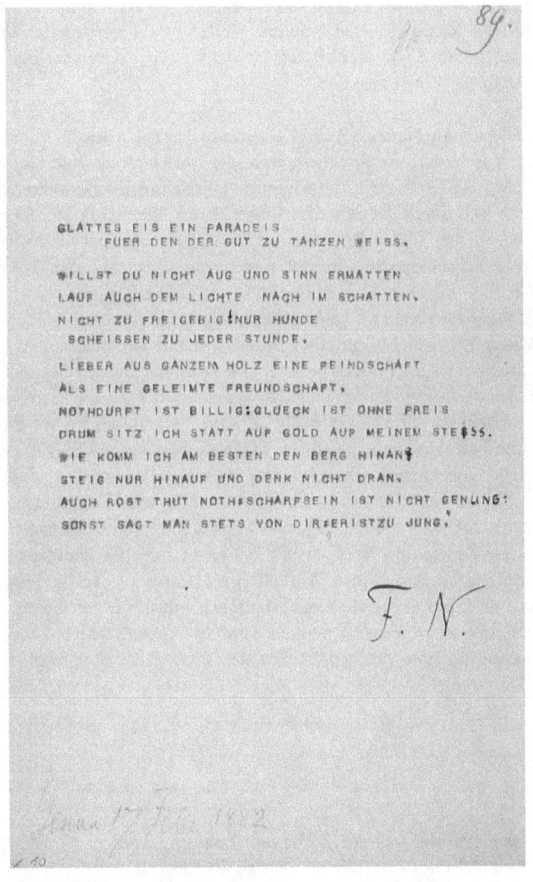

Abbildung 2: Friedrich Nietzsche: Das erste erhaltene Typoskript (1882)

Die Schreibmaschine war um 1880 ein relativ neues und sehr teures Gerät. Der Philosoph Friedrich Nietzsche gehörte zu den frühen Nutzern dieses Schreibwerkzeugs, da er zeitweise beinahe erblindet war und das Gerät das Schreiben erleichterte. Das Foto zeigt das erste erhaltene Typoskript Nietzsches, ein Gedicht, das er am 17. Februar 1882 in einem Brief verschickte. Das Gedicht besteht vorwiegend aus paargereimten, knappen und teilweise derben Versen und hat handschriftliche Zusätze, unter anderem, weil man am rechten Rand über eine bestimmte Linie nicht hinaustippen konnte, sodass die Buchstaben ergänzt werden mussten.

Vergleicht man Nietzsches Typoskript mit handschriftlichen Textzeugen, so ist ganz offensichtlich, dass die Verwendung einer Schreibmaschine das Aussehen von Literatur entscheidend veränderte. Aber änderte sich durch die Schreibmaschine auch Nietzsches Stil oder gar der Inhalt der Texte? Er selbst schien davon auszugehen. In einem anderen Schreibmaschinen-Brief findet sich der Satz: „SIE HABEN RECHT – UNSER SCHREIBZEUG ARBEITET MIT AN UNSEREN GED<A>NKEN" (Nietzsche 2003, S. 18).

Mit dem Beispiel Nietzsche befinden wir uns bereits inmitten einer forschungsrelevanten Debatte über die Gründe, die den Wandel der Literatur bedingen. In der Literaturwissenschaft gab es in den letzten Jahrzehnten verschiedene Modelle, um die Veränderungen der Literatur, und besonders derjenigen um 1900, zu beschreiben und zu erklären. Für einen ersten Überblick kann festgehalten werden, dass die Literatur vor dem Hintergrund veränderter sozialer Bedingungen untersucht, dass sie in Abhängigkeit von verschiedenen Wissensgebieten gesehen und dass der mediale Wandel (eben z. B. das Benutzen einer Schreibmaschine) mit dem Wandel der Literatur in Verbindung gebracht wurde. Doch haben die Menschen um 1900 den heute konstatierten raschen Wandel damals wahrgenommen? Anhand welcher Konzepte und mit welchen Merkmalen lässt sich dieser Wandel genau beschreiben?

2.1 **Der Wandel aus der Sicht der Zeitgenossen**
2.2 **Realistisches und nachrealistisches Erzählen**
2.3 **Konzepte des Wandels**

2.1 Der Wandel aus der Sicht der Zeitgenossen

Schon den Zeitgenossen erschienen die Jahre um 1900 als Epoche der Umbrüche und Umwälzungen. So hatte der Kritiker Samuel Lublinski in seinem 1904 erschienenen Buch *Die Bilanz der Moderne* die Zeit nach Otto von Bismarcks Rücktritt als Kanzler im Jahr 1890 und der Abschaffung der Sozialistengesetze als „völlige[n] Wendepunkt" des politischen und kulturellen Lebens bezeichnet (Lublinski 1904 in: Wunberg 1998, S. 297).

Um 1890 lag ein Gefühl von Revolution in der Luft, das sich literarisch zuerst in der Lyrik bemerkbar machte. Während diese jungen Lyriker später als frühe Naturalisten in die Literaturgeschichte eingingen, sprach man damals vom „jüngsten Deutschland" (vgl. z. B. Hanstein 1900, S. V). 1885 erschien eine von Wilhelm Arent herausgegebene Sammlung mit Gedichten junger deutscher Dichter unter dem Titel *Moderne Dichter-Charaktere*. Neben heute eher unbekannten Dichtern wurden Arno Holz, Julius und Heinrich Hart, Otto Erich Hartleben oder Hermann Conradi aufgenommen. Letzterer schrieb in der Einleitung, dass man mit „alten, überlieferten Motiven" brechen und überkommene „Schablonen" abstreifen wolle; für die Einleitung wählte er ein Motto Ulrich von Huttens: „Die Geister erwachen". Eine gängige Selbstbezeichnung, die auch schon in Conradis Einleitung auftaucht, war die von „Stürmern und Drängern" (Conradi in: Arent 1885, S. I–III). Arno Holz rief im Gedicht *Berliner Schnitzel* seinen Lesern zu, dass er „ein Dichter und kein Papagei" sei, und empfahl: „Modern sei der Poet, / Modern vom Scheitel bis zur Sohle" (Holz in: Arent 1885, S. 148–150). Der Schriftsteller Carl Bleibtreu konstatierte 1886 eine *Revolution der Literatur* und machte insbesondere in der Lyrik neue Tendenzen aus. Holz verfasste 1899 selbst eine *Revolution der Lyrik*, in der er Neuerungen wie seine Mittelachsenpoesie rechtfertigte, die er in den Jahren zuvor eingeführt hatte (→ KAPITEL 5.2).

Lyrik

Was das Drama betrifft, so bescheinigte kein geringerer als der hochbetagte Theodor Fontane in seiner Eigenschaft als Theaterkritiker Arno Holz und Johannes Schlaf, mit dem Stück *Die Familie Selicke* (1890) das erste völlig neue Drama geschrieben zu haben:

Drama

> „Diese Vorstellung [Theatervorstellung; Anm. d. Verf.] wuchs insoweit über alle vorhergegangenen an Interesse hinaus, als wir *hier* eigentlichstes Neuland haben. Hier scheiden sich die Wege, hier trennt sich alt und neu." (Fontane 1969b, S. 845)

Schon ein Jahr später, also 1891, veröffentlichte Hugo von Hofmannsthal mit *Gestern* sein erstes Bühnenstück, ein lyrisches Drama, das sich thematisch und formal grundlegend vom Naturalismus und damit von Dramen wie *Die Familie Selicke* unterschied. Die Literaturgeschichte rechnet es heute dem Symbolismus (→ KAPITEL 3.2) zu.

Prosa   Auch das Erzählen veränderte sich, es wird in einigen Erzählexperimenten des frühen 20. Jahrhunderts sogar geradezu abgeschafft, besonders wenn man unter Erzählen die nachvollziehbare Vergegenwärtigung einer nicht-zufälligen Ereignisfolge versteht. Ein Zitat aus Rainer Maria Rilkes *Die Aufzeichnungen des Malte Laurids Brigge* (1910) mag das verdeutlichen: „Daß man erzählte, wirklich erzählte, das muß vor meiner Zeit gewesen sein. Ich habe nie jemanden erzählen hören." (Rilke 1996, Bd. 3, S. 557)

Bahr als Essayist   Wohl keiner hat die unterschiedlichen Strömungen der Literatur ab 1885 so hellsichtig begleitet wie der Wiener Essayist und Dichter Hermann Bahr. Seine eigenen Anfänge liegen im Naturalismus, doch schon 1891 proklamierte er, neue Tendenzen aus Frankreich aufgreifend, die *Überwindung des Naturalismus* durch eine „nervöse Romantik" und eine „Mystik der Nerven (Bahr 2004, S. 130). Diese neue Literatur junger Wiener Autoren wie Hugo von Hofmannsthal förderte er in den 1890er-Jahren nach Kräften. Das hinderte ihn aber nicht daran, einige Zeit später auch den Expressionismus willkommen zu heißen. Bahrs Eintreten für die verschiedenen Strömungen erhellt schlaglichtartig, wie schnell sich die Literatur damals wandelte.

Pluralität der Literatur um 1900   Nun sollte nicht der falsche Eindruck entstehen, als veränderte sich nach 1885 plötzlich die gesamte Literaturproduktion. Es war vielmehr eine kleine Gruppe junger Autoren, die mit ihrer Literatur inhaltlich und formal neue Wege ging. Man muss sich nur in Erinnerung rufen, dass zeitgleich Realisten wie Wilhelm Raabe (1831–1910) oder Theodor Fontane (1819–98) lebten und schrieben (→ ASB STOCKINGER) oder dass Karl May (1842–1912) und Felix Dahn (1834–1912), Verfasser von Abenteuer- und Historienromanen, sich ungeheurer Beliebtheit erfreuten. Und auch jüngere Autoren, wie etwa Thomas Mann (1875–1955), veröffentlichten in dieser Zeit, ohne selbst die verschiedenen Strömungen zu durchlaufen, auch wenn sie von ihnen nicht unberührt blieben. Das Bild der Literatur um 1900 ist also äußerst vielschichtig und heterogen.

2.2 Realistisches und nachrealistisches Erzählen

Was änderte sich in der Literatur um 1900 im Vergleich zum vorausgehenden Realismus? Pauschal lässt sich diese Frage nicht beantworten, doch anhand einer Gegenüberstellung von Theodor Fontanes *Frau Jenny Treibel* (1892; entstanden 1887–91) und Rainer Maria Rilkes *Die Aufzeichnungen des Malte Laurids Brigge* (1910; entstanden 1904–10) können zumindest wichtige Unterschiede zwischen realistischer und nachrealistischer Erzählliteratur verdeutlicht werden (vgl. Thomé 1993, S. 436–471). Beide Romane erschienen im Abstand von ungefähr 20 Jahren. Fontanes Roman beginnt mit der folgenden Schilderung:

Gegenüberstellung

„An einem der letzten Maitage, das Wetter war schon sommerlich, bog ein zurückgeschlagener Landauer vom Spittelmarkt her in die Kur- und dann in die Adlerstraße ein und hielt gleich danach vor einem, trotz seiner Front von nur fünf Fenstern, ziemlich ansehnlichen, im Uebrigen aber altmodischen Hause, dem ein neuer, gelbbrauner Oelfarbenanstrich wohl etwas mehr Sauberkeit, aber keine Spur von gesteigerter Schönheit gegeben hatte, beinahe das Gegentheil. Im Fond des Wagens saßen zwei Damen mit einem Bologneserhündchen, das sich der hell- und warmscheinenden Sonne zu freuen schien. Die links sitzende Dame von etwa Dreißig, augenscheinlich eine Erzieherin oder Gesellschafterin, öffnete, von ihrem Platz aus, zunächst den Wagenschlag, und war dann der anderen, mit Geschmack und Sorglichkeit gekleideten und trotz ihrer hohen Fünfzig noch sehr gut aussehenden Dame beim Aussteigen behülflich. Gleich danach aber nahm die Gesellschafterin ihren Platz wieder ein, während die ältere Dame auf eine Vortreppe zuschritt und nach Passirung derselben in den Hausflur eintrat. Von diesem aus stieg sie, so schnell ihre Corpulenz es zuließ, eine Holzstiege mit abgelaufenen Stufen hinauf, unten von sehr wenig Licht, weiter oben aber von einer schweren Luft umgeben, die man füglich als eine Doppelluft bezeichnen konnte. [...] Dazu wehte, der ganzen Atmosphäre auch hier den Charakter gebend, von einem nach hinten zu führenden Corridor her ein sonderbarer Küchengeruch heran, der, wenn nicht Alles täuschte, nur auf Rührkartoffeln und Carbonade gedeutet werden konnte, beides mit Seifenwrasen untermischt. ‚Also kleine Wäsche', sagte die von dem Allen wieder ganz eigenthümlich berührte stattliche Dame still vor sich hin, während sie zugleich weit zurückliegender Tage gedachte, wo sie selbst hier, in eben dieser Adlerstraße, gewohnt und in dem gerade gegenüber gelegenen Materialwaarenladen ihres Vaters mit im Geschäft geholfen und auf einem über zwei Kaffeesäcke gelegten Brett kleine und große Düten geklebt hatte" (Fontane 1997ff., Bd. 14, S. 5f.).

Realistisches Erzählen bei Fontane

Erzähler

Der Erzähler, der selbst nicht Teil der erzählten Welt ist, präsentiert das Geschehen zunächst in der Totale und nähert seine Perspektive dann der Wahrnehmung seiner Heldin an. Er gibt die Straßennamen genau an, äußert ästhetische Werturteile („altmodisch", „keine Spur von [...] Schönheit"), ergänzt das Gesehene durch Vermutungen („augenscheinlich eine Erzieherin oder Gesellschafterin") und stellt kausale Verknüpfungen her (z. B. zwischen der Korpulenz einer Person und ihrer Gehgeschwindigkeit). Soweit lässt sich der Erzähler als Mensch vorstellen, der das Geschehen beobachtet haben könnte. Seine Beschreibungen, beispielsweise die des Hauses, beschränken sich auf für die Erzählung relevante Details. Weder wird das Gebäude ganz allgemein als „Haus" bezeichnet noch wird es über eine Aufzählung aller Details evoziert – vielmehr sollen die wenigen wichtigen Einzelheiten vom Leser stillschweigend zum Gesamtbild eines Berliner Stadthauses ergänzt werden. Der Erzähler hat so das Wichtigste für den Leser bereits selektiert und gedeutet.

Inneres der Protagonistin

Auch das Innere der Protagonistin ist dem Erzähler zugänglich und wird als klar von der Umwelt abgegrenztes und geordnetes Ganzes präsentiert. Ihre offenbar zuverlässigen Erinnerungen sind wie ein inneres Bild, das der Protagonistin klar vor der Seele steht. Ihre Sinneseindrücke bestätigt der Erzähler und auch dem Leser muss der Schluss von Seifengeruch auf „Wäsche" und die anschließend auftauchende damit verbundene Erinnerung plausibel erscheinen. Der Prozess des Erzählens geht vom Panorama (im ersten Satz) über die Beschreibungen von Haus und Figuren hin zu den Gedanken einer Figur, also sukzessive von außen nach innen. Das Erzähltempo ist leicht gerafft – die erzählte Zeit wird wohl einige Minuten betragen.

Der Text reflektiert wie selbstverständlich eine bestimmte Auffassung über die Realität und ihren Beobachter. Diese Auffassung wurde

„Realistische Ontologie"

als „,realistische[ ] Ontologie'" (Thomé 1993, S. 436) bezeichnet. Sie besteht in dem Glauben, dass die Dinge der Welt räumlich und zeitlich geordnet sind, dass sie ein unveränderliches Wesen (ihre Substanz) haben, von dem das ihnen zufällig Anhaftende (das Akzidentelle) unterschieden werden kann, dass sie unabhängig vom Beobachter (oder einem Erzähler) bestehen und dass sie im Bewusstsein des Beobachters adäquat abgebildet werden können.

Rilkes *Die Aufzeichnungen des Malte Laurids Brigge* weichen von dieser Konvention realistischen Erzählens in erheblichen Maße ab und lesen sich entsprechend schwieriger:

Nachrealistisches Erzählen bei Rilke

„Wird man es glauben, daß es solche Häuser gibt? Nein, man wird sagen, ich fälsche. Diesmal ist es Wahrheit, nichts weggelassen, natürlich auch nichts hinzugetan. Woher sollte ich es nehmen? Man weiß, daß ich arm bin. Man weiß es. Häuser? Aber, um genau zu sein, es waren Häuser, die nicht mehr da waren. Häuser, die man abgebrochen hatte von oben bis unten. Was da war, das waren die anderen Häuser, die danebengestanden hatten, hohe Nachbarhäuser. Offenbar waren sie in Gefahr, umzufallen, seit man nebenan alles weggenommen hatte; denn ein ganzes Gerüst von langen, geteerten Mastbäumen war schräg zwischen den Grund des Schuttplatzes und die bloßgelegte Mauer gerammt. Ich weiß nicht, ob ich schon gesagt habe, daß ich diese Mauer meine. Aber es war sozusagen nicht die erste Mauer der vorhandenen Häuser (was man doch hätte annehmen müssen), sondern die letzte der früheren. Man sah ihre Innenseite. Man sah in den verschiedenen Stockwerken Zimmerwände, an denen noch die Tapeten klebten, da und dort den Ansatz des Fußbodens oder der Decke. Neben den Zimmerwänden blieb die ganze Mauer entlang noch ein schmutzigweißer Raum, und durch diesen kroch in unsäglich widerlichen, wurmweichen, gleichsam verdauenden Bewegungen die offene, rostfleckige Rinne der Abortröhre. [...] Am unvergeßlichsten aber waren die Wände selbst. Das zähe Leben dieser Zimmer hatte sich nicht zertreten lassen. Es war noch da, es hielt sich an den Nägeln, die geblieben waren, es stand auf dem handbreiten Rest der Fußböden, es war unter den Ansätzen der Ecken, wo es noch ein klein wenig Innenraum gab, zusammengekrochen. [...] Der süße, lange Geruch von vernachlässigten Säuglingen war da und der Angstgeruch der Kinder, die in die Schule gehen, und das Schwüle aus den Betten mannbarer Knaben. [...] Ich habe doch gesagt, daß man alle Mauern abgebrochen hatte bis auf die letzte – ? Nun von dieser Mauer spreche ich fortwährend. Man wird sagen, ich hätte lange davorgestanden; aber ich will einen Eid geben dafür, daß ich zu laufen begann, sobald ich die Mauer erkannt hatte. Denn das ist das Schreckliche, daß ich sie erkannt habe. Ich erkenne das alles hier, und darum geht es so ohne weiteres in mich ein: es ist zu Hause in mir." (Rilke 1996, Bd. 3, S. 485–487)

In Rilkes Text schreibt der Ich-Erzähler die Beobachtungen auf, die er beim Schlendern durch Paris macht. Er kommt an einem abgebrochenen Haus vorbei und beginnt zunächst, in realistischer Manier zu beschreiben. Doch schon die anfängliche Frage und die Versicherung, alles so zu beschreiben, wie es der „Wahrheit" entspricht, muten seltsam an. Schließlich scheint es sich nur um eine Baulücke zu handeln,

Erzähler

die durch den Abbruch eines Hauses entstanden ist, also um nichts Ungewöhnliches. Der Erzähler will aber keine Baulücke beschreiben, sondern Häuser, die es nicht mehr gibt – genauer: eine Wand, an der sich Reste dieser Häuser zeigen. Zudem ist diese Beschreibung in keinen Handlungsverlauf eingebunden, sodass zunächst nicht klar ist, woher ihre offenbar hohe Relevanz für den Erzähler stammt. Der erste Satz der eigentlichen Beschreibung („Man sah in den verschiedenen Stockwerken Zimmerwände") ist auch im realistischen Erzählen vorstellbar. Jemand, der auf der Straße stehen bleibt und sich die Wand ansieht, könnte diese Beobachtungen machen.

Beobachten und Wahrnehmen

Aber schon die Rinne der Abortröhre wird nicht etwa mit etwas Kriechendem *verglichen*, sondern kriecht *tatsächlich* die Wand entlang. Auch das „Leben dieser Zimmer", also die einst vorhandenen Zeichen menschlichen Daseins, werden personifiziert und vom Erzähler gesehen, wie sie auf den Überresten der Häuser „zusammengekrochen" sind. Genauso unerklärlich ist – zumindest wenn man die Vorstellung alltäglichen Wahrnehmens zugrunde legt – die differenzierte Beschreibung der Gerüche. Weder vernachlässigte Säuglinge noch die Angst vor Schulkindern wird man nach dem Abbruch eines Hauses noch riechen können. Dass sich die Vielfalt der Eindrücke auf einen Schlag aufnehmen lässt, wie am Ende des Abschnitts versichert wird, ist außerdem überraschend und schwer vorstellbar.

Instabile Subjekt-Umwelt-Grenze

Mit dem letzten Satz kollabiert die Entgegensetzung von Ich und Welt, von Erzähler und beschriebenen Dingen. Alles Wahrgenommene ist auf die im Text beschriebene Weise vorhanden und kann „erkannt" werden, weil es zum Innersten des Erzählers gehört. Es handelt sich also weder um eine objektiv registrierte Realität noch um eine subjektiv gedeutete, sondern um Realität, die zugleich im Bewusstsein des Beobachters und in der Umgebung ist. Das bedeutet, dass Beschreibungen der den Erzähler umgebenden Dinge zugleich Beschreibungen des Inneren des Erzählers sein können.

Vergleich zwischen Fontane und Rilke

Während der Erzähler bei Fontane zwischen dem Innenleben der Protagonistin und der Umwelt scharf trennt und zwischen Übersicht und Mitsicht wechselt, ist der Erzähler bei Rilke von den beschriebenen Gegenständen nicht zu trennen. Während die Vorgänge und Dinge bei Fontane durch Mutmaßungen und Schlussfolgerungen vom Erzähler ergänzt werden und offenbar durch den Leser weiter vervollständigt werden sollen, sind bei Rilke selbst alltägliche Dinge fremd geworden – schon für den Erzähler und erst recht für den Leser. Da die Subjekt-Objekt-Grenze in dem Text Rilkes instabil ist, können die geschilderten Gegenstände vom Protagonisten Malte als Wahrnehmungsinstanz nicht abgelöst werden. Maltes Innere ist ihm fremd und umfasst offenbar das Un- oder nur Halbbewusste: Ängste, Sexualität und sogar Verdauungsprozesse werden geschildert, ohne dass es gesellschaftliche oder anderweitige Restriktionen gäbe, die deren Darstellung verhinderten. Das Subjekt, seine Psychologie und sein Verhältnis zur Außenwelt werden offenbar bei Rilke anders aufgefasst als bei Fontane. Mit diesen Änderungen korrespondiert eine gewandelte Form. Die Tagebuchform von Rilkes *Malte* begünstigt durch den Charakter des Selbstgesprächs und die diskontinuierlichen Einträge eine der Lyrik nahe Sprache, die es erlaubt, die neue Subjektkonzeption zu gestalten (→ KAPITEL 9.3).

2.3 Konzepte des Wandels

Es ist unbestritten, dass sich die Literatur ab ca. 1880 schneller und radikaler wandelte als in den Jahrzehnten zuvor. Warum sie sich so stark veränderte, dass man von einem Epocheneinschnitt sprechen kann, wird dagegen kontrovers diskutiert. Da jede Geschichtsschreibung zumindest implizit Erklärungen bieten muss, warum sich ihr Gegenstand verändert, sei ein kurzer Blick auf verschiedene Wandlungshypothesen geworfen. Sie liegen (oder lagen) mehr oder weniger explizit vielen Versuchen zugrunde, Literatur zu beschreiben und deren historische Besonderheiten – nicht nur diejenigen um 1900 – zu erklären.

Verschiedene Wandlungshypothesen

Seit der marxistischen Literaturgeschichtsschreibung der 1920er-Jahre hat sich die Ansicht durchgesetzt, dass die Anstöße zur Veränderung der Literatur häufig von ‚außen' kommen (vgl. Žmegač 1980, S. X; Titzmann 1991, S. 2f.). Was mit ‚außen' gemeint ist, wie die Veränderungsursachen zu hierarchisieren sind und wie der Zusammenhang zwischen der jeweiligen Veränderung der Literatur und ihrer nichtliterarischen Ursache modelliert werden kann, ist dagegen umstritten.

Äußere Anstöße

In der literaturwissenschaftlichen Forschung seit den 1960er-Jahren hat man sich auf drei nichtliterarische Bereiche konzentriert, die sich um 1900 ebenfalls schnell wandelten, sodass die Vermutung nahe liegt, diese Veränderungen könnten in einer Relation mit dem Wandel der Literatur stehen. Es handelt sich um die folgenden Bereiche:
- Gesellschaft
- Wissen(schaften)
- Medien

Drei Kontexte Diese drei Bereiche lassen sich als Kontexte bezeichnen, insofern sie zur Interpretation eines Textes herangezogen werden (vgl. Fricke 1997ff., Bd. 2, S. 333–337). Auch wenn nichtliterarische Kontexte den Wandel der Literatur wohl besonders befördern, sollte nicht vergessen werden, dass auch (deutsche und ausländische) Literatur ein Kontext für die Dichtung um 1900 ist.

Literatur und Gesellschaft Die marxistische Literaturgeschichtsschreibung verfügte über ein zielgerichtetes Geschichtsbild, in das die Veränderungen der Literatur eingeordnet werden sollten. Wegen der ihr zugrunde liegenden Ideologie und der damit verbundenen starken Wertung der Literatur gilt sie heute im Allgemeinen als überholt. Der DDR-Literaturhistoriker Hans Kaufmann führte den Wandel der Literatur um 1900 beispielsweise auf den zeitgleichen Übergang „vom Kapitalismus der freien Konkurrenz zum Imperialismus" (Kaufmann 1974, S. 13) zurück, bei dem der Kapitalismus in sein letztes Stadium getreten sei. Diese Endzeitstimmung vor der großen Revolution 1917, in der der Sozialismus gesiegt habe, präge auch die Literatur der Zeit. Die Literatur sei entweder mit dem Proletariat verbunden gewesen und habe für den Fortschritt gekämpft (Arbeiterliteratur, Teile des Naturalismus) oder sie habe ihr Unbehagen am Zeitalter des Imperialismus artikuliert, was sich bei manchen Autoren bis zur ‚Weltflucht' gesteigert habe. Rilke beispielsweise antworte mit seinem *Malte* auf das gestörte Verhältnis des bürgerlichen Schriftstellers zur Gesellschaft. Die Krise des Ich sei eine Krise der ‚entfremdeten' und ohnmächtigen sozialen Beziehungen im Zeitalter des Imperialismus. Auch in der Bundesrepublik wurden teilweise ähnliche Thesen vertreten (vgl. Mattenklott 1975, z. B. S. 142).

Basis/Überbau Seitdem Karl Marx um 1850 die Abhängigkeit des sogenannten Überbaus (Kultur, Bewusstseinsformen, Semantik) von der Basis (Gesellschaft, Wirtschaft) entdeckt hat, ist es ein Gemeinplatz geworden, dass Literatur vor dem Hintergrund der jeweiligen Gesellschaft und ihrer Probleme gesehen werden muss. Während der Marxismus und die frühe Sozialgeschichte die Literatur aus Gesellschaft einfach „ableiten" wollten, trat in den 1980er-Jahren an die Stelle der „Ableitung" das komplexere, weil umkehrbare Modell der „Beziehung" (vgl. Scherpe 1983; Fohrmann 2000, S. 110f.).

Moderne Sozialgeschichte In den 1980er-Jahren suchte insbesondere die literaturwissenschaftliche Sozialgeschichte nach Beziehungen zwischen Literatur und Gesellschaft. Bildungsvoraussetzungen, Buchhandelsgeschichte, Verstädterung, Industrialisierung, Frauenemanzipation, Rückgang der konfessionell gebundenen Religiosität, Zensur und ähnliche Faktoren wurden zu relevanten Größen, vor deren Hintergrund die Literatur um 1900 beschrieben und erklärt wurde. Was Rilkes *Malte* betrifft, so wurden vor allem die Darstellung der Großstadt Paris thematisiert und der Wandel der Romanform auf die neue Erfahrung der Großstadt zurückgeführt (vgl. z. B. Freisfeld 1982, S. 69–131).

Auch die Soziologie, insbesondere die soziologische Systemtheorie nach Niklas Luhmann, fragt nach dem Zusammenhang von Basis (Gesellschaftsstruktur) und Überbau (Semantik). Hier wird die Teleologie, also die zielgerichtete Lehre der Gesellschaftsentwicklung dadurch vermieden, dass auf die Evolutionstheorie zurückgegriffen wird. Literatur wird als Teilsystem der Gesellschaft betrachtet, das sich selbst reproduziert und das sich insbesondere verändert, wenn die gewandelte Gesellschaftsstruktur eine Veränderung erzwingt. Literatur ändert sich demnach nicht, weil die Gesellschaft einem bestimmten Ziel entgegenstrebt und die Literatur diese Entwicklung spiegelt (wie es die marxistischen Literaturtheorie sah), sondern weil sie sich der jeweiligen Gesellschaftsstruktur anpasst – oder aber bedeutungslos wird und untergeht (vgl. Luhmann 1980; Eibl 1996). Literatur ist in dieser Sicht nicht einfach durch die Gesellschaft determiniert, sondern muss auf bestimmte relevante Probleme auf unvorhersehbare Weise antworten, um sich der neuen Situation anzupassen.

> Gesellschaftsstruktur und Semantik

Seit den 1990er-Jahren werden verstärkt Kontexte aus verschiedenen Wissensgebieten und Wissenschaften für die Interpretation literarischer Texte fruchtbar gemacht. Was ändert sich in der wissenschaftlichen Psychologie um 1900? Wie wird dieses Wissen popularisiert? Welche okkultistischen Strömungen kennen die Autoren dieser Zeit? Mit welchen Philosophien kommen sie in Kontakt? Könnte dieses Wissen die literarischen Texte geprägt haben? Die Literaturwissenschaft geht bei der Beantwortung dieser Fragen davon aus, dass das neue Wissen der Einzelwissenschaften mit den Wissensbeständen der Autoren in Konflikt geraten kann und so eine „Änderung der humanen und sozialen Selbstdeutung" (Danneberg/Vollhardt 2002, S. 1) nach sich zieht. Diese Änderung wiederum kann auf vielfältige Weise von der Literatur thematisiert werden. Damit wäre ein beobachteter Wandel der Literatur also auf eine durch neue Wissensbestände veränderte Selbstdeutung zurückgeführt. Beispielhaft für dieses Forschungsinteresse sind die Arbeiten von Michael Titzmann (z. B. Maillard/Titzmann 2002). Die Liste der möglichen Kontexte für die Literatur um 1900 ist lang und umfasst so unterschiedliche Gebiete wie Biologie, Ethnologie, Kriminologie, Logik, Philosophie, Physik,

> Literatur und Wissen(schaften)

Psychologie, Rassentheorie oder Soziologie. Wie relevant ein Wissensbereich für einen Text oder seinen Autor ist, muss natürlich im Einzelfall geprüft werden – häufig sollen nur einige Züge des zu interpretierenden Textes erhellt werden; eine Gesamtinterpretation wird in aller Regel nicht angestrebt. Was Rilkes *Malte* betrifft, so wurde beispielsweise erforscht, inwieweit man den Roman vor dem Hintergrund des damaligen Monismus, also des Glaubens an die Einheit von Geist und Materie, betrachten kann (vgl. Fick 1993, S. 300–318). Oder man war bestrebt, sich einzelne Szenen mittels der um 1900 verbreiteten Mystik zu erklären (vgl. Wagner-Egelhaaf 1989, S. 62–107).

Diskursanalyse — Eine radikale, gleichwohl äußerst einflussreiche Position innerhalb der Arbeiten, die Literatur und andere Wissensgebiete zueinander in Beziehung setzen, markiert in mehrfacher Hinsicht die Diskursanalyse, wie sie der französische Historiker Michel Foucault in seinem Methodenbuch *L'archéologie du savoir* (1969; *Archäologie des Wissens*, 1973) prägte. Aussagen aus verschiedensten Texten werden dort hinsichtlich gemeinsamer Formationsregeln untersucht, das sind Regeln, die diese Aussagen konstituieren und ihre Vervielfältigung bestimmen. Dabei wird der Erklärung des Wandels dieser Formationsregeln (und damit der Diskurse und der Literatur) meist wenig Aufmerksamkeit geschenkt. Es sollen gerade keine Veränderungen, sondern Brüche beschrieben werden. Autoren herrschen nicht souverän über die Diskurse, die in ihren Texten zum Ausdruck kommen, sondern sie sind selbst Teil der Diskurse und denken und sprechen in einem bestimmten Regelsystem. So wurde beispielsweise die Vorstellung, man lebe um 1900 in einer Zeit des kulturellen und biologischen Niedergangs, also der Diskurs der Décadence, auf die Formationsregeln hin untersucht und nach der Position einzelner zeitgenössischer Dichter wie Stefan George, Hugo von Hofmannsthal oder Arthur Schnitzler in diesem Diskurs gefragt (vgl. Kafitz 2004).

Literatur und Medien — Nicht nur wichtige Wissensgebiete, auch die Medien wandelten sich um 1900 fundamental. In den letzten zwei Dritteln des 19. Jahrhunderts wurden nach der Erfindung von neuen Druckverfahren Massenmedien eingeführt (Zeitungen, Zeitschriften, Plakate) und die Grundlage für neue technische und elektronische Medien geschaffen (Fotografie, Telegrafie, Telefon, Schallplatte, Film). Die Aufnahme, Konservierung und anschließende Reproduktion von ‚Wirklichkeit' war damit möglich geworden. Dadurch veränderten sich auch die klassischen Medien wie z. B. die Malerei.

Dass die Autoren mit den neuen Medien in verschiedenster Weise in Berührung kamen, konnte unlängst für Hofmannsthal gezeigt werden (vgl. Hiebler 2003). Die Fotografien, die Stefan George von sich anfertigen ließ, zeigen, wie gezielt die Selbstinszenierung mittels eines neuen Mediums betrieben wurde (→ KAPITEL 4). Die neuen Bildmittel konnten jedoch ebenso zum Gegenstand von expliziten Auseinandersetzungen werden. Expressionistische Dichter ließen sich beispielsweise vom Kino gleichermaßen faszinieren und irritieren und schrieben darüber Essays. Schließlich entwickelten einige Autoren wie Alfred Döblin über die Auseinandersetzung mit neuen Medien eine eigene Ästhetik, einen „Kinostil", der wiederum das literarische Schaffen prägte (→ KAPITEL 13.2). Bei Rilke sind es vor allem die modernen Bilder des französischen Malers Paul Cézanne (1839–1906), in denen er das ihm verwandte Streben erkennt, die Welt auf eine neue Weise zu sehen. Als eine mögliche Ausführung dieses Vorhabens, ein neues Sehen zu gestalten, kann das in diesem Kapitel angeführte Zitat aus Rilkes *Malte* gelesen werden, geht es hier doch gerade, wie der Rilke-Forscher Manfred Engel schreibt, um ein neuartiges Erfassen der Wirklichkeit (vgl. Engel in: Rilke 1997, S. 329–332).

Viel beachtet und kontrovers diskutiert wurden in der Medientheorie besonders die Arbeiten von Friedrich Kittler. In *Aufschreibesysteme 1800/1900* (1985) und in *Grammophon, Film, Typewriter* (1986) kombiniert Kittler eine dekonstruktive Zeichentheorie mit einer Mediengeschichte, die er häufig eng verbunden mit der Militärgeschichte sieht. Speichertechniken wie der Film oder das Grammophon hätten um 1900 dazu geführt, dass nicht mehr der Sinn der Sprache im Vordergrund stünde, sondern die Differenzialität und Materialität der Zeichen sowie ihre zufällige Kombinierbarkeit. Diese These wird anhand der Unsinnspoesie von Christian Morgenstern (*Das Große LALUA* aus den *Galgenliedern*, 1905; → KAPITEL 10.3) illustriert. Auch an Rilkes Text *Ur-Geräusch* (1919) könne man diesen Wandel ablesen. Rilke entwickelt in diesem kurzen Text die Idee, die Kranznaht des menschlichen Schädels mittels einer Grammophonnadel abzutasten – was dann zu hören sei, müsse ein „Ur-Geräusch" (Rilke 1996, Bd. 4, S. 702) sein. Kittler versteht diesen Text dahingehend, dass Rilke eine zufällig entstandene Knochennaht, die keinen Urheber oder Autor habe, hörbar machen wolle. Erst seitdem es technische Medien wie das Grammophon gibt, die außer einem Signal auch immer ein zufälliges Rauschen produzieren, sei es denkbar, den reinen Zufall hörbar zu machen (vgl. Kittler 1986, S. 63–81).

Lassen sich die Eigenarten von Rilkes *Malte* nun dadurch erklären, dass man gesellschaftliche Veränderungen heranzieht – die veränderte Stellung des Autors zur Gesellschaft, die Metropole Paris –,

Kittlers technische Aufschreibesysteme

„Ur-Geräusch"

dass man sie vor dem Hintergrund eines neuen Wissens betrachtet – Psychologie, Monismus, Mystik –, oder sind mediale Neuerungen höher zu bewerten? Spielen andere literarische Werke eine bestimmende Rolle, so wie es die gründlichen Quellenstudien nahe legen, die zu Rilkes Roman vorliegen (vgl. z. B. Witzleben 1996)? Man wird keinen dieser Kontexte ganz ausblenden können und sie je nach angenommener Erklärungskraft und persönlichem Erkenntnisinteresse hierarchisieren, um literarischen Wandel zu erklären.

Pluralität der Wandlungskonzepte

Fragen und Anregungen

- Geben Sie Beispiele dafür, dass um 1885/90 in einigen literarischen Kreisen eine Aufbruchsstimmung herrschte.

- Welche Unterschiede lassen sich zwischen dem realistischen und dem nachrealistischen Erzählen, wie es bei Rilke zu finden ist, ausmachen?

- Welche Konzepte gibt es, die den Wandel von Literatur erklären? Setzen Sie sich kritisch mit ihnen auseinander.

- Inwiefern ist die Vorstellung der marxistischen Literaturtheorie überholt, man könne Literatur auf die ökonomische Basis einer Gesellschaft zurückführen?

Lektüreempfehlungen

Quellen

- Carl Bleibtreu: Revolution der Literatur [1886], hg. v. Johannes J. Braakenburg, Tübingen 1973 (Nachdruck der 3. Auflage des Titels *Revolution der Litteratur* von 1887).

- Hermann Conradi: Unser Credo, in: Wilhelm Arent (Hg.), Moderne Dichter-Charaktere. Mit Einleitungen von Hermann Conradi und Karl Henckell, Berlin 1885, S. I–IV. – Auch in: Theo Meyer (Hg.), Theorie des Naturalismus, Stuttgart 1997, S. 200–204.

- Theodor Fontane: Holz/Schlaf, Die Familie Selicke [Theaterkritik, 1890], in: ders., Aufsätze, Kritiken, Erinnerungen, Bd. 2 (Sämtliche Werke, hg. v. Walter Keitel), München 1969, S. 845–848.

- Theodor Fontane: Frau Jenny Treibel oder „wo sich Herz zum Herzen find't" [1892], Stuttgart 1986.

- Lutz Danneberg / Friedrich Vollhardt (Hg.): Vom Umgang mit Literatur und Literaturgeschichte. Positionen und Perspektiven nach der „Theoriedebatte", Stuttgart 1992. *Die vierte Sektion dieses Bandes geht den Möglichkeiten einer Integration der Literaturgeschichte in Gesellschafts- und Kulturgeschichte nach.*

- Karl Eibl: Literaturgeschichte, Ideengeschichte, Gesellschaftsgeschichte – und das „Warum der Entwicklung", in: Internationales Archiv für Sozialgeschichte der deutschen Literatur 21, 1996, H. 2, S. 1–26. *Der Aufsatz sieht die Literaturgeschichte in Verbindung mit anderen Bereichen der Geschichte und modelliert ihren Zusammenhang in Anlehnung an Luhmanns Systemtheorie und Charles Darwins Evolutionstheorie.*

- Martin Huber / Gerhard Lauer (Hg.): Nach der Sozialgeschichte. Konzepte für eine Literaturwissenschaft zwischen historischer Anthropologie, Kulturgeschichte und Medientheorie, Tübingen 2000. *Die Aufsatzsammlung schildert literaturwissenschaftliche Konzepte, die sich nach und in Auseinandersetzung mit der Sozialgeschichte entwickelt haben.*

- Christine Maillard / Michael Titzmann (Hg.): Literatur und Wissen(schaften) 1890–1935, Stuttgart 2002. *Die Einleitung der Herausgeber (S. 7–39) beschreibt das Forschungsfeld von Literatur und Wissen um 1900 und gibt Hinweise, welche Formen die Bezugnahme von Literatur auf Wissen annehmen kann.*

Forschung

3 Steckbriefe

Abbildung 3: Der Sturm. Wochenschrift für Kultur und die Künste (Oktober 1912 / Nr. 129), Titelblatt

STECKBRIEFE

Das Bild zeigt die Titelseite der expressionistischen Zeitschrift „Der Sturm. Wochenschrift für Kultur und die Künste" vom Oktober 1912. Unter dem Titel ist in der Mitte der Name des Herausgebers und Schriftleiters Herwarth Walden zu lesen, rechts wird auf die Ausstellungsräume der zugehörigen Sturm-Galerie verwiesen. Eröffnet wird diese Ausgabe mit einem Holzschnitt Wassily Kandinskys und seinem Aufsatz „Ueber Kunstverstehen". In derselben Ausgabe schrieben expressionistische Autoren wie Alfred Döblin und Albert Ehrenstein.

Die Geschichte der modernen Literatur ist ab ungefähr 1885 wesentlich von literarischen Gruppen und Vereinen geprägt, deren Mitglieder sich nicht selten um eine Zeitschrift sammelten. Diese Gruppenbildung diente unter anderem der sichtbaren Positionierung ihrer Mitglieder in einer zunehmend vielschichtigen Medien- und Kunstlandschaft. Eine Zeitschrift war das Forum, in dem man die eigene ästhetische Position explizit vertreten oder doch durch die Auswahl der Beiträge sichtbar machen konnte. *Der Sturm* war eine der wichtigsten Zeitschriften des Expressionismus. Am Beispiel dieses Titelblattes wird augenfällig, dass bildende Kunst, Kunstreflexion und Literatur in einer Zeitschrift eine enge Verbindung eingehen konnten und dementsprechend zusammen rezipiert wurden. Welche Autoren, Gruppen und Zeitschriften konstituierten die drei hauptsächlichen Strömungen Naturalismus, Fin de Siècle und Expressionismus?

3.1 **Naturalismus**
3.2 **Fin de Siècle**
3.3 **Expressionismus**

3.1 Naturalismus

Ob man Naturalismus, Expressionismus und Fin de Siècle als Epochen, Strömungen, Bewegungen oder Richtungen bezeichnet, ist eine Definitionsfrage. Üblich ist die Charakterisierung als „Bewegung", „Richtung" oder „Strömung" innerhalb der größeren Epoche der Frühen Moderne, die man ca. von 1885 bis 1933 ansetzt. Auf jeden Fall sollte man sich bewusst machen, dass diese Begriffe Konstrukte der Geschichtsschreibung sind, die man zur schnelleren Verständigung oder zur Einteilung des Kontinuums der Literaturgeschichte benutzt. Sie existieren nicht unabhängig von Autoren(gruppen), deren Überzeugungen und einzelnen Texten. Um sich das vielschichtige Nebeneinander von Literaturströmungen zu vergegenwärtigen, reicht es, auf das Jahr 1892 zu verweisen, in dem Hauptwerke des poetischen Realismus (Theodor Fontane: *Frau Jenny Treibel*), des Naturalismus (Gerhart Hauptmann: *Die Weber*) und des Fin de Siècle (Stefan George: *Algabal*) erschienen.

<!-- Marginalie: Epochen als Konstrukte -->

Das Wort „Naturalismus", in der Weimarer Klassik um 1800 negativ besetzt, wurde 1881 von Emile Zola in *Le naturalisme au théâtre* (*Der Naturalismus auf dem Theater*) als positiver Stilbegriff aufgefasst. Die bejahende Bedeutung konnte sich jedoch in Deutschland zunächst nicht durchsetzen – als „naturalistisch" bezeichnete man um 1890 meist abwertend die als abstoßend und oberflächlich empfundenen Schilderungen Zolas. Was heute in der Literaturwissenschaft als Naturalismus bezeichnet wird, wurde damals von den maßgeblichen Protagonisten „Realismus" genannt, so beispielsweise von den Autoren Wilhelm Bölsche oder Conrad Alberti, der dem Naturalismus geistlose Naturnachahmung vorwarf (vgl. Alberti 1890, S. 21). Als Name für die naturalistische Bewegung bürgerte sich zunächst in Anlehnung an das Junge Deutschland des Vormärz „Das jüngste Deutschland" ein, so etwa in der ersten größeren literaturgeschichtlichen Darstellung von Adalbert von Hanstein (vgl. Hanstein 1900). Erst später setzte sich Naturalismus als wertneutrale Bezeichnung durch. Das Ziel der Naturalisten war eine wahre Wiedergabe der Natur im Kunstwerk (→ KAPITEL 7).

<!-- Marginalie: Begriff „Naturalismus" -->

Die naturalistischen Dichter wurden zumeist in den frühen 1860er-Jahren geboren und gehörten damit derselben Generation an. Im Jahr 1862 wurden geboren: Conrad Alberti, Hermann Conradi, Gerhart Hauptmann, Johannes Schlaf; 1863: Arno Holz; 1864: Otto Erich Hartleben, Karl Henckell, John Henry Mackay; 1865: Otto Julius Bierbaum, Max Halbe. Die Brüder Julius Hart (geb. 1859) und

<!-- Marginalie: Naturalistische Generation -->

Heinrich Hart (geb. 1855) sind nur wenige Jahre älter. Darüber hinaus haben die meisten Naturalisten gemeinsam, dass sie aus eher kleinbürgerlichen Familien stammten und auf dem Land aufwuchsen. Später wählten sie die großen Städte, häufig Berlin oder München, zum Wohnsitz.

Gruppen und Zeitschriften

Mit dem Naturalismus begannen literarische Gruppen, Vereine und Zeitschriften für die Entwicklung der Literatur entscheidende Bedeutung zu erlangen. Die Zentren des deutschen Naturalismus waren die Großstädte Berlin und München. In Berlin erschienen die sechs Hefte der *Kritischen Waffengänge* (1882–84) von Julius und Heinrich Hart, in denen sie ausschließlich selbst schrieben. Hier wurde – durchaus kritisch! – Zola vorgestellt und ein „Naturalismus in höchsten Sinne des Begriffes" (Hart/Hart 1882, S. 54) gefordert. 1885 wurde in München von Michael Georg Conrad *Die Gesellschaft* (–1902) gegründet, eine Zeitschrift, die sich Zolas Wahrheitsstreben verpflichtet fühlte. Zu den Mitarbeitern gehörten Otto Julius Bierbaum, Carl Bleibtreu, Hermann Conradi, Max Halbe und Detlev von Liliencron. Nur kurz darauf wurde 1886 in Berlin der Verein Durch! gegründet. Diesem Verein gehörten wiederum die Brüder Hart an, aber auch Bruno Wille, John Henry Mackay, und später Gerhart Hauptmann, Arno Holz und Johannes Schlaf.

Um 1890 zogen Wilhelm Bölsche, Heinrich und Julius Hart und Bruno Wille von Berlin in den Berliner Vorort Friedrichshagen und bildeten den Friedrichshagener Dichterkreis. Hier am Müggelsee waren sie der Natur näher, die für ihr Denken eine entscheidende Rolle spielte (→ KAPITEL 5.2). Friedrichshagen wurde Julius Hart zufolge für einige Jahre „zu etwas wie einem Klein-Weimar der modernen Geister" (Hart/Hart 2006, S. 149). Zu den Gästen gehörten unter anderen Otto Erich Hartleben, Richard Dehmel, Gerhart Hauptmann, Frank Wedekind oder August Strindberg.

Friedrichshagener Dichterkreis

1889 wurde in Berlin nach französischem Vorbild der Theaterverein Freie Bühne gegründet, der mit der zugehörigen Zeitschrift *Freie Bühne* ein eigenes publizistisches Organ hatte. Ausgestattet mit umfangreichen Vollmachten wurde der Kritiker Otto Brahm der erste Präsident des Vereins und der erste Redakteur der Zeitschrift. Aufgrund der rechtlichen Form des Vereins waren die Theateraufführungen geschlossene Veranstaltungen für die Vereinsmitglieder und unterlagen damit keiner Zensur. So konnten Stücke zur Aufführung kommen, die die Zensur nicht unbeschadet überstanden hätten. Die Uraufführung von Hauptmanns *Vor Sonnenaufgang* sorgte hier am 20. Oktober 1889 für einen regelrechten Skandal. Schon 1890 ging

Freie Bühne

man wieder getrennte Wege, da einige Mitglieder über den Verein hinaus auf größere Bevölkerungsschichten, insbesondere auf Arbeiter, wirken wollten und deshalb die Freie Volksbühne gründeten. An diesem Unternehmen waren wieder Wille und Bölsche maßgeblich beteiligt. 1892 kam es zur erneuten Spaltung. Bis 1913 existierte deshalb in Berlin die Freie Volksbühne mit dem führenden Kopf der deutschen Arbeiterbewegung, Franz Mehring, als Leiter neben der Neuen freien Volksbühne, der Wille vorstand.

Den Frühnaturalismus kann man zwischen 1882 und 1884 beginnen lassen, also mit den Jahren, in denen die *Kritischen Waffengänge* der Brüder Hart erschienen. Da diese Zeitschrift lediglich ein Zweimannprojekt war, ist ein sinnvollerer Einschnitt das Jahr 1885, in dem die Anthologie *Moderne Dichter-Charaktere* publiziert und die Zeitschrift *Die Gesellschaft* gegründet wurde. Eine neue Phase des Naturalismus („Hochnaturalismus") begann Günther Mahal zufolge 1889 mit der Gründung der Freien Bühne in Berlin (vgl. Mahal 1996, S. 24). Gab es den Naturalismus zunächst in der Lyrik und dann, in den späten 1880er-Jahren, in der Prosa, so verschob sich mit der Gründung der Freien Bühne der Akzent auf das Drama. Den Naturalismus lässt man etwa Mitte der 1890er-Jahre enden.

Zwei Phasen

Die Freie Bühne wurde mit dem norwegischen Drama *Gespenster* (*Gengangere*, 1881) von Henrik Ibsen eröffnet. Schon daran kann man ersehen, dass die ausländische, insbesondere die skandinavische, französische und russische Literatur von großer Bedeutung für die deutschen Naturalisten war. Der Einfluss erstreckte sich dabei auf die theoretische Reflexion (etwa zu Zolas romantheoretischen Überlegungen; → KAPITEL 7.2) ebenso wie auf die Prosa und das Drama.

Ausländische Vorbilder

Die Geschichtsschreibung der naturalistischen Bewegung geschah zunächst in autobiografischen Texten ihrer Protagonisten (vgl. z. B. Hart/Hart 2006). Die erste umfassende Monografie der Bewegung lieferte Adalbert von Hanstein (vgl. Hanstein 1900). Während sich Forscher der 1920er- bis 1940er-Jahre zum Naturalismus durch seine nationalen und biologistischen Tendenzen hingezogen fühlten, wurde er in den späten 1960er-Jahren, nun aus einer eher linken und sozialkritischen Perspektive, wiederentdeckt (vgl. z. B. Scheuer 1974; Brauneck 1974). Schon in den 1980er-Jahren ging das Interesse am Naturalismus merklich zurück (vgl. aber Scheuer 1988). Drei Kontroversen bestimmen die heutige Naturalismus-Forschung (vgl. Fricke 1997ff., Bd. 1, S. 687): Zunächst die Frage, wie sich die naturalistische Theorie und die literarische Praxis zueinander verhalten, zweitens die problematische Stellung des Naturalismus in der Geschichte

Forschung

der Moderne (als Beginn der Moderne, wie die Begriffsgeschichte von „Moderne" nahe legt, oder als vormodern aufgrund des mimetischen Literaturverständnisses), schließlich die politisch-weltanschauliche Ausrichtung des Naturalismus, der um 1890 mit der Sozialdemokratie sympathisierte, während später einige seiner Vertreter Nähe zur Rassenideologie des Nationalsozialismus bekundeten (vgl. Kafitz 1992; Erdmann 1997).

3.2 Fin de Siècle

Begriff
„Fin de Siècle"

Der französische Name „Fin de Siècle" (Ende des Jahrhunderts) bezeichnet die europäische nach- und gegennaturalistische Literatur von ungefähr 1890 bis 1910 und reicht damit über das eigentliche Ende des Jahrhunderts hinaus. Der Begriff stammte aus Frankreich und wurde im deutschsprachigen Gebiet zuerst 1890 von Hermann Bahr und Hugo von Hofmannsthal aufgegriffen. Die Verwendung des Begriffs impliziert, dass insbesondere die französische Dichtung für die literaturgeschichtliche Entwicklung wichtig war.

Die Strömungsbezeichnung Fin de Siècle hat sich in den letzten Jahren aufgrund ihrer größeren Neutralität gegen eine Fülle von zum Teil konkurrierenden Strömungsbegriffen durchgesetzt oder wird zumindest als übergreifender Begriff verwendet, der die anderen Tendenzen umfasst. Diese anderen Begriffe wurden aus der Kunstgeschichte entlehnt (Jugendstil, Impressionismus, Symbolismus), waren topografisch bestimmt (Wiener Moderne, Münchner Moderne, Berliner Moderne), ordneten die Literatur in einen breiten kulturellen Kontext ein (Décadence) oder hoben den Rekurs auf die literarische Tradition hervor (Neuromantik). Diese Bezeichnungen haben jeweils einen unterschiedlichen Umfang und eine besondere Verwendungsgeschichte und sollten deshalb nur mit Vorsicht und im Bewusstsein verwendet werden, dass es sich bei ihnen um Hilfsbegriffe handelt, die einzelne Züge der Literatur hervorkehren und andere verdunkeln.

Konkurrierende
Strömungsbegriffe

Décadence

Mit dem Begriff „Fin de Siècle" ist derjenige der „Décadence" (Verfall) schon in den damaligen Schriften eng verbunden. Aus literaturhistorischer Sicht bezeichnet er ein bestimmtes Motivgeflecht, ist also vorwiegend inhaltlich bestimmt (→ KAPITEL 12).

Symbolismus

Die Begriffe „Impressionismus" (→ KAPITEL 8.2) und „Symbolismus" zielen dagegen mehr auf eine bestimmte artistische Schreibweise (vgl. Koppen 1973, S. 46). Als symbolistisch bezeichnet man besonders die Lyrik und das lyrische Drama des Fin de Siècle, seltener die Prosa. Nachdem das Wort in Frankreich verbreitet und besonders auf Stéphane Mallarmés Lyrik angewendet wurde, machte es Hermann Bahr in der deutschen Literatur bekannt, indem er in seinem Aufsatz *Symbolisten* (1892) Gedichte des jungen Hofmannsthal (u. a. *Mein Garten*) vorstellte. Der Begriff bezeichnet ein anti-mimetisches Kunstverständnis, womit eine Gegenposition zum Naturalismus eingenommen wird. Mit dem traditionellen Symbolbegriff, wonach etwas Besonderes auf etwas Allgemeines verweist, also etwa die Waage auf die Gerechtigkeit, hat dieser Symbolbegriff nichts zu tun. Es geht vielmehr darum, die Gefühle und Dinge in einem Text nicht zu benennen, sondern sie indirekt im Leser zu evozieren, etwa durch Assoziationen oder klanglich-rhythmische Kunstmittel. Damit bezieht sich die Lyrik weniger auf die Außenwelt als auf die evozierten Seelenzustände oder doch zumindest auf die Korrespondenz beider. Dieses Prinzip wurde bereits von Mallarmé formuliert.

Zum Kernbestand der Autoren des Fin de Siècle gehört das Junge Wien, ein lockerer Zirkel junger Autoren, der in Wien lebte und im Café Central oder im Café Griensteidl verkehrte. Zu dieser Gruppe zählen unter anderen Peter Altenberg, Leopold von Andrian, Hermann Bahr, Richard Beer-Hofmann, Felix Dörmann, Hugo von Hofmannsthal, Arthur Schnitzler und – in einer skeptischen Beobachterrolle – Karl Kraus. Diese Autoren stammten aus wohlhabenden Elternhäusern. Sie fielen durch ihr dandyhaftes Auftreten und ihr großes Selbstbewusstsein auf – letzteres trug dem Café Griensteidl den Titel „Café Größenwahn" ein. Kraus verfasste anlässlich des Abrisses dieses Kaffeehauses das Pamphlet *Die demolirte Literatur* (1896/97; vgl. Kraus 1972), in dem er den dort verkehrenden Autoren ihre Dekadenz vorwarf. Nach dem Abriss des Gebäudes und der zunehmenden Etablierung der Autoren im Literaturbetrieb verzichteten die Jung-Wiener auf einen neuen Treffpunkt.

<small>Junges Wien</small>

Unter den Autoren und Intellektuellen der Münchner Boheme ist aufgrund seines weltanschaulichen Irrationalismus der Kosmiker-Kreis (Ludwig Klages, Karl Wolfskehl und Alfred Schuler) besonders erwähnenswert. Diese Gruppe wiederum stand Stefan George nahe, der seinen Kreis mit fester Hand führte. Die Mitglieder seines Zirkels hatten für das intellektuelle Leben in Deutschland weit über das Fin de Siècle hinaus größte Bedeutung (→ KAPITEL 4.3).

<small>George-Kreis</small>

Eine Fülle von Autoren wird aufgrund thematischer und stilistischer Eigenheiten sowie aus chronologischen Gründen zumindest phasenweise zum Fin de Siècle gezählt, ohne dass sie festen Gruppen zugerechnet werden könnten. Dazu gehören beispielsweise Max Dau-

<small>Weitere Autoren</small>

thendey, Richard Dehmel, Detlev von Liliencron, Thomas und Heinrich Mann, Robert Musil, Stanislaw Przybyszewski oder Rainer Maria Rilke.

Zeitschriften Die bedeutendsten Zeitschriften des Fin de Siècle waren Georges *Blätter für die Kunst* (1892–1919), die von Otto Julius Bierbaum, Julius Meier-Gräfe und Dehmel gegründete Zeitschrift *Pan* (1895–1900), die auflagenstarke illustrierte Münchner Wochenschrift *Jugend* (1896–1940) und *Die Insel* (1899–1902), die nach der Einstellung des *Pan* dessen Platz ausfüllen wollte. Für die Zeitschriften ist kennzeichnend, dass sie buchkünstlerisch anspruchsvoll ausgestattet waren und literarische Texte aller Gattungen sowie Kunstdrucke enthielten. Damit waren sie – dem expressionistischen *Sturm* ähnlich – ein wichtiges Bindeglied zwischen den Künsten.

Ausländische Vorbilder Das Fin de Siècle war ein europäisches Phänomen – entsprechend groß ist die Bedeutung ausländischer Literatur für die deutschsprachigen Dichter gewesen. George wohnte den berühmten Treffen von Mallarmé in Paris bei und übersetzte aus dem Französischen (z. B. Charles Baudelaire, 1821–67) und aus vielen anderen europäischen Sprachen. Hofmannsthal schrieb Essays über die Dichter Charles Swinburne (1837–1909) oder Gabriele D'Annunzio (1863–1938), Rilke dichtete sogar mitunter auf Französisch und übersetzte aus dem Französischen und Italienischen. Die Literaturkritikerin und Übersetzerin Marie Herzfeld setzte sich für die skandinavische Literatur ein. Zuweilen schien es so, als seien andere Nationalliteraturen geradezu die einzige Inspirationsquelle. Felix Dörmann wurde von Bahr darum vorgeworfen: „Er redet nicht aus dem Leben: er redet immer aus fremden Litteraturen. Seine Schmerzen sind von Baudelaire und seine Wünsche sind von Swinburne." (Bahr 1894, S. 90)

Forschung Der Literatur des Fin de Siècle wurde sowohl von den Nationalsozialisten als auch von den Marxisten ihre angebliche Entartung bzw. ihre Dekadenz zum Vorwurf gemacht. Frühe Studien, die dieser Literatur gerecht zu werden versuchten, waren das zuerst 1930 erschienene Buch von Mario Praz *Liebe, Tod und Teufel. Die schwarze Romantik*, die seit den 1930er-Jahren entstandenen Aufsätze von Richard Alewyn über Hofmannsthal (vgl. Alewyn 1963), die seit den 1950er-Jahren verfertigten Vorträge und Aufsätze von Wolfdietrich Rasch (vgl. Rasch 1967) sowie die kontextualisierende Hofmannsthal-Studie von Gotthart Wunberg (vgl. Wunberg 1965). Heute ist die Forschungsliteratur zum Fin de Siècle bereits quantitativ eindrucksvoll und spiegelt den Methodenpluralismus der germanistischen Literaturwissenschaft wider. Zu Rilke verzeichnet die elektronische Version der *Bibliographie der deutschen Sprach- und Literaturwissenschaft* (BDSL) in den letzten 20 Jahren über 1 700 Einträge, zu Hofmannsthal und Musil jeweils über 1 200, George und Schnitzler kommen immerhin noch auf jeweils ca. 700 registrierte Titel. Wichtige neuere Arbeiten analysieren die Literatur im Kontext des Monismus (vgl. Fick 1993), untersuchen die Beziehungen zu anderen Medien (vgl. Hiebler 2003), stellen die Körperkultur um 1900 in ihrer Beziehung zur Poetik dar (vgl. Brandstetter 1995), betrachten mit soziologischen Mitteln die literarische Gruppenbildung (vgl. Kolk 1998) oder beleuchten die Geschlechterverhältnisse in der Literatur (vgl. Hilmes 1990).

3.3 Expressionismus

„Wir sind Expressionisten" (Hiller 1911 zitiert in: Anz/Stark 1982, S. 34). Mit diesen Worten wendete Kurt Hiller 1911 die Bezeichnung „Expressionisten" (von lateinisch *expressio*; Ausdruck) auf die Generation der jüngsten Berliner Dichter an – zu diesen zählte er z. B. Ernst Blass, Ferdinand Hardekopf, Georg Heym, Erwin Loewenson und sich selbst – und führte ihn damit in die deutsche Literatur ein. Natürlich hatte der Begriff eine Vorgeschichte. Er kursierte in Frankreich seit 1901 für anti-impressionistische Malerei und wurde 1911 im Vorwort des Katalogs zur 22. Ausstellung der Berliner Sezession aufgegriffen, auch hier auf die Malerei angewandt. Der Begriff, durch Hiller von der bildenden Kunst auf die Dichtung übertragen, setzte sich schnell durch und ist heute für bestimmte Teile der Literatur von ca. 1910–22 akzeptiert.

Begriff „Expressionismus"

1917 hielt Kasimir Edschmid seinen wirkungsmächtigen Vortrag *Über den dichterischen Expressionismus*. Edschmid grenzt den Expressionismus dadurch vom Naturalismus ab, dass dieser nur die oberflächliche falsche Wirklichkeit (die „Tatsachen") mithilfe von Psychologie, Kausalität und Logik hatte abbilden wollen, und kontrastiert ihn mit dem Impressionismus, weil jener nur am Augenblick interessiert gewesen sei. Der Expressionismus sei dagegen alogisch und intuitiv; er richte sich nicht auf das jeweilige bürgerliche Individuum, sondern auf den bloßen Menschen in seiner Beziehung zum Ewigen. Der Zentralbegriff „Mensch" gewinnt dabei seine Kontur im Kontrast zum bürgerlichen, vergesellschafteten „Individuum". „Mensch" ist gerade das, was übrig bleibt, wenn man „Pflicht, Moral, Gesellschaft, Familie" (Edschmid 1919, S. 57) vom bürgerlichen Individuum ab-

Edschmids Expressionismus-Vortrag

Zentralbegriff „Mensch"

zieht. Das visionäre Schauen („Vision") des Wesens des Menschen und der Dinge, das ursprüngliche „Erleben" und formbewusste „Schaffen" sind die zentralen Leitgedanken des Aufsatzes.

Drei Phasen Der Erste Weltkrieg teilte den Expressionismus in drei Phasen. Der Frühexpressionismus – und damit die erste Phase – begann ca. 1910 und endete 1914, weil durch den Kriegsbeginn das Leben und Schreiben der jungen Autoren grundlegend verändert wurde. Die meisten wurden zum Kriegsdienst eingezogen oder meldeten sich freiwillig. Wichtige expressionistische Autoren wie Alfred Lichtenstein, Ernst Stadler, Georg Trakl und August Stramm fielen 1914/15 an der Front. Die Auseinandersetzung mit dem Krieg wurde ein beherrschendes Thema für die Überlebenden. Mit Kriegsende und Revolution 1918/19 setzten schließlich eine größere Breitenwirkung und Kanonisierung des Expressionismus ein – man kann von der Phase des Spätexpressionismus sprechen.

Typischer Ausbildungsweg Der typische expressionistische Dichter war hochgebildet. Er stammte aus gutbürgerlichem Elternhaus, häufig waren seine Eltern Akademiker. Nach 1900 besuchte er eine höhere Schule, meist das Gymnasium. 80 Prozent der Expressionisten schlossen ein Studium an, meistens Germanistik, Philosophie oder Kunstgeschichte, aber auch Jura oder Medizin. Nicht wenige wurden anschließend noch promoviert. Mit kleineren Abweichungen trifft dieser Ausbildungsweg beispielsweise auf Gottfried Benn, Albert Ehrenstein, Jakob van Hoddis, Alfred Lichtenstein, Ernst Stadler oder August Stramm zu. Kaum einer genoss eine spezifisch künstlerische Ausbildung (vgl. Raabe 1992, S. 8).

Die Entwicklung des Expressionismus war eng an Gruppen oder Mitarbeiterkreisen von Zeitschriften gebunden. 1909 wurde in Berlin **Neuer Club** der Neue Club gegründet. Die zentrale Figur war Kurt Hiller (1885–1972), Mitglieder waren unter anderen Erwin Loewenson und Jakob van Hoddis, Georg Heym und Ernst Blass. Neben den wöchentlichen Treffen veranstaltete man ab 1911 das Neopathetische Cabaret, eine Veranstaltungsreihe, in der insbesondere Heym und van Hoddis mit Gedichten Furore machten (z. B. van Hoddis' *Weltende*, 1911; → KAPITEL 13.1). Im Frühjahr 1911 spaltete sich eine Gruppe um Hiller ab und gründete den Club Gnu, an dessen Zusammenkünften auch Johannes R. Becher, Carl Einstein, Franz Pfemfert, Ludwig Rubiner, Herwarth Walden, Franz Werfel und Paul Zech teilnahmen. Aus dem Fundus der dort vortragenden und geschätzten Dichter gab Hiller 1912 die maßgebliche expressionistische Lyrikanthologie *Der Kondor* heraus.

Dass es sich bei dem Expressionismus primär um eine Subkultur handelt, wird schlaglichtartig deutlich, wenn man sich die (ohnehin seltene) Reaktion der Massenpresse auf die Veranstaltungen des Neopathetischen Cabaret ansieht. Die *Münchener Allgemeine Zeitung* verspottete 1910 einen der Abende als krankhafte und abstruse Veranstaltung. Besonders die Gedichte von van Hoddis wurden abgewertet: „Ich habe selten so etwas bodenlos Häßliches gehört" (Hans Hentig 1910 in: Anz/Stark 1982, S. 84). Die heutige Wertschätzung dieser Dichtung und das Urteil mancher Zeitgenossen stehen also in einem scharfen Widerspruch.

Herwarth Walden war die zentrale Figur des Sturm-Kreises, der sich beinahe zeitgleich ebenfalls in Berlin konstituierte. Ihm standen unter anderen die Schriftsteller Alfred Döblin, Else Lasker-Schüler oder Ludwig Rubiner nahe. Walden gab die wichtigste Zeitschrift des Expressionismus, *Der Sturm* (1910–32), heraus. Im *Sturm* erschienen Texte von Döblin, Stramm oder Benn, hier wurden die Futuristischen Manifeste von Filippo Tommaso Marinetti veröffentlicht (→ KAPITEL 10.4), hier wurden Bilder der Künstler Wassily Kandinsky, Paul Klee, Oskar Kokoschka oder Franz Marc abgedruckt. Es gab Sturm-Ausstellungen und einen Sturm-Verlag, sodass die Bedeutung Waldens für die expressionistische Literatur und Kunst in Berlin und darüber hinaus sehr hoch einzuschätzen ist.

Sturm-Kreis

In Berlin versammelte sich eine weitere Gruppe von Expressionisten um den Publizisten Franz Pfemfert. Er gründete 1911 *Die Aktion* (–1932), eine Zeitschrift, in der sich die neueste Kunst mit linksrevolutionärem Aktivismus verband. Zur Gruppe um die *Aktion* gehörten u. a. Benn, Einstein, van Hoddis und Carl Sternheim. Weitere expressionistische Zeitschriften waren *Der Brenner* (1910–54), in dem unter anderen Trakl publizierte, oder *Die weißen Blätter* (1913–21), wo *Die Verwandlung* (1915), eine Erzählung des Prager Schriftstellers Franz Kafka, zuerst erschien.

Die Aktion

Die Zeitschriften waren zwar der „Kern der Avantgardekultur" (Haefs in: Mix 2000, S. 437), doch gilt es, einen Buchverlag und seinen gleichnamigen Verleger hervorzuheben, der viele junge Expressionisten unter Vertrag hatte: den Kurt Wolff-Verlag in Leipzig. Wolff war zunächst stiller Teilhaber des Ernst Rowohlt Verlags. 1912 kam es zum Streit, Rowohlt trat in den S. Fischer Verlag ein und Wolff gründete 1913 seinen eigenen Verlag. Kurt Pinthus und Werfel wurden Lektoren, die Zeitschrift *Die weißen Blätter* wurde gekauft und die Buchreihe *Der Jüngste Tag* gegründet. Die ersten sechs Bücher dieser erfolgreichsten Buchreihe des Expressionismus erschienen noch

Buchverlage

im selben Jahr (1913) mit Texten von Kafka, Walter Hasenclever, Werfel, Hardekopf und anderen. Wolff war auch Verleger von Heym und Trakl. Rowohlt gründete 1919 seinen neuen Verlag und gewann auch wieder Expressionisten als Autoren. In seinem Haus erschien die von Pinthus herausgegebene Lyrikanthologie *Menschheitsdämmerung. Symphonie jüngster Lyrik* (1920), die bis heute wichtigste Sammlung expressionistischer Lyrik.

Literarische Schlüsselfiguren

Für die Texte des Expressionismus erlangten einige literarische Figuren eine besondere Stellung. Weil die Generation der Expressionisten jung war, konnte in der Figur des Vaters alles Gesellschaftlich-Erstarrte, Repräsentative und Bürgerliche angegriffen werden, so beispielsweise in Hasenclevers Drama *Der Sohn* (1914; → KAPITEL 6.4). Die radikalste Kritik am Bürger und der Gesellschaft schien aus der Perspektive von Irren und Kranken möglich zu sein – auch sie avancierten zu Schlüsselfiguren. Als extremes Gegenbild zur Normalität des Bürgers konnten aus ihren Blickwinkeln andersartige Werte, Verhaltensweisen sowie abweichende Denk- und Wahrnehmungsstrukturen gestaltet werden. Die Hauptfigur von Gottfried Benns Novellensammlung *Gehirne* (1916), der Arzt Rönne, ist hierfür ein einschlägiges Beispiel (→ KAPITEL 13.3; vgl. Anz 2002, S. 75–99).

Forschung

Da die Nationalsozialisten den Expressionismus als entartete Kunst brandmarkten, begann die breitere Erforschung des Expressionismus, sieht man einmal von der monumentalen Zusammenschau von Albert Soergel (vgl. Soergel 1925) ab, erst um 1960. Walter Herbert Sokel, ein in die USA emigrierter Literaturwissenschaftler, legte 1959 sein Expressionismus-Buch *The Writer in Extremis* vor, das erstmals den Expressionismus in die deutsche und europäische Geistesgeschichte einordnete. Eine große Ausstellung zum Expressionismus im Deutschen Literaturarchiv Marbach und ihr Katalog riefen die Literatur dieser Zeit wieder ins Gedächtnis der Öffentlichkeit zurück (vgl. Raabe/Greve 1960). In den 1960er- und 1970er-Jahren entstanden grundlegende Studien zum Expressionismus, die sich nicht mehr auf die textimmanente Interpretation beschränkten, sondern auf verschiedene Kontexte zurückgriffen. Hervorgehoben seien eine Studie zum Vitalismus im Expressionismus (vgl. Martens 1971) und eine Arbeit zum Verhältnis vom expressionistischen Drama zur Gesellschaft (vgl. Hohendahl 1967). Der Prosa des Expressionismus, die anfänglich kaum erforscht wurde, widmete sich insbesondere eine Arbeit von Wilhelm Krull (vgl. Krull 1984). Unter den Einführungen ist das problemorientierte Buch von Silvio Vietta und Hans-Georg Kemper hervorzuheben, das den Expressionismus und seine Kontexte zwischen den Polen Ich-Dissoziation und Menschheitserneuerung darstellte und Forschung und Lehre in den letzten Jahrzehnten erheblich beeinflusste (vgl. Vietta/Kemper 1997; zuerst 1974).

Fragen und Anregungen

- Warum sind Bezeichnungen wie Naturalismus oder Expressionismus mit Bedacht zu verwenden?
- Nennen Sie für jede Strömung je eine wichtige Zeitschrift und charakterisieren Sie diese kurz.
- Überlegen Sie, welche Bedeutung die Gruppenbildung für die Literatur um 1900 hatte.
- Welche wesentlichen Unterschiede gibt es zwischen den Strömungen des Naturalismus, des Fin de Siècle und des Expressionismus?
- Welche bekannten Autoren lebten und schrieben um 1900, die keiner der hier vorgestellten Strömungen zugerechnet werden können?

Lektüreempfehlungen

- Hermann Bahr: Die Überwindung des Naturalismus [1891], in: ders., Die Überwindung des Naturalismus, hg. v. Claus Pias, Weimar 2004, S. 128–133. – Auch in: Gotthart Wunberg (Hg.), Die Wiener Moderne. Literatur, Kunst und Musik zwischen 1890 und 1910, Stuttgart 2000, S. 199–205 (gekürzt).   Quellen

- Kasimir Edschmid: Über den dichterischen Expressionismus [1917], in: ders., Über den Expressionismus in der Literatur und die neue Dichtung, 3. Auflage, Berlin 1919. – Auch in: Theorie des Expressionismus, hg. v. Otto F. Best, Stuttgart 2004, S. 55–67 (gekürzt).

- Julius Hart: [Bruchstücke aus den Lebenserinnerungen], in: Heinrich Hart/Julius Hart: Lebenserinnerungen. Rückblicke auf die Frühzeit der literarischen Moderne (1880–1900), hg. v. Wolfgang Bunzel, Bielefeld 2006, S. 142–184.

Forschung
- Sabine Haupt / Stefan Bodo Würffel (Hg.): Handbuch Fin de Siècle, Stuttgart 2008. *Aktuelle Sammlung mit Aufsätzen zu Geschichte, Gesellschaft, Literatur, Künsten und Wissenschaften des europäischen Fin de Siècle sowie zum deutschen Naturalismus und Expressionismus. Enthält einen bio-bibliografischen Anhang der besprochenen Autoren.*

- Paul Raabe: Die Autoren und Bücher des literarischen Expressionismus, ein bibliographisches Handbuch in Zusammenarbeit mit Ingrid Hannich-Bode, 2. Auflage, Stuttgart 1992. *Umfassendes Standardwerk. Enthält eine knappe und konzise Darstellung der expressionistischen Generation und ihrer Publikationen (S. 3–20).*

- Jürgen Schutte / Peter Sprengel: Einleitung, in: dies. (Hg.), Die Berliner Moderne 1885–1914, Stuttgart 1987, S. 13–94. *Materialreiche Einleitung in die Kunst der Stadt Berlin vom Naturalismus zum Expressionismus. Der Band enthält zudem eine große Fülle von Dokumenten und zahlreiche Beispiele literarischer Texte.*

- Michael Titzmann: Artikel „Epoche", in: Harald Fricke / Jan-Dirk Müller / Klaus Weimar (Hg.), Reallexikon der deutschen Literaturwissenschaft. Neubearbeitung des Reallexikons der deutschen Literaturgeschichte, 3 Bde., Berlin / New York 1997–2003, Bd. 1, S. 476–480. *Grundlegender knapper Artikel mit der wichtigsten Literatur zum Problem des Epochenbegriffs.*

- Gotthart Wunberg: Einleitung, in: ders. (Hg.), Die Wiener Moderne. Literatur, Kunst und Musik zwischen 1890 und 1910, Stuttgart 2000, S. 11–79. *Materialreiche Einleitung in die Kultur des Wiener Fin de Siècle mit einem Akzent auf der Bedeutung Hermann Bahrs. Enthält zudem Dokumente und beispielhafte literarische Texte.*

4 Autorschaft

Abbildung 4: Stefan George (1910), Fotografie von Jakob Hilsdorf

AUTORSCHAFT

Die Fotografie zeigt Stefan George im Jahr 1910 als 42-Jährigen. Es handelt sich um ein Brustbild in altertümlicher Profilansicht. Das Licht modelliert die hohe Stirn, die wulstigen Augenbrauen, die markanten Wangenknochen und den fest geschlossenen Mund. Die Haare sind streng nach hinten frisiert. Georges Kleidung ist schlicht, der Kragen hoch geschlossen. Friedrich Gundolf, ein Anhänger von George, schrieb in einem Brief im Januar 1912 an George wohl über diese Fotografie: „Und überhaupt: dieses Bild möchte ich in allen Räumen wissen, wo du verehrt wirst: es gibt nächst deinem Werk für die denen dein unmittelbarer Anblick versagt wird, nichts einen so überwältigenden, erziehenden, fast reinigenden Eindruck und Begriff von deiner REALITÄT." Und er fügte hinzu, dass „dein Kopf längst nicht mehr deine Privatsache ist, sondern ein Werk zur Reinigung der Begriffe vom Menschen" (Gundolf 1912 in: Boehringer/Landmann 1962, S. 236).

Der Dichter erscheint in den Worten Gundolfs als jemand, der wie ein Heiliger verehrt wird und der durch seine Persönlichkeit, durch seine Werke und besonders durch seine Bilder wirkt. Nichts Geringeres als eine Neubestimmung des Menschen soll durch Georges Haupt gewährleistet werden. Zugleich wird deutlich, dass im Kreis um George die Wirkung eines Bildes bewusst kalkuliert wurde, dass hinter der stilisierten Fotografie und deren Verbreitung eine „Politik mit Bildern" stand (vgl. Mattenklott 1985, S. 213–218). Aufgrund welcher sozialen und ideengeschichtlichen Voraussetzungen konnte einem Autor eine solch exzeptionelle Position zugesprochen werden? Welche anderen Möglichkeiten gab es, um 1900 seine Dichterrolle zu gestalten?

4.1 **Autorschaft als Problem der Moderne**
4.2 **Die Boheme**
4.3 **Revolutionäre, Wissenschaftler und Heilige**
4.4 **Künstlerproblematik bei Thomas Mann**

4.1 Autorschaft als Problem der Moderne

„Das ganze Metier hat einen Knacks weg" (Fontane 1969a, S. 574) – diese saloppen Worte schrieb Theodor Fontane 1891 über den Beruf des Schriftstellers. Damit ist ein Problem angezeigt: Die gesellschaftliche Stellung oder die Aufgabe des Schriftstellers wird als prekär oder doch als ungewöhnlich empfunden.

Das war einige Jahrzehnte zuvor anders gewesen. Noch um die Mitte des 19. Jahrhunderts konnten die Autoren des poetischen Realismus die Erkenntnis der wirklichen Welt ebenso oder gar mehr für sich beanspruchen als Philosophie und Naturwissenschaften – so etwas stabilisiert das Selbstbild. Der Realist Theodor Storm (1817–88) verstand sich beispielsweise als jemand, der im Schreiben sein eigenes Dasein bewältigte und mit seiner Literatur zugleich dem Leser eine Wahrheit näher brachte, die dieser selbst vielleicht nur ahnte. Ziel war es, Humanität zu verbreiten und einen Prozess der Aufklärung zu befördern (vgl. Frommholz 1992; → ASB STOCKINGER). Dies sollte ohne eine direkte Stellungnahme zu Parteiinteressen geschehen, weil die parteiliche „Tendenz-Literatur" verpönt war.

Realismus

Um 1900 war die Situation des Schriftstellers dagegen aus verschiedenen Gründen problematisch geworden. Die Zensur im Kaiserreich schien dabei nur ein Problem unter vielen gewesen zu sein. Eine ebenso große Erbitterung wie die Zensur rief offenbar die fehlende staatliche Unterstützung der Schriftsteller hervor. Zwar gab es Orden oder Preise für staatstreue Dichter und gelegentlich vergab Wilhelm II. Auftragsdramen an heute eher als epigonal eingeschätzte Schriftsteller wie Ernst von Wildenbruch – doch die Kunstpolitik der Regenten war vorwiegend der eigenen Repräsentation verpflichtet. Kirchen-, staats- oder sozialkritische Schriftsteller konnten nicht auf Förderung hoffen (vgl. Scheideler 1997, S. 52–55).

Politische Umstände

Folgt man den Erklärungen von Britta Scheideler, die sich auf Jürgen Habermas' *Strukturwandel der Öffentlichkeit* (1962) stützt, dann wog noch schwerer als die fehlende staatliche Förderung, dass Literatur im 19. Jahrhundert die Funktion verlor, Vorreiter einer bürgerlichen Öffentlichkeit zu sein. Im 19. Jahrhundert wurde der Literaturbetrieb zunehmend kommerzialisiert; das Buch wurde zur Ware. Zugleich stagnierten die Emanzipationsbestrebungen des Bürgertums. Durch den Funktionswandel wurde Literatur tendenziell von einem Medium bürgerlicher Selbstreflexion zur Unterhaltung. Habermas spricht diesbezüglich vom Übergang des kulturräsonierenden zum kulturkonsumierenden Publikum (vgl. Habermas 1990, S. 248–266).

Funktionswandel der Literatur

Dadurch seien der Schriftsteller an den Rand der Gesellschaft gedrängt worden und die Literatur in eine Legitimationskrise geraten (vgl. Scheideler 1997, S. 56–64). Erschwerend kommt um 1900 hinzu, dass andere Wissensbereiche – insbesondere die Naturwissenschaften – die Erkenntnis der Wahrheit und die Deutung der Welt für sich reklamierten.

Der Schriftsteller war um 1900 nicht nur, wie Fontane monierte, gesellschaftlich schlecht gestellt und von fehlender Selbstachtung geprägt, er war darüber hinaus mit einer Vielzahl unterschiedlicher Rollenangebote konfrontiert. In der Zeit des Naturalismus beginnt die „Dauerkrise der Selbstbilder" des Autors (Bogdal 1995, S. 281). Das hängt wohl mit dem beschriebenen Funktionswandel der Literatur zusammen.

Krise der Selbstbilder

Ein Autor konnte sich zur Jahrhundertwende im Anschluss an das Autorenverständnis der Realisten sozial integrieren, bürgerliche Werte wie Ordnung, Leistung, Besitz akzeptieren und seine Berufung zum Beruf machen (vgl. Scheideler 1997, S. 69–72), oder er verstand sich gerade als Opponent der bürgerlichen Kultur, als Bohemien. Er konnte sich auch als politisch und sozial engagierter Schriftsteller sehen, als wissenschaftlicher Experimentator oder als Heiliger. Diesen Autorrollen korrespondierte jeweils eine bestimmte Auffassung der Dichtung, die sich auch in poetologischen Überlegungen niederschlug.

Rollenmodelle um 1900

4.2 Die Boheme

Viele Künstler, selbst solche wie Thomas Mann, die zum Repräsentanten des Bürgertums aufstiegen, verkehrten um 1900 in der Boheme oder unterhielten doch zu diesen Kreisen Beziehungen. Mit dem Begriff der Boheme bezeichnete man ursprünglich in Frankreich die Zigeuner. Später fasste man damit verschiedene gegenbürgerliche Lebensstile und Einstellungen zusammen (vgl. Kreuzer 1968, S. 1–24). Als sich während der Regierungszeit des französischen Bürgerkönigs Louis-Philippe (1830–48) Unmut gegen die Verbindung des vorwiegend ökonomisch orientierten Bürgertums mit der Monarchie regte, formierte sich die Boheme als Opposition zu dem ‚Juste-Milieu' – eine Gegnerschaft, die ihr geradezu ihre Identität gab.

Boheme

Darüber hinaus wiesen sich die Bohemiens z. B. durch abweichende, oft provozierende Verhaltensweisen aus. Die Kleidung war extra-

Aussehen

vagant und konnte vom landstreicherhaften Aussehen wie beim Dichter Peter Hille oder beim Revolutionär Erich Mühsam bis zur Eleganz des Dandys beim jungen Thomas Mann reichen. Berühmt und oft nachgeahmt wurde die rote Weste des französischen Romantikers Théophile Gautier – sie ist auch in Thomas Manns Erzählung *Tonio Kröger* ein Zeichen für die Kleidung des Bohemiens. Der italienische Futurist Filippo Tommaso Marinetti soll mit einem gläsernen Hut durch die Cafés von Rom gezogen sein, der französische Dichter Charles Baudelaire war berühmt für seine grüne Perücke. Vielleicht noch wichtiger als der individualisierte Kleidungsstil war jedoch eine spontane und ungebundene Lebensführung. Als Bohemien zog man häufig um oder wohnte in Pensionen – hatte also eine Art vagabundierenden Lebensstil.

Lebensführung

Ein weiterer charakteristischer Zug ist das Verhältnis des Bohemiens zur Erwerbsarbeit und zur Ökonomie. Höchstens zeitweise und widerwillig ging der typische Bohemien einem bürgerlichen Beruf nach, um Geld zu verdienen und damit die künstlerische Arbeit zu finanzieren. Gegenüber Geld und Erwerbsdenken lassen sich drei Verhaltensweisen unterscheiden: Es gab erstens die nicht immer freiwillige Askese der Bohemiens. Man hatte einfach kein Geld oder wählte, wie Stefan George, trotz des Geldes einen asketischen Lebensstil. Zweitens gab es das Postulat des Genusses, d. h. man verachtete das Geld und gab es sofort unbekümmert zumeist für Essen und Trinken aus. Peter Hille ist hierfür ein Beispiel. Hatte er einmal etwas Geld, so wurde es Julius Hart zufolge in ein oder zwei Nächten von Hille „dionysisch" vertan (Julius Hart in: Hille 1921, S. 13). Drittens war ein Teil der Boheme antikapitalistisch eingestellt, d. h. sie lehnte Geld aus moralisch-revolutionären Gründen ab (vgl. Kreuzer 1968, S. 253–269).

Verhältnis zur Ökonomie

Auch in Bezug auf Moral und politische Überzeugungen ging man in Opposition zum Bürgertum. Der Lebensstil war grundsätzlich freier als im Bürgertum, so etwa in der Boheme des Münchner Stadtteils Schwabing. Davon zeugen beispielsweise die Tagebücher von Erich Mühsam: Man verbrachte seine Zeit im Café Stefanie oder im Simpl, man lieh sich hier und dort Geld, hatte wechselnde Sexualpartner usw. (vgl. z. B. Mühsam 2004, S. 29–45). Auch Frank Wedekind, Else Lasker-Schüler, Franziska zu Reventlow, Emmy Hennings (die später den Dadaisten Hugo Ball heiratete), Max Halbe, Heinrich Mann und viele weitere verkehrten in der Schwabinger Boheme.

Moral und Überzeugungen

Franziska (Fanny) zu Reventlow war in vielerlei Hinsicht eine typische und zentrale Figur dieser Szene: Sie hatte sich von ihrem Mann getrennt und erzog alleine einen Sohn, dessen Vater sie nie preisgab. Zudem war sie dichterisch tätig und hatte einen bedeutenden Freundeskreis – die Dichter Rainer Maria Rilke und Ludwig Klages waren darunter. In ihren kritischen Essays, z. B. in *Viragines oder Hetären* (1899), forderte sie die „volle geschlechtliche Freiheit" der Frau (Reventlow 2004, Bd. 5, S. 218). In den Kreisen der Boheme setzte man sich zudem vielfach für die gleichgeschlechtliche Liebe ein. So trat Erich Mühsam mit der Schrift *Die Homosexualität. Ein Beitrag zur Sittengeschichte unserer Zeit* (1903) für die Homosexualität ein, die damals noch gesetzlich verboten war.

Sexualität

Die Boheme schloss sich häufig zu lockeren Gruppen und Zirkeln zusammen. Man traf sich in Cafés, Ateliers und Galerien oder aber in Privatwohnungen, die häufig in Künstler- oder Studentenvierteln der Großstädte, gelegentlich auch in Vororten lagen. Die Cafés, etwa das Berliner Café des Westens, das Münchner Café Schwabing oder das Wiener Café Central waren dabei überaus charakteristisch für den Lebensstil der Bohemiens. Der Wiener Schriftsteller Peter Altenberg gab sogar ab 1897 als Adresse in *Kürschners Deutscher Litteratur Kalender* „Wien I, Herrengasse, Cafe Central" an.

Cafés

4.3 Revolutionäre, Wissenschaftler und Heilige

Die ersten deutschen Autoren, die sich Anfang der 1880er-Jahre als Bohemiens verstanden, waren die jungen Naturalisten, die die Brüder Julius und Heinrich Hart in Berlin versammelten: Hermann Conradi, Karl Henckell und Wilhelm Arent waren darunter. Sie wussten sich am Rande des Kulturbetriebs und glaubten, einer *Revolution der Literatur* (1886), so ein Buchtitel von Carl Bleibtreu, beizuwohnen. Die Harts schufen sich mit ihrer Zeitschrift *Kritische Waffengänge* (1882–84) ein Forum für die eigenen Ansichten. Zunächst hatten sich die beiden Brüder eine Erneuerung der deutschen Literatur als Folge der deutschen Reichsgründung von 1871 erhofft. Wie sich aus dem offenen *Brief an den Fürsten Bismarck* (1892), der in ihrer Zeitschrift veröffentlicht wurde, entnehmen lässt, erwarteten sich die Harts eine staatliche Unterstützung des Literaturbetriebs, beispielsweise eine „Subvention des Theaters" (Hart/Hart 1882, S. 6). Als die Unterstützung dann aber ausblieb, gingen sie auf Distanz zum Staat und kritisierten zunehmend den herrschenden Literaturbetrieb und seine Protagonisten (vgl. Magerski 2004, S. 50).

Kreis um die Brüder Hart

Aus dem autobiografischen Text *Literarische Erinnerungen* (1903) von Heinrich Hart geht hervor, welche Stimmung damals herrschte und welche Autorrollen Erfolg versprachen:

„Unsre beiden Zimmer, in denen wir im Norden Berlins ganz à la bohémienne hausten, waren oft überfüllt mit jungen Revolutionären, die in Worten jeden Augenblick eine Welt vernichteten und eine neue in Reden schufen [...]. Fast jeden Abend traf man sich bei uns oder in irgend einer Winkelkneipe. Nur das Abnorme, das Abnormste hatte Aussicht auf allgemeinen Beifall. Wer sich am tollsten gebärdete, galt für das überragendste Genie. Mehrfach stritten sich die Leutchen herum, wer für den Verrücktesten zu gelten habe; es galt für eine besondere Ehre, Irrsinnsanwandlungen zu haben. Trumpf war es, wenn einer nachweisen konnte, daß er bereits einmal, vielleicht mehrmals einige Zeit in einer Nervenheilanstalt oder gar in einer Irrenanstalt zugebracht hatte." (Hart/Hart 2006, S. 39f.)

Die jungen Naturalisten liebten es, sich als Bohemiens, Genies, Revolutionäre, Wahnsinnige oder auch als Stürmer und Dränger zu stilisieren. Letzteres tat z. B. Heinrich Hart vielfach in seinen *Literarischen Erinnerungen*. Jenen Rollen ist gemeinsam, dass sie tendenziell außerhalb des bürgerlichen Normen- und Wertesystems stehen. Bezogen auf die Literatur hieß das, sich gegen die Schablonen eines verflachten und epigonalen Realismus zu wenden. Das Irresein bot sich als Differenzmerkmal zur älteren Generation besonders gut an, hatte doch der Realismus den Wahnsinn aus der Literatur weitgehend ausgeschlossen.

<small>Genies und Wahnsinnige</small>

Aber der revolutionäre Geist beschränkte sich nicht nur auf die Literatur, vielmehr mündete er gelegentlich auch in sozialreformatorisches Interesse oder in weitergehende politische Aktivitäten. Bruno Wille und Wilhelm Bölsche, beide Angehörige des Friedrichshagener Dichterkreises, waren im Jahr 1890 beispielsweise nicht nur Mitbegründer der Berliner Freien Volksbühne, sondern wollten auch durch ihre Tätigkeit für freireligiöse Kirchen oder ihre Mitarbeit in Arbeiterbildungsvereinen bis in breite Volksschichten wirken. Zu Teil der Boheme wandte sich sogar dem aktiven Anarchismus zu. Zu ihnen gehörten die den Berliner Naturalisten nahe stehenden Schriftsteller Gustav Landauer und Erich Mühsam. Beeinflusst vom Anarchismus Landauers gründete Mühsam in München eine lokale Gruppe des Sozialistischen Bundes. Beide beteiligten sich ebenso wie der expressionistische Dramatiker Ernst Toller 1918 in führenden Positionen an der Münchner Räterepublik, also an dem Versuch, nach der Nie-

<small>Revolution und Anarchismus</small>

derlage im Ersten Weltkrieg einen sozialistischen Staat zu gründen. Dieses Engagement bezahlte Landauer mit seinem Leben, Mühsam und Toller büßten es mit mehrjähriger Festungshaft. Mühsams literarische Texte waren ganz bewusst Tendenz-Literatur, d. h. Texte, die ihre (in diesem Fall sozialrevolutionäre) Absicht erkennen ließen. Eine Sammlung seiner Revolutionslieder veröffentlichte er 1925 unter dem Titel *Revolution. Kampf-, Marsch- und Spottlieder.*

Eine gänzlich andere Autorenrolle bildete sich insbesondere durch die Rezeption des französischen Naturalisten Emile Zola (1840–1902) heraus: Nach diesem sollte der Schriftsteller kein wilder Revolutionär oder halbirres Genie sein, sondern ein nüchterner Wissenschaftler, und sein Roman ein Experiment, das sich nach Naturgesetzen vollzog. Sozialkritische Implikationen waren nicht ausgeschlossen, aber nicht das primäre Ziel des Schreibens.

Dichter als Wissenschaftler

Die Wissenschaften hatten um 1870 den Anspruch, den Menschen und seine Beziehungen zur Gesellschaft und Natur weitgehend zu erklären und zu deuten. Die Schriftsteller sahen sich vor die Frage gestellt, wie sie auf den neuen Deutungsanspruch der Naturwissenschaften beziehungsweise der Weltanschauungsliteratur (→ KAPITEL 5) reagieren sollten. Ältere Schriftsteller wie beispielsweise Friedrich Spielhagen (1829–1911) empfanden schon zu Beginn der 1870er-Jahre die „furchtbare Konkurrenz der Wissenschaften" (Spielhagen 1967, S. 41) und glaubten, dass man mit dem Roman am besten auf die neue Herausforderung reagieren könne.

Deutungsanspruch der Wissenschaft

Zola stand prototypisch für die Rolle des Autors als Wissenschaftler. Er forderte von einem Romanschriftsteller, dass dieser sich wie ein experimentierender Mediziner zu verhalten habe. Er adaptierte die Schrift des Physiologen Claude Bernard (1813–78) *Introduction à l'étude de la médecine expérimentale* (1865; *Einführung in das Studium der experimentellen Medizin*), indem er die Rolle des Mediziners durch diejenige des Romanschriftstellers ersetzte. Wie der Naturwissenschaftler sollte der Schriftsteller die Welt durch Beobachtung und Experiment ergründen. In seiner Schrift *Le roman expérimental* (1879/80; *Der Experimentalroman* 1904) legte er dieses neue Autorverständnis nieder.

Experimentalroman

Die deutsche Zola-Rezeption schloss sich diesem radikalen Bekenntnis zum Dichter als Wissenschaftler nur selten an. Der Glaube an die Kunstautonomie und an die große Rolle der Fantasie stand der Übernahme von Zolas Ideen im deutschsprachigen Gebiet im Weg (vgl. Sältzer 1989, S. 128). Gleichwohl näherten sich Autoren wie Wilhelm Bölsche, Conrad Alberti oder Arno Holz der Zola'schen

Zola-Rezeption

Auffassung entschieden an. Bölsche zeigte sich in seiner Schrift *Die naturwissenschaftlichen Grundlagen der Poesie* (1887) überzeugt davon, dass die „Basis unseres gesammten modernen Denkens [...] die Naturwissenschaften" bildeten. Auch die Kunst sollte mit naturwissenschaftlichen Gesetzen erfassbar sein. Er übernahm Zolas Theorie, dass eine poetische Schöpfung ein „in der Phantasie durchgeführtes Experiment" sei (Bölsche 1976, S. 4, 7). Alberti postulierte in seinem Manifest *Die zwölf Artikel des Realismus* (1889), dass die Kunst „denselben Gesetzen unterworfen" sei, wie die Welt der Physik. Die Gesetze und Erscheinungen der Natur sollten zum alleinigen Leitfaden für den Künstler werden (Alberti 1890, S. 312, 318).

An der Erzählskizze *Papa Hamlet*, 1889 unter dem Pseudonym Bjarne P. Holmsen von Arno Holz und Johannes Schlaf veröffentlicht, lässt sich die Rolle des Dichters als Wissenschaftler beispielhaft illustrieren. Mit dem hier herrschenden Sekundenstil (→ KAPITEL 7.3) sollte eine präzise und objektive Erfassung der Realität gewährleistet werden. In der Einleitung des fiktiven Übersetzers schreibt das Autorenduo, dass *Papa Hamlet* das Produkt einer Zeit sei, von der man sage, dass „ihre Anatomen Dichter und ihre Dichter Anatomen" (Holz/Schlaf 1963, S. 17) seien.

Sekundenstil bei Holz/Schlaf

Holz führte die Rolle des dichtenden Wissenschaftlers in seiner Schrift *Die Kunst* (1891/92; → KAPITEL 7.2) weiter aus. Zu dieser Rolle gehörte, dass Dichter wie Bölsche oder Alberti an die Gesetzmäßigkeit der Kunst glaubten. Holz verspottete darum alle irrationalen Faktoren der Dichtung, die sich der wissenschaftlichen Erklärbarkeit entziehen. Dazu gehören die Inspiration, die Intuition und natürlich das zentrale Konzept künstlerischer Kreativität seit dem Sturm und Drang, das Genie. Das letztere sei wie ein „Loch" im Naturgesetz und an so etwas glaube er nicht (vgl. Holz 1891, S. 6f.). Indem Holz jeden individuellen und nicht gesetzmäßigen Anteil ausschloss, ging er über Zola hinaus. Der Franzose hatte nämlich die Stimmung (französisch *tempérament*) zu einem wesentlichen Faktor in der Kunstproduktion erklärt und damit ein subjektiv-individuelles Moment berücksichtigt.

Ablehnung des Genie-Konzepts

Beinahe parallel zur naturalistischen Autorrolle des Wissenschaftlers entwickelte sich diejenige des Priesters, des Heiligen oder des Propheten. Stefan George, Rainer Maria Rilke, der Münchner Dichter Ludwig Derleth oder Peter Hille sind Vertreter dieses Modells heiliger Autorschaft. Mit der Boheme teilten diese Dichter die Verachtung des Geldes. Mit ihren Werken Geld zu verdienen, erschien ihnen trivial, der Erfolg in breiten Leserschichten war häufig nicht einmal er-

Dichter als Heilige

wünscht. Dem Literaturbetrieb standen sie deshalb skeptisch oder zumindest ambivalent gegenüber (vgl. King 2009, S. 37–43). Stattdessen hatte man eine ‚Gemeinde', in der man verehrt wurde und die die Stilisierung zum heiligen Autor forcierte. Es wurden zahlreiche Erinnerungsbücher über Autoren wie George, Rilke, Derleth oder Hille verfasst, in denen die Dichter zu Heiligen, Aposteln, Propheten oder gar Göttern erhoben wurden, die einen ‚heiligen Auftrag' oder eine ‚Sendung' zu erfüllen hatten.

Erinnerungsbücher

Das Vorbild für solche Stilisierungen war offenbar Friedrich Nietzsche. In seinem Buch *Also sprach Zarathustra* (1883–85) ließ er mit Zarathustra einen Religionsgründer auftreten, der in einem biblischen Ton philosophische Lehren verkündete. Im Gefolge Nietzsches kam es zum Wiederaufleben des *poeta vates*, des antiken Topos vom Dichter als Seher. Dieses Autorkonzept geht von einem Zustand der Inspiration aus, bei dem Gott oder eine andere höhere Macht durch den Autor spricht. Damit wurde der Wahrheitsanspruch des Gedichteten legitimiert. Konnten sich die Dichter in der Antike und noch im 18. Jahrhundert – man denke an Friedrich Gottlieb Klopstocks Sakralisierung der Dichterrolle – mit ihrem Sehertum auf eine zugrunde liegende Religion beziehen, so handelte es sich um 1900 meistens um ein Propheten- und Sehertum, das keine geschlossene Lebensdeutung mehr vorschrieb. Der Soziologe Max Weber (1864–1920) nannte diese Rolle des *poeta vates* deshalb ein „rein formale[s] Prophetentum" (Weber in: Marx 2002, S. 115) – ein Prophetentum ohne festen Inhalt. Dieser Sachverhalt muss im Kontext der Privatisierung und Pluralisierung religiöser Vorstellungen in der zweiten Hälfte des 19. Jahrhunderts gesehen werden (→ KAPITEL 5).

Poeta vates

Formales Prophetentum

Die irrationale Komponente der Autorschaft, die Holz mit viel Hohn und Spott verabschiedete, erfuhr bei Stefan George, aber auch bei Rilke oder Derleth ihre Renaissance. Georges Anfänge sind besonders stark durch den französischen Symbolismus geprägt. Er wohnte dem *Cénacle* (französisch; Kreis) von Stéphane Mallarmé in Paris bei und führte durch seine frühen Gedichtsammlungen (*Hymnen* 1890; *Pilgerfahrten* 1891; *Algabal* 1892) den europäischen Symbolismus in die deutsche Literatur ein (vgl. David 1967, S. 33–100). In scharfer Ablehnung des Naturalismus, der Unterhaltungskultur und des Journalismus suchte er von Anfang an eine Erneuerung der Kunst als „Kunst für die Kunst" einzuleiten (→ KAPITEL 6.3). Als Forum für dieses Bestreben diente ihm von 1892 bis 1919 seine Zeitschrift *Blätter für die Kunst*. Es handelte sich um ein in kleiner Auflage erscheinendes Blatt, das einen „geschlossenen von den mitgliedern geladenen leser-

Stefan George

Blätter für die Kunst

kreis" hatte, wie auf dem Titelblatt vermerkt ist. Auch hier wird die kleine Gemeinde Auserwählter, nicht der große Markt angesprochen. Die Zeitschrift wurde mit dem Gedicht *Weihe* aus den *Hymnen* eröffnet. Es schildert die rituelle „segnung" des Dichters durch den Musenkuss der „herrin":

> „Indem ihr mund auf deinem antlitz bebte
> Und sie dich rein und so geheiligt sah
> Dass sie im kuss nicht auszuweichen strebte
> Dem finger stützend deiner lippe nah."
> (George 1982ff., Bd. 2, S. 10)

Weihe

Mit dem Modell der Inspiration und Autorisierung des Dichters durch eine höhere Macht wählte George eine Dichterrolle, die derjenigen des naturalistischen Dichter-Wissenschaftlers am deutlichsten entgegengesetzt war (vgl. Magerski 2004, S. 80). Und während der konsequente Naturalismus von Holz die Kunst wieder zur Natur tendieren ließ, betonte George das Rituelle, Exklusive und Künstliche seiner Werke. Das reichte bis in die Buchgestaltung. Die Werke wurden anfänglich kunstvoll durch den Buchkünstler Melchior Lechter ausgestattet, der Motive aus dem Bereich der Religion wie Weihrauchgefäße oder Engel verwendete. Auch die notorische Kleinschreibung und die fehlende oder eigenwillige Zeichensetzung gaben den Werken ein streng geordnetes und exklusives Aussehen.

Nach 1900 übertrug George sein Konzept des ästhetischen Rituals zunehmend ins Soziale und Pädagogische, das heißt, er formte aus der Gruppe junger Männer, die sich um die *Blätter für die Kunst* gesammelt hatte, seinen Kreis. Ästhetisches und Soziales, Kunst und Kreis wurden dabei nach der Maßgabe von Ritualen zu einem Gesamtkunstwerk geordnet (vgl. Braungart 1997, S. 108–117). Der George-Kreis war strikt hierarchisch organisiert. George war aufgrund seiner herausgehobenen Persönlichkeit das Oberhaupt und verlangte Unterwerfung und Gehorsam. Es entstand eine regelrechte Schuldichtung, Gedichte im Stil des Meisters, die in den *Blättern für die Kunst* veröffentlicht wurden. Selbst der Alltag der Georgianer, Tagesstruktur, Heiratsabsichten, Karriereschritte, Körperhaltung, Gesten und Gebärden, Kleidung, Verhältnis zum Elternhaus usw. waren ungewöhnlich stark homogenisiert. In der Forschung hat sich für diese Form der Dominanz der Begriff der „charismatischen Herrschaft" eingebürgert – ebenfalls ein Begriff von Max Weber (vgl. Weber 1972, S. 140–142), der ihn selbst bereits auf George anwandte. Der Georgianer Friedrich Wolters verfasste mit dem Buch *Herrschaft und Dienst* (1909) die entsprechende ideologische Programmschrift des Kreises.

George-Kreis

Charismatische Herrschaft

Die neuere George-Forschung deutet die vormoderne Form der Gemeinschaftsbildung des Kreises als Reaktion auf die als krisenhaft erfahrene Moderne (vgl. Egyptien 2005). Was George dem entgegenhielt, nämlich seinen autoritativ-priesterlichen Lebensstil, seine Dichtung und seinen „Staat" (so nannte er später seinen Kreis), wird in Analogie zu einem religiösen Fundamentalismus als *Ästhetischer Fundamentalismus* gedeutet, so Stefan Breuer 1995 in seiner gleichnamigen Monografie, mit Begriffen der Soziologie beschrieben (vgl. Kolk 1998) oder als Form des „Rituals" verstanden (vgl. Braungart 1997).

4.4 Künstlerproblematik bei Thomas Mann

Der Schriftsteller Thomas Mann stilisierte sich weder als Wissenschaftler noch als Prophet, er liebäugelte aber eine Weile mit der Boheme, in der sein Bruder Heinrich verkehrte. Doch entschied er sich 1905 zur Heirat und damit für einen bürgerlichen Lebensstil. In den folgenden Jahren erarbeitete er sich eine Stellung als Repräsentant des deutschen Bürgertums. Gleichwohl spiegelt sich im Werk Manns die prekäre Situation des modernen Künstlers.

Bürgertum und Boheme in *Tonio Kröger*

In der frühen, autobiografisch gefärbten Erzählung *Tonio Kröger* (1903) wird die Künstlerproblematik im Spannungsfeld von Boheme und Bürgertum entfaltet. Der Protagonist Tonio ist der Sohn des Getreidehändlers und Konsuls Kröger, ein Bürgersohn, der durch seine Mutter künstlerische Neigungen im Blut hat. Diese Zwitterstellung ist schon durch seinen Namen angezeigt: Tonio verweist in den Süden, woher seine Musik liebende Mutter stammt, Kröger in eine norddeutsche Handelsstadt. Wie der Fortgang der Geschichte zeigt, gehört Tonio weder in die Boheme Schwabings noch in die Bürgerwelt seiner Heimatstadt. Die Künstlerin Lisaweta nennt ihn einen „verirrte[n] Bürger", was ihn für die Boheme „*erledigt*", ist doch hier „Bürger" ein Schimpfwort. Wieder in seiner Heimatstadt, wird er verhört und beinahe als Hochstapler verhaftet. Er muss versichern, „von Geburt kein Zigeuner im grünen Wagen" zu sein. Zigeuner – damit sind die Bohemiens gemeint. Kröger steht mit seinen künstlerischen Ambitionen zwischen Boheme und Bürgertum und wird von der einen Seite jeweils der anderen zugerechnet (Mann 2001ff., Bd. 2/1, S. 281, 294).

Kunst und Leben

Tonios problematische Stellung zwischen den beiden Welten zeigt sich auch darin, dass er sich zu den „Blonden und Blauäugigen" (Mann 2001ff., Bd. 2/1, S. 318) Vertretern des bürgerlichen Lebens, zu Hans Hansen und Ingeborg Holm, zwar hingezogen fühlt, aber sie zugleich hellsichtig durchschaut und ihren einfältigen Bezug zum Leben nicht teilt. Bei ihrem Tanz, Ausdruck des unmittelbaren Lebens (→ KAPITEL 10), ist er nur Beobachter. Andererseits akzeptiert er den Kunstbegriff der Bohemiens nicht, nachdem Kunst ein ironisch-reflektiertes artistisches Spiel ist, das sich den Empfindungen und dem Leben überlegen weiß.

Tonio sieht sich selbst als Künstler, der aufgrund seiner psychologisch hellsichtigen Erkenntnis von einer naiven Teilnahme am Leben ausgeschlossen ist. Zugleich liebt er dieses Leben, wobei hier eine „Bürgerliebe zum Menschlichen, Lebendigen und Gewöhnlichen" (Mann 2001 ff., Bd. 2/1, S. 318) gemeint ist, und nicht eine Begeisterung für das moralisch indifferente, starke und vitale Leben. Die Dichtung, die Tonio im Sinn hat, ist human, soll die Menschen erlösen und ist darin einer Autorrolle verwandt, wie sie beispielsweise der realistische Autor Theodor Storm einnahm. Unabhängig davon, ob Tonios Bekenntnis zum Humanismus einen Ausweg aus der Künstlerproblematik darstellt oder ob es sich um eine Selbsttäuschung handelt (vgl. Koopmann 2001, S. 566), zeigt die Erzählung, wie problematisch und damit wie reflexionsbedürftig das Künstlertum um 1900 empfunden wurde.

Bekenntnis zum Humanismus

Fragen und Anregungen

- Erklären Sie die problematische Stellung des modernen Schriftstellers vor dem Hintergrund der Thesen von Jürgen Habermas.
- Welches dichterische Selbstverständnis kommt in Arno Holz' *Die Kunst* zum Ausdruck?
- Nennen Sie Beispiele für Dichter, die eine sakralisierte Dichterrolle annehmen.
- Lesen Sie die Erzählung *Tonio Kröger* (1903) oder die Novelle *Der Tod in Venedig* (1912) von Thomas Mann und beziehen Sie sie auf das Problem moderner Autorschaft.

Lektüreempfehlungen

- Conrad Alberti: Die zwölf Artikel des Realismus. Ein litterarisches Glaubensbekenntnis [1889], in: Manfred Brauneck/Christine Müller (Hg.), Naturalismus. Manifeste und Dokumente zur deutschen Literatur 1880–1900, Stuttgart 1987, S. 49–56.

Quellen

- Aus den „Blättern für die Kunst" [1892–1910], in: Erich Ruprecht/Dieter Bänsch (Hg.), Jahrhundertwende. Manifeste und Dokumente zur deutschen Literatur 1890–1910, Stuttgart 1981, S. 236–267.

- Theodor Fontane: Die gesellschaftliche Stellung der Schriftsteller [1891], in: ders., Aufsätze, Kritiken, Erinnerungen, Bd. 1 (Sämtliche Werke, hg. v. Walter Keitel), München 1969, S. 573–577.

- Thomas Mann: Der Tod in Venedig und andere Erzählungen, Frankfurt a. M. 2004.

Forschung

- Jürgen Habermas: Strukturwandel der Öffentlichkeit [1962], Frankfurt a. M. 1990. *Der §18 von Habermas' Habilitationsschrift stellt den Übergang vom kulturräsonierenden zum kulturkonsumierenden Publikum dar.*

- Martina King: Pilger und Prophet. Heilige Autorschaft bei Rainer Maria Rilke, Göttingen 2009. *Der erste Hauptteil (S. 23–113) ist eine ideen- und sozialgeschichtliche Untersuchung zur sakralisierten Autorrolle um 1900, insbesondere zu George und Rilke.*

- Helmut Kreuzer: Die Boheme. Beiträge zu ihrer Beschreibung, Stuttgart 1968. *Grundlagenwerk zur europäischen Boheme; enthält eine begriffsgeschichtliche Einleitung und einen systematischen Überblick über die Einstellungen und Verhaltensweisen der Boheme.*

- Britta Scheideler: Zwischen Beruf und Berufung. Zur Sozialgeschichte der deutschen Schriftsteller von 1880–1933, Frankfurt a. M. 1997. *Materialreiches Standardwerk zur Sozialgeschichte deutscher Schriftsteller vom Kaiserreich bis zur Weimarer Republik.*

5 Neue Religiosität

Abbildung 5: Deutscher Monistenbund: Postkarte (um 1906)

NEUE RELIGIOSITÄT

Das Bild zeigt eine Postkarte des Deutschen Monistenbundes. Der Textteil ist von Ornamenten umgeben, die aus stilisierten Pflanzen und niederen Lebewesen wie Quallen und Seesternen bestehen. Die meisten von ihnen sind in sich symmetrisch, zudem verteilen sich die Organismen regelmäßig rechts und links von der zentral platzierten Schrift, sodass ein in sich gegliedertes Ganzes entsteht. Über der Schrift brennt ein Feuer, dessen geschwungene Linien die Formen der Pflanzen aufnehmen. Im Hintergrund leuchten Sterne, deren Gestalt mit den Seesternen im Einklang stehen. Die Postkarte stellt mustergültig eine bestimmte Naturanschauung dar: Die belebte und unbelebte Natur ist eine große harmonische und zusammenhängende Einheit. Die Natur ist nicht nur Gegenstand der Naturwissenschaften, sondern ermöglicht eine religiöse Gestimmtheit und lädt zu ästhetischen Betrachtungen ein. Der Text in der Bildmitte weist darüber hinaus darauf hin, dass mit dieser monistischen Natursicht eine wissenschaftliche „Weltanschauung" und eine spezifische „Lebensgestaltung" verbunden sind.

Der Monistenbund wurde 1906 von dem darwinistischen Biologen Ernst Haeckel (1834–1919) gegründet. Haeckel sah den Bund als eine moderne freidenkerische Kirche an, die im Einklang mit den Ergebnissen der Naturwissenschaften – insbesondere des Darwinismus – der Natur religiöse Verehrung entgegenbrachte. Unter den Gründungsmitgliedern des Bundes waren auch Schriftsteller und Weltanschauungsautoren wie Wilhelm Bölsche und Bruno Wille. Der Monistenbund ist nur ein Beispiel dafür, wie um 1900 neue religiöse Strömungen und Weltanschauungen entstanden, die sich selbst als Ersatz für die traditionellen Religionen verstanden. Welche anderen religiösen und quasi-religiösen Bewegungen gab es um 1900? Welche fiktionale und nicht-fiktionale Literatur wurde in diesem Kontext geschrieben?

5.1 **Religiosität und Religionskritik**
5.2 **Monismus und Literatur**
5.3 **Der Lebensbegriff im Expressionismus**

5.1 Religiosität und Religionskritik

Die seit den 1950er-Jahren von Soziologen vertretene These einer fortschreitenden Säkularisierung moderner Gesellschaften wurde in jüngerer Zeit differenziert (vgl. Betz 1998ff., Bd. 7, Sp. 774f.). Einerseits verlor die Institution Kirche im 19. Jahrhundert an Einfluss. Hierfür steht in den 1870er- und 1880er-Jahren der Begriff „Kulturkampf". In diesem Kulturkampf stritten Staat und Kirche um den Einfluss auf maßgebliche gesellschaftliche Bereiche. Der Staat schaffte die geistliche Schulaufsicht ab, führte 1874/75 die Zivilehe ein und vertrieb Bischöfe und andere Geistliche, die sich der Staatsgewalt nicht beugen wollten, aus ihren Ämtern. Die kompromisslose Haltung von Papst Pius IX. trug nicht zu einer Schlichtung des Streites bei. Er hatte auf dem ersten Vatikanischen Konzil zur Abwehr moderner Irrtümer 1869/70 das heftig umstrittene Unfehlbarkeitsdogma verkündet, also den Glaubenssatz, dass der Papst aufgrund des göttlichen Beistandes keinen Irrtümern unterliegt, wenn er *ex cathedra*, also mit höchster Lehrgewalt, spricht. Der Streit zwischen Kirche und Staat polarisierte die Bevölkerung. Gleichzeitig kann man beobachten, dass sowohl die Kirchenbesuche als auch die Abendmahlsfrequenz abnahmen (vgl. Nipperdey 1998, S. 504), auch wenn es dabei starke Unterschiede zwischen Stadt und Land gab.

Kulturkampf

Andererseits ist trotz dieser Einschränkung kirchlicher Macht noch nichts über die individuelle Religiosität der damaligen Zeit gesagt. Der Religionssoziologe Thomas Luckmann hat in diesem Zusammenhang von einer „Privatisierung der Religion" (Luckmann 1991, S. 178–183) gesprochen und sich damit gegen die Säkularisierungsthese gewandt. In der Tat ist die Zeit um 1900 von einer Vielzahl religiöser und religionsähnlicher Strömungen geprägt. Die Wahl der Religion wurde um 1900 immer mehr eine individuelle Entscheidung. In außerkirchlichen Kreisen konnte man aus einer Vielzahl von Religionsangeboten wählen und aus heterogenen Elementen die eigene Privatreligion erschaffen – der Historiker Thomas Nipperdey hat das die „vagierende Religiosität" genannt (vgl. Nipperdey 1998, S. 521–528). Zu diesem Phänomen kann man die Renaissance der Mystik (vgl. Spörl 1997; → KAPITEL 10.3) ebenso zählen wie die Kunstreligion, den Monismus genauso wie die religiöse Überhöhung des Lebensbegriffs oder die Forderung der Völkischen nach einer ‚arteigenen' deutschen Religion (→ KAPITEL 11.1).

Vagierende Religiosität

Widerstand gegen die orthodoxe Religion und Kirche kam nicht nur vom Staat, sondern auch von der Philosophie und den Naturwissenschaften – beide gingen besonders in der um 1900 äußerst populären Gattung der Weltanschauungsliteratur eine argumentativ häufig brüchige Koalition ein. Weltanschaulich orientierte Autoren trachteten danach, das lückenhafte und sich ständig selbst überholende Wissen der Naturwissenschaften durch spekulative Elemente zu ergänzen, um so ein Gedankengebäude zu entwerfen, das die Orientierungsfunktionen der althergebrachten Religionen übernehmen konnte. Als Beispiel für einen Text dieser Gattung sei hier die viel gelesene Schrift *Der alte und der neue Glaube* (1872) des Theologen David Friedrich Strauß (1808–74) angeführt. Strauß betrachtete den Darwinismus als Möglichkeit, die Vorstellung vom christlichen Schöpfergott durch das Konzept der Entwicklung von Organismen zu ersetzen. Er verstand sich ausdrücklich nicht mehr als Christ, sah aber im Konzept eines sich entwickelnden Universums als „Werkstätte des Vernünftigen und Guten" (Strauß 1876ff., Bd. 6, S. 94) einen neuen Gegenstand religiöser Verehrung. Als Ersatz für den sonntäglichen Kirchgang schlug er die Versenkung in Musik und Literatur vor – ein typischer Gedanke für ein Bildungsbürgertum, das seine Bildung religiös erhöhte (vgl. Koselleck 1990, S. 24–27).

Der Philosoph Friedrich Nietzsche hasste diese Art des „Bildungsphilisters" leidenschaftlich. Im ersten Stück der *Unzeitgemässen Betrachtungen* (1873) verspottete er Strauß' Vorstellung des guten Universums. Nietzsche lehnte nicht nur traditionelle Gottesvorstellungen, sondern generell jede Jenseitsvorstellung ab. Berühmt wurde seine beispielsweise in *Also sprach Zarathustra* (1883–85) formulierte Behauptung, dass „Gott todt ist" (Nietzsche 1967ff., Bd. VI/1, S. 8). Allerdings reagierte er auf den Tod Gottes weder mit Pessimismus noch, wie Strauß, mit der Sakralisierung eines fortschreitenden und sich entwickelnden Universums, sondern mit der heroischen Bejahung des schaffenden Lebens.

5.2 Monismus und Literatur

Der Monismus ist eine quasi-religiöse Strömung, die sich um 1900 in den Künsten und den Wissenschaften als äußerst produktiv erwiesen hat. Im Gegensatz zu dualistischen Positionen behaupten monistische Denker, dass Geistiges und Körperliches, Psychisches und Physisches eins (griechisch *monas*) oder zumindest abhängig voneinander sind. Aus diesem Postulat ergibt sich eine Gesamtdeutung der Welt, wobei dann je nach Blickrichtung das Physische (Materielle) oder das Psychische (Geistige) im Vordergrund stehen kann. Häufig importierte der Monismus um 1900 Versatzstücke aus der idealistischen Philosophie um 1800, z. B. von Friedrich Wilhelm Joseph von Schelling (1775-1854), und näherte sich einer pantheistischen Position. Der Pantheismus basierte auf der Vorstellung, dass Gott und Welt nicht zwei voneinander verschiedene Dinge, sondern dass beide eins sind.

Der Monismus trat sowohl in der Psychologie als auch in der deutschen Variante des Darwinismus auf. Gustav Theodor Fechner (1801-87), der mit seinem Buch *Elemente der Psychophysik* 1860 die experimentelle Psychologie begründete, ging von einer Einheit von Körper und Geist aus. Er prägte dafür den Ausdruck des psycho-physischen Parallelismus bzw. der Psychophysik: Körper und Geist stehen hier in einer funktionellen Abhängigkeit. Letztlich war ihm das Geistige eine Erscheinungsweise des Körperlichen bzw. umgekehrt. Fechner weitete das Prinzip, dass nichts Physisches ohne Psychisches denkbar sei, schließlich auf die ganze Welt aus. Das Prinzip der Allbeseelung (Panpsychismus) lag beispielsweise seiner Schrift *Nanna oder Über das Seelenleben der Pflanzen* (1848) zugrunde. Nach über 50 Jahren, am Ende des 19. Jahrhunderts, sah man sich veranlasst, das Werk aufgrund seiner wiedergewonnenen Aktualität neu aufzulegen. Höchst charakteristisch für die Verbreitung des Einheitsgedankens ist ein Satz im Vorwort des Herausgebers Kurd Laßwitz: Der Grundgedanke, „daß Bewußtsein in irgend einer Form die ganze Natur durchflutet" (Laßwitz in: Fechner 1908, S. IV), sei heute weit verbreitet. Etwas Einheitsstiftendes (Seele, Bewusstsein, Geist, manche sagten auch Gott oder Gottheit) war demnach in irgendeiner Form überall vorhanden, und es konnte mit Wassermetaphern am besten beschrieben werden.

Psychophysik

Allbeseelung

Der psychophysische Monismus war um 1900 auch in der Literatur sehr wirkungsmächtig. Insbesondere war die Auffassung verbreitet, dass man in seltenen Augenblicken Zugang zu dieser Einheit gewinnen könne und dass diese Erfahrung nicht mit alltäglichen Begriffen zu fassen sei. Diese Momente der Einheitserfahrung, in denen die Sprache versagt, wurden von Dichtern unter Rückgriff auf mystische Traditionen literarisch gestaltet. Als prominente Beispiele seien der sogenannte Chandos-Brief – *Ein Brief* (1902) – von Hugo von Hofmannsthal oder Robert Musils Roman *Die Verwirrungen des Zöglings Törleß* (1906) genannt (→ KAPITEL 10.2, 10.3).

Der wichtigste Vertreter des monistisch geprägten Darwinismus war der streng anti-klerikale Biologe Ernst Haeckel. Er verhalf mit seiner *Natürlichen Schöpfungsgeschichte* (1868) dem Darwinismus in

Haeckels Darwinismus

Deutschland zum Durchbruch. Anders als dessen Schöpfer, der Biologe Charles Darwin (1809–82), vermengte er naturwissenschaftliche Hypothesen mit weitergehenden Spekulationen, die er für sicheres Wissen ausgab. Mit seiner darwinistisch geprägten monistischen Philosophie zählte er zu den wichtigsten Weltanschauungsautoren um 1900. Darwin selbst hatte mit der Selektionstheorie die alte Teleologie überwunden, die stets davon ausgegangen war, dass Gott die Natur zweckmäßig eingerichtet habe. Darwins Hypothese war dagegen, dass Zweckmäßigkeit immer erst im Nachhinein und ganz ohne Intelligenz entsteht, nämlich durch das zielblinde Wechselspiel von Variation und Selektion. Seine Abstammungstheorie geht außerdem vom genetischen Zusammenhang der Arten aus. Bekanntermaßen wurde der Mensch damit von seiner Position, die Krone der Schöpfung zu sein, verdrängt, weil er an seine Umgebung ähnlich gut angepasst war wie andere Lebewesen. Von zielgerichtetem Fortschritt in der Evolution war bei Darwin kaum noch die Rede.

Darwin

Haeckel nun führte die Teleologie in Form des Fortschritts der Natur wieder ein. Er schloss sich dem Pantheismus an, indem er die Identität von Gott (bzw. den weltlichen Formen Energie oder Kraft) und Materie betonte, fortwährend auf Johann Wolfgang von Goethes (1749–1832) Morphologie verwies und seinen *Monismus als Band zwischen Religion und Wissenschaft* pries, so ein Titel von 1892. Die Selektionstheorie, aus heutiger Sicht das Entscheidende an Darwins Theorien, trat bei Haeckel zugunsten einer großartigen Vision des evolutionären Fortschritts in den Hintergrund. Heute noch bekannt und damals viel beachtet ist das biogenetische Grundgesetz Haeckels, demzufolge ein Organismus in seiner individuellen Entwicklung noch einmal die ganze Stammesgeschichte durchläuft, also die Phylogenese in der Ontogenese verkürzt rekapituliert. Haeckels Buch *Die Welträthsel* (1899, → KAPITEL 7.1), in dem er seine Weltanschauung zusammenfasste, wurde zu einem der großen Erfolgsbücher der Jahrhundertwende.

Biogenetisches Grundgesetz

Durch Haeckel ergriff eine „heimliche Teleologie" Besitz von der darwinistischen Naturkonzeption (Sprengel 1998, S. 21–31). Die Welt wurde auf diesem Weg wieder Gegenstand religiöser Verehrung. Das daraus entstehende Naturbild bestimmte entscheidend das Denken und Schreiben des einflussreichen naturalistischen Friedrichshagener Dichterkreises, zu dem insbesondere Wilhelm Bölsche, Bruno Wille und die Brüder Julius und Heinrich Hart gehörten.

„Heimliche Teleologie"

Einfluss auf den Naturalismus

Bruno Wille entwarf beispielsweise in Anlehnung an Fechners psycho-physischen Parallelismus in seiner Abhandlung *Das lebendige All* (1905) eine neoidealistische Weltanschauung, in der die ganze Welt, vom Atom über die Organismen bis zum Sternensystem, beseelt ist. In Willes naturphilosophischem Roman *Offenbarungen eines Wacholderbaums* (1901) wird der Weg eines Menschen zur „Gott-Natur" gezeigt, wobei diesem auch die Auseinandersetzung mit der grausamen Natur im Kampf ums Dasein oder die Vorstellung eines seelenlosen Materialismus nicht erspart bleiben. Gegen Ende des Romans verweigert der Protagonist die Einnahme des Abendmahls und versucht, den Pastor zu seiner Naturreligion zu bekehren: „Öffnen Sie ihr starres Herz, Kirchenmann! Natur fehlt Ihnen, – Gott-Natur!" (Wille 1901, Bd. 2, S. 384). Der Roman bringt damit die neue darwinistisch-monistische Weltanschauung auf den Punkt und verdeutlicht den Anspruch, das Erlösungsversprechen des Christentums zu ersetzen. Wille war selbst Religionslehrer einer freireligiösen Gemeinde und wurde wegen nicht genehmigten Religionsunterrichts bzw. ‚Religionsstörung' inhaftiert.

„Gott-Natur"

Ein weiterer, nachweislich viel gelesener Schriftsteller war der Darwinist Wilhelm Bölsche, der als junger Autor mit seiner Schrift *Die naturwissenschaftlichen Grundlagen der Poesie* (1887) Aufsehen erregt hatte (→ KAPITEL 7.2). Er zog wie Wille 1890 nach Friedrichshagen. Sein monumentales Werk *Das Liebesleben in der Natur* (3 Bde., 1898–1903) gilt als eines der ersten populären Sachbücher. 1908 zählte man es zu den wichtigsten fünf Büchern, die die Basis jeder Arbeiterbibliothek bilden sollten (vgl. Hennig 1908). Erzählerisch kunstvoll erhebt Bölsche darin die Sexualität nicht nur zum kosmischen, sondern zum heiligen Prinzip und bewegt sich damit in bewusster Opposition zur Kirche und natürlich zur Prüderie des Kaiserreichs. Kernstück von Bölsches Weltanschauung ist die Liebe, die nicht als Sünde, sondern als (geschlechtliche) Fortpflanzung gedeutet wird und die im Menschen auch zur geistigen Menschheitsliebe werden kann. Die ganze Natur, vom Bazillus bis zum Menschen, ist ein einziger Entwicklungszusammenhang, der durch die Liebe besteht und angetrieben wird.

Allsexualität

Auch der naturalistische Schriftsteller Arno Holz, der sich von den Friedrichshagenern distanzierte, machte sich auf seine ganz eigene Weise den Darwinismus in der Prägung Haeckels und Bölsches zu eigen, um daraus poetisches Kapitel zu schlagen. Das biogenetische Grundgesetz bestimmt die Imagination seiner Gedichtsammlung *Phantasus*, indem das lyrische Ich die unterschiedlichsten Entwicklungsstufen der Natur durchläuft und sich ausführlich an diese Vor-Ichs erinnern kann. *Phantasus* erschien in zwei schmalen Heften zuerst 1898/99 und wuchs bis zur letzten Ausgabe zu Holz' Lebzeiten auf über 1 300 Seiten an (1924/25). Die Gedichte sind metrisch unreguliert, ungereimt und auf der Mittelachse angeordnet. Wie später in der Wortkunsttheorie des expressionistischen Sturm-Kreises sollte der Rhythmus und nicht eine streng regulierte Metrik den Vers tragen (→ KAPITEL 10.4). Gerade die späteren Auflagen des *Phantasus* bemühen sich um eine äußerste Präzisierung der Sprache, die sich in einer assoziativen und stets das Wortmaterial variierenden Wort- und Klangspielerei der Unverständlichkeit nähern konnte. Im *Phantasus*, aber auch in Holz' Drama *Die Blechschmiede* (zuerst 1902), finden sich zahlreiche Rezeptionsspuren von Bölsches Werken, so z. B. im Eröffnungsgedicht des zweiten Heftes des *Phantasus* (1899), das Bölsches Vorstellung aufgreift, die Natur sei das „Vor-Ich" des Menschen (vgl. Sprengel 1998, S. 25–31, 72–75):

Mittelachsenpoesie

> Sieben Billionen Jahre vor meiner Geburt
> war ich eine Schwertlilie.
>
> Meine Wurzeln
> saugten sich
> in einen Stern.
>
> Auf seinem dunklen Wasser
> schwamm
> meine blaue Riesenblüte.
> (Holz 1984, S. 59)

5.3 Lebensphilosophie und Lebensbegriff

Begriff des Lebens

Neben das Konzept einer beseelten und vergöttlichten Natur tritt eine Neubewertung des Lebens. In der Literatur des Realismus bedeutete Leben noch das Erreichen bürgerlicher und kultureller Normalität – Beruf, Bildung und Ehe waren wesentliche Faktoren eines als gelungen empfundenen Lebens. Um 1900 wird Leben zum emphatischen Begriff und echtes Leben zur Grenzerfahrung. Leben bezeichnete nun das bejahenswerte Dynamische, Irreguläre, Ursprüngliche, Unbedingte, Ganze und Unbeschränkte. Leben wurde heilig oder gar göttlich. Vom Standpunkt dieses Lebensbegriffs konnten Dinge, die man ablehnte, etwa die Wilhelminische Gesellschaft, als krank, einschränkend, zergliedert oder erstarrt kritisiert werden. „Leben" war um 1900 ähnlich wie „Natur" um 1800 ein epochales Grundwort, dessen Bedeutung schon deshalb vage bleiben musste, damit es seine Funktion, für das Ganze stehen zu können, nicht verlor (vgl. Rasch 1967, S. 17–31).

Friedrich Nietzsche ist der große Philosoph des Lebens und als solcher entfaltete er eine unübersehbare Wirkung. In seinem primär kultur- und kunstphilosophischen Erstlingswerk *Die Geburt der Tragödie aus dem Geist der Musik* (1872) konzipiert Nietzsche Leben als etwas, das sich unter den denkbar schwierigsten Voraussetzungen vollzieht. Er unterstellt ihm radikale Sinnlosigkeit und deutet es nur immanent, d. h., dass Nietzsche kein göttliches Prinzip annimmt, das den Menschen erlöst. Vor diesem Hintergrund entwirft er das Ideal eines irregulären, rauschhaften und übermäßigen Seins, das er mit dem griechischen Gott Dionysos assoziiert. Diesem überindividuellen Grundtrieb des „Dionysischen" stellt er das „Apollinische" (benannt nach dem Gott Apollon), also die Welt des künstlerischen Scheins und der Form zur Seite. Der unaufhebbare Streit dieser beiden Prinzipien bestimmt Nietzsche zufolge den Gang der Kultur. Während Nietzsche in der griechischen Kultur – insbesondere in der Tragödie – dem Dionysischen und dementsprechend auch dem Apollinischen höchste Kraft zuspricht, stellt er ab Sokrates eine zunehmende Entfernung der Kultur vom Lebensprinzip des Dionysischen fest. Erst in den Opern des bewunderten Richard Wagner (1813–83) wird es, so Nietzsche, in einer neuen (apollinischen) Form wieder erfahrbar.

<small>Nietzsche als Philosoph des Lebens</small>

<small>Zwei Grundtriebe</small>

Im Menschen zeigen sich diese beiden Grundkräfte in ihren physiologischen Korrelaten, im Rausch und im Traum. Überwiegt das Dionysische, dann ist der Mensch in Ekstase, was sich z. B. im Tanzen, Rasen oder Singen äußern kann. Gleichwohl würde ein Übermaß des Dionysischen den Menschen vernichten, weil es formauflösend wirkt. Dagegen schützt der apollinische Traum, der das Dionysische durch Maß und Begrenzung bändigt und so das Leben erst ermöglicht. Die höchste Daseinsform ist nach Nietzsche diejenige, die den möglichst unverstellten Blick auf die dionysische Wahrheit von den „Schrecken und Entsetzlichkeiten des Daseins" (Nietzsche 1967ff., Bd. III/1, S. 31) aushält und aus der primären Unlust Lust gewinnt. In diesem Fall rechtfertigt sich das Leben durch sich selbst, eine Selbsterlösung des Menschen ohne die Hilfe Gottes erfolgt.

<small>Rausch und Traum</small>

Aus der Idee des dionysischen Lebens entwickelte Nietzsche später die Lehre vom Übermenschen, eines der zentralen Themen in *Also sprach Zarathustra* (1883–85). Weit mehr als eine konkrete Vorstellung ist der Übermensch eine Verheißungsformel, mit der Nietzsche auf den von ihm selbst postulierten Tod Gottes reagiert. Der Übermensch nimmt das Leben so, wie es ist und entwertet es nicht durch Hoffnungen auf ein Jenseits. Doch noch mehr: Der Übermensch erträgt dieses Leben nicht nur, sondern er will es, er kann Ja zum Le-

<small>Übermensch</small>

ben sagen. Aber er verharrt nicht im Vorhandenen, sondern er ist produktiv und geht im (künstlerischen) Schaffen über sich hinaus. Dieses Über-sich-hinaus-Wollen in der schöpferischen Tätigkeit wird zum höchsten, gleichsam göttlichen Prinzip. Die Bedeutung Nietzsches liegt also nicht nur in seiner Kritik am Christentum, in seinem destruktiven und kritischen Potenzial, sondern auch in seinem großen Ja zu einem schaffenden Leben, das gemessen an den Sinnansprüchen der Religionen sinnlos geworden war.

Bedeutung Nietzsches

Nietzsches Konzept des Lebens beeinflusste um 1900 maßgeblich die Lebensphilosophie, also eine Philosophie, für die der Begriff des Lebens zentrale Bedeutung hatte. Insgesamt lässt sich in der Lebensphilosophie eine anti-rationalistische und anti-mechanistische Grundrichtung feststellen. Leben war dieser Strömung nichts, was sich durch chemische oder mechanische Prozesse erklären ließ. Ein wichtiger Lebensphilosoph war beispielsweise der Franzose Henri Bergson (1859–1941), der sich mit seiner Philosophie an der Biologie orientierte. Er führte die Lebensschwungkraft (französisch *élan vital*) ein, eine Grundkraft, die ihm zufolge jedem Leben zugrunde liegt und der Evolution eine Grundrichtung gibt. Auch in der Biologie erhielt der Begriff des Lebens eine neue Bedeutung, insofern man nun eine besondere „Lebenskraft" annahm, mit der man die Lebensfunktionen erklären zu können glaubte. Diese biologisch-naturphilosophische Position bezeichnet man als Vitalismus beziehungsweise als Neovitalismus, da es sich um eine alte Auffassung handelt, die um 1900 erneut vertreten wurde. Zum Neovitalismus gehört z. B. der Biologe Hans Driesch mit seiner *Philosophie des Organischen* (1908). Der Lebensbegriff wurde also in den unterschiedlichsten Bereichen der Gesellschaft zu einem zentralen Konzept.

Lebensphilosophie

Neovitalismus

Die Aufwertung des Lebens beherrschte auch die Literatur der Jahrhundertwende. Karl Kraus spottete 1896/97 über die jungen Wiener Dichter, die sich im Café Griensteidl trafen:

Lebensbegriff im Jungen Wien

„Eines der wichtigsten Schlagworte aber war ‚Das Leben', und allnächtlich kam man zusammen, sich mit dem Leben auseinanderzusetzen oder, wenn's hoch ging, das Leben zu deuten." (Kraus 1972, S. 7f.)

Das Leben zu verstehen, war nichts Selbstverständliches mehr. Der Wiener Dichter Hugo von Hofmannsthal, der im Café Griensteidl verkehrte, dichtete ein *Lebenslied* (1896). Darin schilderte er eine für die Zeitgenossen rätselhafte (gleichwohl später biografisch erklärte) Zeremonie, in der ein kostbares Salböl an Tiere verschwendet und damit der Allzusammenhang des Lebens gefeiert und geheiligt wird.

Auch einige Jahre später besaß der Begriff des Lebens noch Anziehungskraft. Der ab ca. 1910 entstehende Expressionismus wurde durch den Literaturwissenschaftler Gunter Martens in seiner grundlegenden Studie *Vitalismus und Expressionismus* (1971) ganz vor dem Hintergrund von Nietzsches, Bergsons und Georg Simmels Lebensphilosophie gedeutet. Insbesondere Nietzsches Wirkung war entscheidend: Zum einen orientierten sich die expressionistischen Dichter an Nietzsches radikaler Gesellschaftskritik. Zum anderen war auch das positive Gegenbild des ungehemmten und rauschhaften Lebens, das kontrastierend gegen die ermüdete Kultur gehalten wurde, Nietzsche verpflichtet (vgl. Martens 1971, S. 54).

Vitalismus und Expressionismus

Für den Expressionismus wurden dabei Metaphernfelder wichtig, die Nietzsche benutzte, um einerseits das geschwächte Leben unter der Herrschaft des Christentums und andererseits das dionysischrauschhafte Leben zu beschreiben. Um den Zustand des Lebens unter den Bedingungen der christlichen Moderne zu veranschaulichen, zog Nietzsche die Bildbereiche des Kranken, Gefangenen, Eiskalten, der Erstarrung, der Greisenhaftigkeit und der Unfruchtbarkeit heran (vgl. Martens 1971, S. 47f.). Dagegen brachte Nietzsche seine Metaphern des gesunden und kräftigen Lebens in Stellung: Das Leben ist ziellos, groß und unfassbar wie das Meer, es ist ein rauschender Fluss, es ist warm oder heiß wie eine Flamme, es übersteigt sich selbst, es äußert sich im (künstlerischen) Schaffen und in der Bewegung, besonders im Tanz (→ KAPITEL 10), aber auch im Kampf. Gerade das Meer erwies sich dabei als passende Metapher für das Leben: Es ist immer anders und doch dasselbe, es hat einzelne Wellen, die aber wieder ins Ganze eingehen wie das Individuum mit dem Tod in das ursprüngliche Leben zurückkehrt usw. (vgl. Rasch 1967, S. 24f.).

Metaphernfelder des Lebens

Der Nietzsche-Einfluss lässt sich beispielsweise am Neuen Club nachweisen, einer wichtigen frühexpressionistischen Dichtergruppe, die 1909 gegründet wurde (→ KAPITEL 3.3). Besonders das Gründungsmitglied Erwin Loewenson (alias Golo Gangi) rief in Vorträgen unter dem Eindruck Nietzsches dazu auf, gegen eine niedergehende Lebenskraft anzukämpfen. Der neue Mensch, den Loewenson beschwor, hatte den Nihilismus hinter sich gelassen und trachtete nach einer *„Steigerung seiner Lebensintensität"* (Loewenson 1909 in: Sheppard 1980ff., Bd. 1, S. 187). In sein Notizheft schrieb Loewenson, dass „die Tatsache *Leben*" von einer „solchen Monumentalität" (Loewenson 1912 in: Sheppard 1980ff., Bd. 2, S. 323) sei, dass alles andere nebensächlich werde. Viele Mitglieder des Neuen Clubs besuchten auch die Vorlesungen des Lebensphilosophen Georg Simmel,

Neuer Club

der in Berlin lehrte. Leben war diesen und vielen anderen Frühexpressionisten ein rational nicht ergründbarer Grundbegriff, dessen Kraft man nur im Erleben oder Wollen erfahren konnte, der aber die Ausgangsbasis für eine polemisch geführte Zeitkritik wurde.

Vitalismus bei Georg Heym

Beispielhaft für den Vitalismus im Expressionismus ist die Dichtung von Georg Heym, der ebenfalls im Neuen Club verkehrte. Die Novellen in der Sammlung *Der Dieb. Ein Novellenbuch* (1913; entstanden 1911) handeln von gesellschaftlichen Außenseitern wie Kranken (*Jonathan*, *Das Schiff*), Unterdrückten (*Der fünfte Oktober*) oder Wahnsinnigen (*Der Irre*, *Der Dieb*). Sie schildern radikale Umbrüche, rauschhafte Aufbrüche aus der Erstarrung, die in Tod und Untergang enden.

Die Novelle *Der fünfte Oktober* spielt in Paris im Jahr der Französischen Revolution – und doch ist es keine historische Novelle, von der der Leser Zeitkolorit erwarten darf. Der Text schildert vielmehr

Aufbruch der Masse

eine hungernde lethargische Menschenmasse und deren anschließende rauschhafte Begeisterung. Der erste Zustand ist durch Müdigkeit, Apathie und Willenlosigkeit gekennzeichnet. Die Menschen sind betäubt, stumm, gelähmt, die vorherrschenden Farben sind Schwarz, Grau und Weiß. Der Höhepunkt ist der Vergleich der hungernden Masse mit einem zu Stein erstarrten „Tanze des Todes" (Heym 1960ff., Bd. 2, S. 12). Der für Vitalität und Lebendigkeit stehende Tanz (→ KAPITEL 10) ist hier zu einem Symbol der Bewegungslosigkeit geworden. Den Umschlag bringt die Rede von Maillard, in der er berichtet, dass der Freiheitskampf der Revolutionäre verraten worden sei. Die Zuhörer wollen daraufhin selbst nach Versailles an den Hof marschieren. Sie haben wieder ein „Ziel" und einen „Willen"; nun dominieren Wassermetaphern und die Farben Purpur und Gold den Text – Bildfelder der Vitalität. Der Mensch hat jenseits von gesellschaftlichen Umständen zu seiner ihm eigenen Dynamik gefunden: „der Mensch war in ihnen erwacht" (Heym 1960ff., Bd. 2, S. 17). Doch wie ist es um das „Ziel" der Massen bestellt? Der Sturm auf Versailles oder gar weitergehende gesellschaftliche Veränderungen werden nicht geschildert.

Leben als höchster Wert

Es geht in dem Text um den Aufbruch zu Gefühl und Leben, das den höchsten Wert darstellt und Heil verspricht, nicht um das Erreichen konkreter politischer Ziele (vgl. Martens 1971, S. 246–249).

Heyms Gedicht *Der Krieg* (1911) schildert schließlich einen Kriegsdämon, der in eine erstarrte und kalte Welt einbricht und sie in einem „Intensitätsrausch", so Loewenson, tanzend vernichtet (vgl.

Krieg als vitale Lebensform

Martens 1971, S. 252–257). Der Krieg erscheint hier als die eigentliche dynamische und vitale Lebensform, die das erstarrte Leben aufzubrechen vermag. Das Gedicht hat wohl den Panthersprung von Agadir, also die Entsendung eines deutschen Kriegsschiffs nach Agadir im Jahr 1911 und die aus der Marokkokrise resultierende Kriegsangst, zum Hintergrund (vgl. Dammann 1978, S. 40–51). Der Krieg und die Französische Revolution erscheinen auch in einem Tagebucheintrag Heyms vom 15.9.1911 als fantasierte Auswege aus der Normalität:

> „Mein Gott – ich ersticke noch mit meinem brachliegenden Enthousiasmus in dieser banalen Zeit. Denn ich bedarf gewaltiger äußerer Emotionen, um glücklich zu sein. Ich sehe mich in meinen wachen Phantasieen, immer als einen Danton, oder einen Mann auf der Barrikade [...]. Ich hoffte jetzt wenigstens auf einen Krieg. Auch das ist nichts." (Heym 1960ff., Bd. 3, S. 164)

<small>Hoffen auf den Krieg</small>

Das Herbeisehen eines Krieges war vor 1914, dem Beginn des Ersten Weltkrieges, weit verbreitet und stand häufig im Kontext vitalistischer Erneuerungshoffnungen (vgl. Anz 1996; → KAPITEL 1.3). Nach wenigen Wochen oder Monaten verlor sich freilich bei den allermeisten Kriegsteilnehmern – viele expressionistische Künstler hatten sich freiwillig für den Kriegsdienst gemeldet – die Begeisterung. Ein Großteil der Expressionisten wurde später sogar zu Pazifisten.

Fragen und Anregungen

- Was bezeichnet Thomas Nipperdey mit „vagierender Religiosität"?
- Wie unterscheidet sich der psychophysische vom darwinistischen Monismus?
- Wie äußert sich der Monismus in der Dichtung des Friedrichshagener Dichterkreises?
- Diskutieren Sie, welche Bedeutung der Lebensbegriff um 1900 besitzt.
- Lesen Sie Georg Heyms Gedicht *Der Krieg* und versuchen Sie es hinsichtlich vitalistischer Ideen zu deuten.

Lektüreempfehlungen

- Wilhelm Bölsche: Das Liebesleben in der Natur. Eine Entwicklungsgeschichte der Liebe [1898–1903], 3 Bde., Jena 1905.

<small>Quellen</small>

- Georg Heym: Der Dieb. Ein Novellenbuch, in: ders., Werke. Mit einer Auswahl von Entwürfen aus dem Nachlass, von Tagebuchaufzeichnungen und Briefen, hg. v. Gunter Martens, Stuttgart 2006, S. 203–290.

- Arno Holz: Phantasus [1898/99]. Verkleinerter Faksimiledruck der Erstfassung, hg. v. Gerhard Schulz, Stuttgart 1984.

- Johannes Schlaf: Frühling, Leipzig 1896.

Forschung
- Monika Fick: Sinnenwelt und Weltseele. Der psychophysische Monismus in der Literatur der Jahrhundertwende, Tübingen 1993. *Die Studie liest die Literatur um 1900 (insbesondere Rainer Maria Rilke, Gerhart Hauptmann, Musil, Ricarda Huch und Hofmannsthal) vor dem Hintergrund eines sinnlich-geistigen Monismsus, wie er z. B. bei Fechner auftritt.*

- Gunter Martens: Vitalismus und Expressionismus. Ein Beitrag zur Genese und Deutung expressionistischer Stilstrukturen und Motive, Stuttgart u. a. 1971. *Grundlegendes Buch, das den Expressionismus vor dem Hintergrund des Vitalismus interpretiert.*

- Uwe Spörl: Gottlose Mystik in der deutschen Literatur um die Jahrhundertwende, Paderborn 1997. *Ausführliche Studie, die die Literatur um 1900 (z. B. Heinrich Mann, Musil, Hauptmann, Hofmannsthal) im Kontext der Mystik und der Erkenntnisskepsis beschreibt.*

- Peter Sprengel: Darwin in der Poesie. Spuren der Evolutionslehre in der deutschsprachigen Literatur des 19. und 20. Jahrhunderts, Würzburg 1998. *Studie, die der Darwin-Rezeption u. a. bei Gottfried Benn, Hauptmann, Holz, Franz Kafka und Johannes Schlaf nachgeht.*

- Horst Thomé: Weltanschauungsliteratur. Vorüberlegungen zu Funktion und Texttyp, in: Lutz Danneberg/Friedrich Vollhardt (Hg.), Wissen in Literatur im 19. Jahrhundert, Tübingen 2002, S. 338–380. *Materialreicher Aufsatz, der die Weltanschauungsliteratur u. a im Hinblick auf die Konstruktion der Autorrolle analysiert.*

6 Literatur und Gesellschaft

Abbildung 6: Adolph Menzel: Innenansicht des Schienenwalzwerks Königshütte (um 1872), Bleistiftzeichnung

LITERATUR UND GESELLSCHAFT

Eisen ist der wichtigste Werkstoff des industriellen Zeitalters. Adolph Menzels sorgfältig ausgeführte Studie (um 1872), die zur Vorbereitung des berühmten Ölgemäldes „Das Eisenwalzwerk" entstand, zeigt eine Fabrikhalle, in der Eisenbahnschienen industriell gefertigt wurden. In der Mitte des Raums stehen drei große Walzwerke, über dem mittleren erhebt sich ein großer Kran. Menzel notiert sich auf dem Blatt auch die Farbwerte „grau" oder „dunkelgrau" sowie die Materialien: Auf einem Pfeiler ist „Eisen" zu lesen. So wie Menzel das Eisenwalzwerk besuchte, um die Arbeitsabläufe, die Arbeitsbedingungen und die modernen Maschinen zu studieren, fuhr einige Jahre später der naturalistische Dichter Gerhart Hauptmann nach Oberschlesien, um für sein Drama „Die Weber" eine eigene Anschauung der Lebens- und Arbeitsbedingungen im Baumwollgewerbe zu gewinnen.

Ohne Zweifel wandelte sich die Arbeitswelt in der zweiten Hälfte des 19. Jahrhunderts erheblich. Die damals hochmoderne Vereinigte Königs- und Laurahütte AG in Oberschlesien, die Menzel hier abgebildet hatte, beschäftigte viele tausend Arbeiter. Während Menzel an diesem Bild malte, ereignete sich der Gründerkrach, ein Zusammenbruch der Finanzmärkte, in dessen Folge erhebliche soziale Spannungen auftraten. Die zunehmenden sozialen Missstände konnten von den Kirchen oder Gemeinden, den alten Institutionen der Armenfürsorge, nicht mehr bewältigt werden. Die sozialen Probleme verschärften sich zur „sozialen Frage". Zugleich führte das überproportionale Wachstum des Dienstleistungssektors dazu, dass eine neue bürgerliche Mittelschicht entstand, die sich von den Arbeitern scharf abgrenzte. Wie verhielten sich die Autoren der einzelnen Strömungen zu diesen veränderten gesellschaftlichen Umständen?

6.1 Industrialisierung und Arbeitswelt
6.2 Naturalismus und Sozialdemokratie
6.3 Kunst für die Kunst im Fin de Siècle?
6.4 Gesellschaftskritik im Expressionismus

6.1 Industrialisierung und Arbeitswelt

Die Literatur um 1900 entwickelte sich in einer Gesellschaft, deren Arbeitsbedingungen und, was damit zusammenhing, deren soziale Struktur dabei waren, sich erheblich zu wandeln. In der Zeit nach der Reichseinigung 1870/71 kam es im Deutschen Reich zu einem rasanten Wirtschaftswachstum. Deutschland wurde von dem überwiegend agrarisch geprägten Land der 1860er-Jahre in einen Industriestaat umgebaut. Wesentlich befördert durch den Eisenbahnbau vervielfachten sich die Fördermengen von Kohle, wuchsen die Eisenindustrie und die Metallverarbeitung. Neben dieser ersten industriellen Revolution gewannen in einer zweiten auch die Chemo- und Elektroindustrie an Bedeutung, letztere elektrifizierte die Haushalte, revolutionierte mit der Elektrischen (der Straßenbahn) den öffentlichen Nahverkehr, ermöglichte die Verbreitung des Telefons und den Einsatz von Elektromotoren. Die Unternehmensstrukturen, Besitzverhältnisse und Arbeitsformen änderten sich schnell.

Industriestaat

Es entstand eine heterogene Arbeiterschicht, differenziert nach Geschlecht, sozialer und geografischer Herkunft, Mobilität, und, besonders wichtig, nach dem Kriterium gelernt/ungelernt. Diese Arbeiter hatten um 1885/90 durchschnittlich eine 66-Stundenwoche an sechs Werktagen, zunächst ohne Urlaub. Obwohl sich die Löhne im Zeitraum zwischen 1870 und 1913 mehr als verdoppelten – das Schlusslicht absoluter Lohnhöhe bildete die Textilindustrie –, überwog das Gefühl der Abhängigkeit und des Ausgeliefertseins. Die Arbeiter vermissten die Anerkennung ihrer Leistung und waren der Willkür ihrer Arbeitgeber ausgesetzt. Eine Aussicht auf arbeitsfreien Ruhestand gab es kaum, man arbeitete so lange man konnte und verdiente weniger, sobald im Alter die Arbeitsleistung nachließ. Altersarmut war in der Arbeiterschaft eine verbreitete Erscheinung (vgl. Nipperdey 1998, S. 291–334).

Arbeiter

Die ökonomische und moralische Notlage der Arbeiter hatte solche Ausmaße angenommen, dass sie nicht mehr im Rahmen der alten Armenfürsorge, die durch Familie, Kirche und Gemeinde geleistet wurde, bewältigt werden konnte. Sie wurde von Zeitgenossen als ein wichtiges soziales Problem erkannt und unter dem Namen der sozialen Frage diskutiert. Bekanntlich versuchte der Reichskanzler Otto von Bismarck, durch eine moderne Sozialgesetzgebung (die 1880er-Jahre brachten die Kranken-, Unfall-, Alters- und Invalidenversicherung) diesem Problem Herr zu werden und damit den an Einfluss gewinnenden Sozialdemokraten den Wind aus den Segeln zu nehmen.

Soziale Frage

6.2 Naturalismus und Sozialdemokratie

Die jungen naturalistischen Dichter waren in den 1880er-Jahren vielfach vom Land in die moderne Großstadt Berlin gezogen, so etwa die Brüder Julius und Heinrich Hart. Da sie selbst nicht wohlhabend waren, lebten sie in ärmlicheren Gebieten und kamen dort mit den Problemen der Arbeiter in Berührung. Ihr Literaturverständnis, das unter dem Schlagwort der „Wahrheit" eine genaue Beobachtung der Wirklichkeit forderte (→ KAPITEL 7), war eine der Voraussetzungen dafür, dass die soziale Frage in ihren Werken thematisiert werden konnte.

Sympathie für den Sozialismus

Dabei sympathisierten die Naturalisten zunächst mit den Sozialisten. Entsprechend berichtete der Dichter Max Halbe in seiner Autobiografie *Scholle und Schicksal* (1933) über die Zusammenkünfte mit anderen Studenten in Berliner Kneipen um 1885: „Hier wurde Sozialismus weniger mit dem Verstande als mit dem Herzen getrieben. Umso tiefer erschütterte er uns." (Halbe 1933, S. 350). Diese Sätze fassen die Einstellung der jungen Dichter zur Sozialdemokratie treffend zusammen: Der Sozialismus vieler Dichter entsprach weniger einem parteipolitischen Programm als einer emotionalen Einstellung.

Willes soziales Engagement

Beispielhaft für diese Einstellung ist Bruno Wille. Er trat für das Proletariat ein, engagierte sich in der Volksbühnenbewegung und hielt Reden in Arbeiterbildungsvereinen, aber mehr aus „sittliche[r] Begeisterung" und „Schwärmerei" (Wille 1920, S. 13f.), wie er selbst später einräumte. Er war kein linientreuer Sozialdemokrat (er wurde sogar 1891 aus der Partei ausgeschlossen) und noch weniger ein Marxist. Er teilte weder den marxistischen Klassenbegriff noch die Überzeugung, die Ursache für die Ungleichheit liege in kapitalistischen Produktionsverhältnissen. Statt den Klassenkampf zu fordern, verraten seine Äußerungen vielmehr einen ausgeprägten Individualismus, der den Einfluss des Philosophen Friedrich Nietzsche erkennen lässt (vgl. Sollmann 1973, S. 193). Gerade die sittliche Entrüstung teilten auch die Dichter Gerhart Hauptmann, Arno Holz und viele weitere Naturalisten, ohne deshalb für eine Vergesellschaftung der Produktionsgüter, wie die Marxisten sie forderten, einzutreten.

Genau dieses Programm der zu vergesellschafteten Produktionsmittel verabschiedete die SPD auf dem Erfurter Parteitag 1891. Von 1878–90, in der Zeit also, in der die Sozialisten – damals unter dem Namen Sozialistische Arbeiterpartei Deutschland (SAP) – verboten waren, sympathisierten die meisten Naturalisten noch mit ihnen.

Gothaer Parteitag der SPD

Doch schon der Gothaer Parteitag (1896) brachte die großen Differenzen zwischen der naturalistischen Bewegung und der aus der SAP hervorgehenden SPD zum Vorschein. Auf dem Parteitag wurde eine heftige Auseinandersetzung um das Verhältnis von moderner Kunst und modernem Proletariat geführt. Der für die materialistische Literaturkritik höchst einflussreiche Kritiker Franz Mehring, von 1892 bis 1895 Vorsitzender der Freien Volksbühne in Berlin, schrieb 1896 in der Folge dieser Auseinandersetzungen, dass das Proletariat mit der modernen Kunst nicht viel anzufangen wisse, erstens, weil diese Kunst bürgerlichen Ursprungs sei und ihre Autoren von den echten Verhältnissen der Arbeiter keine Ahnung hätten, zweitens, weil diese Kunst pessimistisch, die Arbeiterklasse aber optimistisch gesinnt sei. Der modernen Kunst fehle das sozialrevolutionäre „freudige Kampfelement" (Mehring 1896 in: Rothe 1986, S. 254). Mehring warnte auch davor, die Bedeutung der neuen Kunst für den politischen Kampf zu überschätzen, darin dem Sozialisten Wilhelm Liebknecht verwandt, der schon 1890 über den Kampf der Sozialdemokraten geschrieben hatte: „Und das kämpfende Deutschland hat keine Zeit zum Dichten." (Liebknecht 1890 in: Rothe 1986, S. 20). So kann es nicht verwundern, dass viele naturalistische Dichter in der Sozialdemokratischen Partei keine Heimat fanden, obwohl beide Seiten das Interesse an der sozialen Frage teilten und auch darüber hinaus gemeinsame Ziele hatten, etwa die Forderung nach vollständiger Meinungsfreiheit.

Verhältnis von Kunst und Proletariat

Während man von einer Spannung zwischen Naturalismus und sozialdemokratischer Parteipolitik sprechen kann, stand die Regierung unter Kaiser Wilhelm II. in einer unverhohlenen Gegnerschaft zur naturalistischen Literatur. Sie wurde von ihm als „Rinnsteinkunst" diffamiert. Der Polizeipräsident von Berlin Bernhard von Richthofen begründete das Aufführungsverbot eines naturalistischen Dramas mit den aufschlussreichen Worten: „Die janze Richtung paßt uns nicht!" (Richthofen 1890 in: Blumenthal 1900, S. 98) Man versuchte durch Zensur, Aufführungsverbote und Gerichtsverfahren, die Rezeption naturalistischer Werke zu unterbinden. Bis heute bekannt ist der Leipziger Realistenprozess des Jahres 1890, bei dem Texte von Conrad Alberti (1862–1918), dem damals bereits verstorbenen Hermann Conradi (1862–90) und Wilhelm Walloth (1854–1932) für unsittlich befunden und aus dem Buchhandel entfernt wurden. Das zweite prominente Beispiel staatlicher Repression ist der Streit um Gerhart Hauptmanns Drama *Die Weber* (1892). Als das Stück nach gerichtlichen Auseinandersetzungen im Deutschen Theater in Berlin aufgeführt wurde, beschloss der Kaiser, aus Protest das Theater nie wieder zu betreten, und empfahl seinen Offizieren dasselbe

„Rinnsteinkunst"

Staatliche Repression des Naturalismus

Verhalten. Es folgten noch Debatten im Reichstag und im Preußischen Abgeordnetenhaus über das Stück, denn die Aufhebung des ursprünglichen Aufführungsverbots durch das Oberverwaltungsgericht stieß insbesondere bei der Zentrumspartei und den rechten Parteien auf Kritik – wohingegen die Sozialdemokraten diese Entscheidung gemäß ihrer Forderung nach Pressefreiheit befürworteten (vgl. die Dokumente bei Praschek 1981, S. 247–315).

Gerhart Hauptmanns fünfaktiges Drama *Die Weber* (1892) hätte den Untertitel „Soziales Drama" nicht weniger verdient als sein Erstling *Vor Sonnenaufgang* (1889), der das Elend der Grubenarbeiter mehr beiläufig thematisiert. Auch wenn *Die Weber* den Weberaufstand in Schlesien aus dem Jahre 1844 schildert, so gab es für Hauptmann einen ganz aktuellen Anlass, das Stück zu schreiben: Die oberschlesischen Weber hatten sich 1890 in einer Petition mit dem Ziel an den Kaiser gewandt, ihre schlechte Lage zu verbessern. Die Ursache für den Unmut war 1844 wie 1892 eine ähnliche: Der Preisdruck infolge der Mechanisierung der englischen und französischen Konkurrenz, aber auch schon einiger deutscher Webereien. Die Fabriken mit ihren mechanischen Webstühlen hatten das altmodische Verlagswesen, also die Weitergabe der Rohstoffe zur Verarbeitung an heimische manuelle Webstühle, unrentabel gemacht. Die Löhne sanken und infolgedessen verarmten die Heimweber. Hauptmann informierte sich über die Situation der Weber durch Zeitungen und Bücher, aber er unternahm auch zwei Studienreisen nach Oberschlesien, um sich selbst ein Bild von der Lage zu machen. Max Baginski, Redakteur der Zeitung *Der Proletarier aus dem Eulengebirge*, begleitete Hauptmann und schrieb 1905 einen Bericht über diese Reise (vgl. Praschek 1981, S. 98–106).

Das Drama hat, ungewöhnlich genug, keinen eigentlichen Protagonisten, vielmehr handelt anstelle eines Individuums das Kollektiv der Weber. Die fünf Akte spielen jeweils an einem anderen Ort und auch das Hauptpersonal wechselt. Wegen dieser relativen Unabhängigkeit der einzelnen Akte hat die Forschung von fünf aneinander gereihten Einaktern gesprochen (vgl. Cowen 1973, S. 192).

Die Weber zeichnen sich neben der Schilderung von sozialem Elend durch folgende Merkmale aus, die es zugleich zu einem typisch naturalistischen Stück werden lassen (→ KAPITEL 7.3):

- der Dialekt, hier die schlesische Mundart, die in der ersten Dialekt-Fassung *De Waber* (1892) noch ausgeprägter war,
- das Gestaltungsmittel des Boten aus der Fremde – als solcher fungiert der Soldat Moritz Jäger, der zufällig zu den Webern stößt,

- der detaillierte Nebentext, also etwa präzise Regieanweisungen oder ausführliche Figurenbeschreibungen im Personenverzeichnis,
- der offene Schluss.

Der erste Akt zeigt die Weber beim Abgeben ihrer Ware. Sie erscheinen alle, bis auf die Figur Bäcker, als lethargische, zum Tod bestimmte Menschenmasse. Die Akte II bis IV schildern drei Wellen der Erhebung. Der Aufstand ist dabei keine reflektierte und geplante Revolution, keine Willensentscheidung, sondern ergibt sich zwangsläufig aus den elenden Umständen. Zunächst wirkt der zufällig zu der Menge stoßende Soldat Moritz Jäger als ‚Katalysator', weil er durch seine Erzählungen den Webern ihren elenden Zustand vor Augen führt. Verbunden mit der berauschenden Wirkung des Alkohols kann sich die agitatorische Wirkung des (historisch verbürgten) Weberliedes entfalten. All dies führt schließlich zum Aufstand (vgl. bes. Akt II; Sprengel 1984, S. 84–86).

_{*Zwangsläufiger Aufstand*}

Der letzte Akt ist Gegenstand einer noch heute andauernden Deutungskontroverse, die bereits mit den ersten Rezensionen (Dichter und Philosophen wie Wilhelm Bölsche, Gustav Landauer, Otto Brahm, Fritz Mauthner sind unter den Rezensenten) begonnen hatte und die Fontane 1894 in die Worte fasste, dass sich der Schluss „gegen die Auflehnung auflehnt" (Fontane 1894 in: Praschek 1981, S. 196). Sensationell war das Ende zum einen, weil Hauptmann mit dem Alten Hilse erst im fünften Akt eine wichtige neue Figur einführte – das hatte es noch nie gegeben. Zum anderen brachte Hilse inhaltlich eine neue Position vor, eine, die religiös argumentierend gegen den Aufstand votierte und bei der einige Literaturwissenschaftler die eigentliche Sympathie Hauptmanns vermuteten (vgl. Szondi 1963, S. 72). Seither hat man versucht, formale Aspekte geltend zu machen, um die späte Einführung des Alten zu erklären: Hauptmann habe eine Familie gebraucht, von der aus er durch Mauerschau und Botenbericht den Aufstand schildern und ihn kommentieren lassen konnte (vgl. Sprengel 1984, S. 87f.). Ebenso wurden inhaltliche Gründe angeführt: Durch den Tod des Alten Hilse – er wird durch eine verirrte Kugel der Aufständischen getötet – werde der alte Glaube an die göttlich geordnete Welt überwunden (vgl. Cowen 1973, S. 196).

Problem des letzten Aktes

Viele weitere naturalistische Texte sind von Personen des vierten Standes oder gesellschaftlichen Außenseitern bevölkert. In *Die Familie Selicke* (1890) von Arno Holz und Johannes Schlaf werden ein alkoholabhängiger Buchhalter und seine kranke Familie porträtiert, *Papa Hamlet* (1889) derselben Autoren ist die Prosaskizze eines ärmlichen Schauspielers. Häufig steht auch eine zerrüttete Familie im

Personen des vierten Standes

Blickpunkt, so etwa in Hauptmanns Drama *Das Friedensfest. Eine Familienkatastrophe* (1890).

6.3 Kunst für die Kunst im Fin de Siècle?

Georges Antwort

Die Antwort antinaturalistischer Dichter auf die soziale Thematik des Naturalismus ließ nicht lange auf sich warten. Mit folgenden Worten eröffnete der Lyriker Stefan George 1892 seine Zeitschrift *Blätter für die Kunst*:

„Der name dieser veröffentlichung sagt schon zum teil was sie soll: der kunst besonders der dichtung und dem schrifttum dienen, alles staatliche und gesellschaftliche ausscheidend.
Sie will die GEISTIGE KUNST auf grund der neuen fühlweise und mache – eine kunst für die kunst – und steht deshalb im gegensatz zu jener verbrauchten und minderwertigen schule die einer falschen auffassung der wirklichkeit entsprang. sie kann sich auch nicht beschäftigen mit weltverbesserungen und allbeglückungsträumen [...], die ja sehr schön sein mögen aber in ein andres gebiet gehören als das der dichtung." (*Blätter für die Kunst* 1892 zitiert in: Ruprecht/Bänsch 1981, S. 236)

George und die Mitarbeiter der *Blätter für die Kunst* wollten gesellschaftliche Themen aus der Dichtung ausschließen, anders als der Naturalismus, jene „verbrauchte[] und minderwertige[] schule". Mit „weltverbesserungen", also sozialreformerischen oder gar sozialrevolutionären Ideen, sollte Dichtung nichts zu tun haben, ganz anders als in Hauptmanns *Die Weber*, wo vorgeführt wird, wie gerade das Weberlied als Agitationslyrik zu einem Aufstand beiträgt. Dichtung sollte vielmehr eine „kunst für die kunst" sein, im Leser Stimmungen evozieren und ihn empfänglich für Schönheit machen. Wenn George und seine Mitstreiter davon sprachen, dass sie die „umkehr in der kunst" einleiten wollten und es anderen überließen, „wie sie auf's leben fortgesetzt werden müsse" (*Blätter für die Kunst* 1896 zitiert in: Ruprecht/Bänsch 1981, S. 239), dann war damit zunächst jeder über die Kunst hinausweisende Zweck abgelehnt. Später versuchte George dann aus seinem Kreis eine Art Kunstwerk zu machen, indem er seine ästhetischen Rituale auf das Soziale (das „leben") übertrug. Doch diese ‚soziale Revolution', die vormoderne Züge trug, konnte nur für wenige Auserwählte gelten, die sich George unterordneten (→ KAPITEL 4.3), und muss wohl als Reaktion auf eine als krisenhaft erfahrene Moderne verstanden werden. Als Lö-

Zweckfreiheit der Kunst

sung eines gesamtgesellschaftlichen Problems war sein „geheimes Deutschland", so nannte er später seinen Kreis, nicht gedacht.

Natürlich wurden soziale Themen auch im Umkreis von George thematisiert. Der Dichter Hugo von Hofmannsthal, selbst aus einer wohlhabenden Familie stammend, beschäftigte sich immer wieder mit gesellschaftlichen Fragen, auch wenn sich in seiner Heimatstadt Wien die Folgen der Industrialisierung noch nicht so stark abzeichneten wie in Berlin oder im Ruhrgebiet und er sich für eine strikte Trennung von *Poesie und Leben* (1896) – so der Titel eines Essays – aussprach. Sein Gedicht *Manche freilich...*, das 1896 in den *Blättern für die Kunst* gedruckt wurde, handelt von der sozialen Verantwortung des Dichters. Zeitgleich beschäftigte ihn, wie ein Brief an Edgar Kark von Bebenburg vom 18. Juni 1895 lehrt, die „sociale Frage". In diesem Brief kritisiert Hofmannsthal zunächst die Begriffe „Volk" und „Proletarier", indem er den Briefpartner vor einer Beschäftigung mit diesen abstrakten und leeren Begriffen warnt. Worte haben vielmehr die Fähigkeit, wie Hofmannsthal weiter ausführt, ganz eigene Traumwelten zu bilden, die sich nur gleichnishaft auf das Leben beziehen. Dichtung könne in der Seele Gleiches evozieren wie das Leben selbst. Auf diese inneren Seelenregungen kommt es Hofmannsthal zufolge an, wenn soziale Themen zum Gegenstand der Kunst werden, und nicht auf die genaue Abbildung der Wirklichkeit oder eine direkte gesellschaftliche Wirkung (vgl. Hofmannsthal 1966, S. 79–83). Dieses symbolistische Kunstverständnis (→ KAPITEL 3.2), mit dem sich Hofmannsthal der „socialen Frage" nähern will, ist von dem Anspruch auf mimetische Nachahmung, wie sie der Naturalismus erhob, weit entfernt und reflektiert zudem die um 1900 verbreitete Skepsis gegenüber Allgemeinbegriffen (→ KAPITEL 10).

Soziale Verantwortung des Dichters

Symbolistisches Kunstverständnis

6.4 Gesellschaftskritik im Expressionismus

Die Gesellschaftskritik der Expressionisten richtete sich gegen eine als einengend empfundene bürgerliche Gesellschaft und wurde häufig auf der Grundlage von Annahmen geäußert, die dem Leben als einem produktiven, dynamischen und schöpferischen Prinzip den höchsten Stellenwert einräumten (→ KAPITEL 5.3). Das so verstandene Leben wurde als Gegenbegriff zu einer Gesellschaft verwendet, die sie dementsprechend als „erstarrt" beschrieben. Die Bildung einer breiten bürgerlichen Schicht, die sich von den Arbeitern durch die berufliche Situation und den Lebensstil, der beispielsweise an Kleidung, Woh-

Gegen eine einengende Gesellschaft

nung und Sprache ablesbar war, unterschied und unterscheiden wollte, bildete den sozialgeschichtlichen Hintergrund, vor dem sich die expressionistische Gesellschaftskritik entwickelte.

Bürger, das waren Angestellte, Beamte und Selbstständige. Das rasante Wirtschaftswachstum führte zu einem überproportionalen Anwachsen von Verwaltungstätigkeiten in Handel und Industrie. Banken und Versicherungen sowie die Verwaltungen der Großbetriebe schufen immer mehr Arbeitsplätze. Die Statistik weist nach, dass 1907 ca. zwei Millionen Angestellte nicht mehr unmittelbar mit Handarbeit ihren Lohn verdienten (vgl. Nipperdey 1998, S. 374). Der Film- und Kulturtheoretiker Siegfried Kracauer hat in seiner Studie *Die Angestellten* (1930) wohl als erster ausführlich über Vorstellungsgespräche, rationalisierte Arbeitsmethoden, Ersetzbarkeit, Kündigung und viele weitere Themen der modernen Arbeitswelt reflektiert.

Angestellte

Beamte

Zu den Angestellten kamen ca. eineinhalb Millionen Beamte (bei ca. 62 Millionen Gesamtbevölkerung im Jahr 1907), die vorwiegend bei der Post und den Verkehrsbetrieben beschäftigt waren. Im Unterschied zu den Arbeitern gab es bei diesen Gruppen Monatsgehälter, Kündigungsfristen und bessere Versicherungen, zudem verringerte sich im Alter, anders als bei den Arbeitern, das Einkommen nicht. Die Eltern der expressionistischen Dichtergeneration gehörten ganz überwiegend dieser Schicht an und wollten, dass auch ihre Kinder den bürgerlichen Lebensweg einschlugen – dagegen begehrten die jungen Künstler auf.

Beamte und Angestellte hatten einen Ruf zu verlieren, waren abhängig von der Obrigkeit beziehungsweise ihrem Arbeitgeber. Insbesondere die Beamten „unterlagen einer strengen Disziplin in dienstlichem wie privatem Verhalten, sie mußten in ‚geordneten Verhältnissen' leben, sauber und gediegen, bescheiden und rechtschaffen, respektabel sein." (Nipperdey 1998, S. 380).

Sternheim: Die Hose

All diese Erwartungen erfüllt der kleinbürgerliche Beamte Theobald Maske, Protagonist von Carl Sternheims Komödie *Die Hose* (1911), zumindest rein äußerlich – bis seine Frau Luise ausgerechnet bei einer Parade, einer Veranstaltung der Disziplin und des Obrigkeitsgehorsams, ihre Hose verliert. Die Situation der Maskes ist davon geprägt, dass das geringe Einkommen Theobalds nicht ausreicht, um Kinder zu zeugen und sie zu ernähren. Das Ehepaar lebt deshalb enthaltsam. Dass Luise die Hose verliert, ist mehr als ein zufälliges Missgeschick. Es ist Ausdruck ihrer hervorbrechenden Sexualität – und sie selbst, Theobald und die Nachbarin Deuter scheinen das auch zu wissen.

Das Stück beginnt mit der Sorge Maskes, durch den Vorfall seine Ehre und damit seinen Beruf zu verlieren. Maske tritt für Ordnung, Gewohnheit und Beständigkeit ein, die er in der begrenzten Welt seiner Wohnung zu erreichen trachtet. Doch unter dieser ‚Maske' herrschen sein roher Ess- und Geschlechtstrieb. Das wird insbesondere deutlich, als der Friseur Mandelstam und der Dichter Scarron – beide durch die entblößte Luise angezogen – bei Maskes Zimmer zur Untermiete nehmen. Während Mandelstam, psychisch labil, den Komponisten Richard Wagner verehrt und sein Geld für die Oper ausgibt, schwärmt Scarron für den Philosophen Friedrich Nietzsche und das Leben (→ KAPITEL 5.3). Beide Figuren stehen also für Positionen, die Kunst (Wagner) und Leben (Nietzsche) religiös überhöhen, wobei Mandelstam und Scarron allerdings in der Wirklichkeit versagen. Obwohl Luise durchaus Interesse bekundet, schaffen es beide nicht, sich ihr zu nähern. Scarron ist in seiner Liebesrhetorik gefangen und begehrt Luise lediglich als Muse, denn er ist impotent: „Ich bin eine Kirchenglocke. Mein Strang hängt gelähmt." (I, 5). Die Oberhand gewinnt schließlich Maske, der mit den überhöhten Mieten die eigene Familienplanung finanziert und noch dazu mit der Nachbarin fremdgeht. Sein Wirklichkeitssinn, eine Mischung aus vitalem Egoismus (von dem Scarron nur schwärmt) und Berechnung, setzt sich durch. Das Stück *Die Hose* ist Teil der Reihe *Aus dem bürgerlichen Heldenleben*, mit der Sternheim den wilhelminischen Bürger „überlebensgroß" (Sternheim 1963ff., Bd. 6, S. 284) darstellen wollte. Das Spezifische der Sternheim'schen Satire ergibt sich daraus, dass der Autor kein neues gesellschaftliches Ideal entwirft, von dem aus das Handeln Maskes entlarvt werden könnte, weshalb er ihn triumphieren lässt (vgl. Hohendahl 1967, S. 119).

Viele expressionistische Dichter artikulierten ihre Gesellschaftskritik unter Verwendung von charakteristischen Schlagworten und bevölkerten ihre literarischen Texte mit typischem Personal. Zu den wichtigsten Schlüsselbegriffen gehörten Geist, Tat, Mensch und Leben. Letzterer hatte schon seit den 1890er-Jahren Konjunktur und stand im Expressionismus, gemäß des vitalistischen Kontextes (→ KAPITEL 5.3), für Erneuerung (beispielsweise der Gesellschaft) und irreguläre Dynamik. So konnte der Journalist und Erzähler Theodor Haubach den Bürger einen „enge[n], begrenzte[n] Nörgler am Leben" nennen (Haubach 1919 in: Anz/Stark 1982, S. 168). Die Schlüsselfiguren Künstler, Irrer und Sohn haben gemeinsam, dass sie außerhalb der bürgerlichen Gesellschaft stehen und deshalb einen Blick von außen auf diese Gesellschaft ermöglichen.

LITERATUR UND GESELLSCHAFT

Geist und Tat als zentrale Begriffe

Der Schriftsteller Heinrich Mann hatte mit seinem Essay *Geist und Tat* (1910) zwei zentrale Begriffe in Umlauf gebracht, die anschließend verstärkt in Essays und literarischen Werken zirkulierten. Manns Vorbild war Frankreich, wo Intellektuelle und Schriftsteller – in der Sprache Manns: der Geist – von dem Aufklärer Jean-Jacques Rousseau bis zum Naturalisten Emile Zola zusammen mit dem Volk gegen die Autorität kämpften. Tat sollte so viel heißen wie die praktisch-politische Umsetzung der vom Geist erarbeiteten Ziele gegenüber der Autorität. Verpönt war es dementsprechend, als Schriftsteller mit der Obrigkeit gemeinsame Sache zu machen. So schreibt Heinrich Mann in einem viel zitierten Satz:

„Der Faust- und Autoritätsmensch muß der Feind sein. Ein Intellektueller, der sich an die Herrenkaste heranmacht, begeht Verrat am Geist." (H. Mann 1953ff., Bd. 11, S. 14)

Kurt Hiller, Mitglied des frühexpressionistischen Neuen Clubs, griff für sein Programm einer „Logokratie" (Geistesherrschaft) ebenfalls auf den Begriff des Geistes zurück. Hiller war wie alle Mitglieder des Neuen Clubs stark vom Vitalismus beeinflusst, wendete ihn aber ins Politische. Er trat für die Herrschaft der Intellektuellen und Schriftsteller nach dem Motto *Geist werde Herr* (1920) ein, so der bezeichnende Titel einer Schrift Hillers. Ab 1916 veröffentlichte er das Jahrbuch *Das Ziel. Aufrufe zu tätigem Geist* (bis 1924). Es wurde programmatisch mit Heinrich Manns Aufsatz *Geist und Tat* eröffnet.

Aktivismus

Hiller wollte mit seinem Aktivismus – ähnlich wie Heinrich Mann –, die Schriftsteller zu politischer Aktion bewegen und damit Geist und Praxis zusammenbringen: „Der Geist setzt die Ziele, die Praxis verwirklicht sie." (Hiller 1916, S. 209)

Kritik Thomas Manns

Thomas Mann trat als entschiedener Kritiker des Aktivismus auf und wendete sich damit auch gegen seinen Bruder Heinrich. In einer Buchanzeige für eine bibliophile Ausgabe von Joseph von Eichendorffs *Aus dem Leben eines Taugenichts* (1826) verteidigte er 1916 das Unpolitische der romantischen Novelle, ohne zu leugnen, dass Dichtung per se eine soziale Macht sei (vgl. Th. Mann in: Anz/Stark 1982, S. 273–283).

Hasenclevers *Der Sohn*

Walter Hasenclevers Drama *Der Sohn* (1914) bündelt Motive und Themen der expressionistischen Gesellschaftskritik und trägt darüber hinaus deutlich autobiografische Züge. Zunächst wird mit dem namenlosen 20-jährigen Sohn eine Figur ins Zentrum gestellt, die noch nicht ins bürgerliche Leben integriert ist, noch keinen Beruf und keine Familie hat. Weil der Sohn durch die Matura (das Abitur) gefallen ist, droht sogar ein Scheitern im bürgerlichen Leben. Die ersten beiden Akte zeigen die Konfrontation zwischen vitaler Jugend und erstarrter Bürgerlichkeit. Während erstere durch den Sohn repräsentiert wird, stehen für letztere die „geistlose Schule" und der ebenfalls namenlose Vater, der für seinen Sohn das Jura-Studium vorgesehen hat und der, das ist entscheidend, bis zum 21. Lebensjahr Vormund des Sohnes ist. Der Vater-Sohn-Konflikt hat dabei eine Entsprechung in der Biografie Hasenclevers, der sich selbst dem Wunsch des Vaters, Jura zu studieren, entzog und später sogar beinahe gegen ihn wegen Unterhaltszahlungen prozessierte.

Jugend vs. Bürgerlichkeit

Während die ersten beiden Akte von *Der Sohn* vitalistisches Gedankengut in den Dienst nehmen, um einen privaten Vater-Sohn-Konflikt zu gestalten, stehen ab dem dritten Akt gesellschaftspolitisch-aktivistische Ideen im Vordergrund. Das ist auf den Einfluss Hillers zurückzuführen, der Hasenclever 1913 in Frankreich besuchte, während dieser am dritten Akt arbeitete. Am Ende des zweiten Aktes flieht der Sohn vor dem Vater, gemeinsam mit einem Freund, hinter dem der Leser Hiller vermuten darf. Im Club „Zur Erhaltung der Freude", eine Parodie des Neuen Clubs, kommt es zu einem Aufeinandertreffen von einem unpolitischen, amoralischen Vitalismus in der Gestalt des Cherubim und einer aktivistischen Philosophie der Tat, die der Sohn und sein Freund vertreten. Auch wenn Sohn und Freund siegreich bleiben, der Schluss scheint mit dem Suizid des Freundes – er nimmt sich in einem Hotelzimmer das Leben – Zweifel am Aktivismus zum Ausdruck zu bringen. Dass der Sohn seinen herrischen Vormund zum Schluss nicht erschießt, sondern der Vater bei vorgehaltener Pistole an einem Herzschlag stirbt, ist wohl ein Zugeständnis an den Verleger Kurt Wolff gewesen (vgl. Kasties 1994, S. 112–123).

Aktivistische Ideen

Die Überwindung des Vaters, der symbolisch für die alte erstarrte Ordnung steht, wird in dem Stück deutlich als erlösende Leistung eines neuen Messias dargestellt: „Er [der Sohn; Anm. d. Verf.] sagt –: er nimmt die Marter unsrer aller Kinderzeit auf sich!" (III, 5). Damit rückt der Sohn in eine Reihe mit den vielen Erlöserfiguren des expressionistischen Dramas wie z. B. Eustache de Saint-Pierre in Georg Kaisers *Die Bürger von Calais* (1914) oder Friedrich in Ernst Tollers Drama *Die Wandlung* (1919). Diesen Erlöserfiguren ist gemeinsam, dass sie nicht wie Christus die Mission eines transzendenten Gottes erfüllen. Sie entziehen sich christlichen Vorstellungen im engeren Sinne, auch wenn das Schema des Heilsgeschehens Verwendung findet. In Hasenclevers *Der Sohn* ist es das Leben selbst, das den Sohn zum Überwinder des Vaters und damit zum Befreier bestimmt (vgl. II, 2).

Erlösung

Erlöserfiguren

Hier zeigt sich einmal mehr, wie der Lebensbegriff im Kontext des Vitalismus religiös überhöht wurde (→ KAPITEL 5.3).

Die Autoren um 1900 bezogen mit ihrer Person und ihren Werken häufig Stellung zur Gesellschaft. Während der Naturalismus, ohne parteipolitisch gebunden zu sein, sich vor dem Hintergrund positivistischer Annahmen mit der sozialen Frage auseinandersetzte, arbeiteten sich viele Expressionisten an der Vorstellung eines erstarrten Bürgertums ab, wobei vitalistische Vorstellungen zum Tragen kamen. Selbst Autoren des Fin de Siècle, die Dichtung und Wirklichkeit als zwei getrennte Bereiche ansahen, griffen mitunter gesellschaftliche Themen auf.

Fragen und Anregungen

- Charakterisieren Sie das Verhältnis der naturalistischen Bewegung zur Sozialdemokratie einerseits und zur Regierung unter Kaiser Wilhelm II. andererseits.
- Lesen Sie Hauptmanns Drama *Die Weber* und beurteilen Sie die Funktion des Alten Hilse im Schlussakt.
- Charakterisieren Sie die Stellung der *Blätter für die Kunst* zum Naturalismus.
- Inwiefern verhalf der Vitalismus den Expressionisten zu einer bestimmten Form der Gesellschaftskritik?

Lektüreempfehlungen

Quellen
- Walter Hasenclever: Der Sohn. Ein Drama in fünf Akten [1914], Stuttgart 1994.
- Gerhart Hauptmann: Die Weber [1892], in: ders., Sämtliche Werke („Centenar-Ausgabe"), hg. v. Hans-Egon Hass, fortgeführt v. Martin Machatzke und Wolfgang Bungies, 11 Bde., Frankfurt a. M./Berlin 1962–74, Bd. 1, S. 319–479.
- Heinrich Mann: Geist und Tat [1910], in: ders., Macht und Mensch. Essays, mit einem Nachwort v. Renate Werner und einem Materialienanhang, zusammengestellt v. Peter-Paul Schneider, 2. Auflage, Frankfurt a M. 2005, S. 11–18.

FRAGEN UND LEKTÜREEMPFEHLUNGEN

- Helmut Praschek (Hg.): Gerhart Hauptmanns „Weber". Eine Dokumentation, Berlin (Ost) 1981.

- Carl Sternheim: Die Hose. Ein bürgerliches Lustspiel [1911], München 2006.

- Peter Uwe Hohendahl: Das Bild der bürgerlichen Welt im expressionistischen Drama, Heidelberg 1967. *Klassische Studie zur antibürgerlichen Haltung der Expressionisten.* Forschung

- Helmut Scheuer (Hg.): Naturalismus. Bürgerliche Dichtung und soziales Engagement, Stuttgart 1974. *Sammelband, der den Naturalismus gesellschaftspolitisch kontextualisiert.*

- Herbert Scherer: Bürgerlich-oppositionelle Literaten und sozialdemokratische Arbeiterbewegung nach 1890. Die „Friedrichshagener" und ihr Einfluß auf die sozialdemokratische Kulturpolitik, Stuttgart 1974. *Detaillierte Studie zur Volksbühnenbewegung und zur Naturalismusdebatte des Gothaer Parteitags der Sozialdemokraten.*

- Michael Stark: Literarischer Aktivismus und Sozialismus, in: York-Gothart Mix (Hg.), Naturalismus, Fin de siècle, Expressionismus. 1890–1918, München/Wien 2000, S. 566–576. *Knappe Darstellung expressionistischer Autoren, die politisches Engagement forderten.*

7 Erkenntnisoptimismus und Naturalismus

Abbildung 7: Léon Augustin L'Hermitte: *La leçon de Claude Bernard* (1889, Unterricht bei Claude Bernard), Gemälde

ERKENNTNISOPTIMISMUS UND NATURALISMUS

Im Zentrum des Ölgemäldes ist der berühmte französische Mediziner und Physiologe Claude Bernard (1813–78) zu sehen. Er steht, bekleidet mit einer weißen Schürze, vor einem Tisch mit einem Präparat, neben diesem befinden sich eine Schüssel, ein Mikroskop und weitere Instrumente. Bernard hat seine Präparation soeben abgeschlossen, zwei Helfer stehen vor ihm und begutachten das Resultat. Dieser Versuch schien vorher Gegenstand von Diskussionen gewesen zu sein, denn Bernard sowie einige seiner Kollegen wenden sich einem Mitarbeiter zu, der intensiv und kritisch auf das gelungene Experiment blickt. Doch das Ergebnis ist offenbar so evident, dass keine Zweifel möglich sind. Während sich der Herr mit den verschränkten Armen eine stolze Befriedigung nicht versagen kann, notiert der Schreiber rechts vorne das Ergebnis in sein Heft, um es schwarz auf weiß nach Hause zu tragen. Hier wurde also neues Wissen durch einen experimentellen Versuch bestätigt.

Der Glaube, dass genaue Beobachtung (hierfür steht das Mikroskop) und das Experiment die einzigen Grundlagen des Wissens seien, beherrschte die zweite Hälfte des 19. Jahrhunderts und führte zu großen Fortschritten in den Wissenschaften. Auch die Schriftsteller begannen, sich an diesem Erkenntnisideal zu orientieren. Das Paradigma des Experiments gewann in der Literatur zunehmend an Bedeutung. Die Überzeugung, dass alle Erscheinungen der Welt durch genaue Beobachtung, durch das Experiment sowie durch einfache logische Schlüsse – also ohne Zuhilfenahme metaphysischer Grundsätze – erklärt werden können, veränderte die Dichtung. Um diesen Erkenntnisoptimismus und seine Konsequenzen soll es im Folgenden gehen. Dabei steht die Frage im Mittelpunkt, wie Literatur und Poetik des Naturalismus diese Erkenntnisideale reflektieren.

7.1 **Materialismus und Positivismus**
7.2 **Positivismus in der Poetik**
7.3 **Wirklichkeit und Erkenntnis im Drama**

7.1 Materialismus und Positivismus

Um 1870 herrschte in der Wissenschaft ein großer Erkenntnisoptimismus. Viele Wissenschaftler zeigten sich sehr zuversichtlich, dass in naher Zukunft alle Erscheinungen der Welt erklärbar seien. Dabei gab es zum einen immer noch den Materialismus mit seinen Protagonisten Karl Vogt, Jakob Moleschott und Ludwig Büchner. Sie hatten sich in den 1840er- und 1850er-Jahren zusammen mit dem Philosophen Ludwig Feuerbach gegen den Idealismus gewendet und traten dafür ein, alles Bestehende, und zwar insbesondere auch die Seele, auf rein materielle Erscheinungen zu reduzieren. Gott, die Unsterblichkeit der Seele und die Willensfreiheit wurden polemisch geleugnet. Mit der Erkenntnis der Materie und der ihr innewohnenden Kraft glaubten die Materialisten, das Wesen der Dinge erfasst zu haben.

Materialismus

Zum anderen traten neben diesen Materialismus seit den frühen 1870er-Jahren die darwinistischen Lehren von Ernst Haeckel. Haeckels Monismus, also sein Glaube an die Einheit von Geist und Materie (→ KAPITEL 5.2), sollte zwar einerseits als moderne Religion verstanden werden, war aber zugleich ein Forschungsprogramm, das von einem enormen Erkenntnisoptimismus getrieben war. Ganz besonders durch seine Interpretation von Charles Darwins Evolutionstheorie im Sinne des Fortschrittsgedankens versprach er sich die weitestgehenden Aufschlüsse über die Welt. In seinem Bestseller *Die Welträthsel* (1899) zählte er sieben Welträtsel auf, von denen er zumindest sechs durch Beobachtung und Experiment sowie durch induktive und deduktive Schlüsse für gelöst hielt. So sei beispielsweise die Frage nach der Entstehung des Lebens durch Darwin beantwortet worden, während diejenige nach der Willensfreiheit lediglich eine Scheinfrage sei – die Willensfreiheit gebe es nicht. Aber auch dem schwierigsten Problem, der Frage nach dem Wesen der Substanz, glaubte er durch seine monistische Philosophie beigekommen zu sein.

Darwinistische Lehren

‚Lösung‘ der Welträtsel

Der ursprünglich vom französischen Philosophen Auguste Comte (1798–1857) ausgehende Positivismus war hier vorsichtiger. Allerklärungsansprüche wie der Materialismus oder der Darwinismus Haeckel'scher Prägung erhob der Positivismus nicht. Statt die Wirklichkeit in ihrem letzten Kern ergründen zu wollen und daraus eine Weltanschauung abzuleiten, begnügte er sich mit der Feststellung von Abhängigkeiten gegebener objektiver Tatsachen untereinander. Nur Beobachtung und Experiment sollten zählen; aus ihnen wurden induktiv Gesetze erschlossen, das heißt, dass aus einzelnen Beobachtungen auf allgemeine Gesetze geschlossen wurde. Metaphysische Speku-

Comte: Begründung des Positivismus

lationen und die Diskussion der überkommenen theologischen Probleme, wie die Beschaffenheit der Seele und die Existenz Gottes, wurden für zwecklos erklärt.

Taine: Rasse, Milieu, Zeit

Comtes Schüler Hippolyte Taine (1828–93) wurde besonders dadurch berühmt, dass er auch alle geistigen Produkte des Menschen (Kunst, Literatur, Philosophie, Moral) als notwendige und gesetzmäßige Erzeugnisse des Menschen betrachtete. Er sah die Menschen von drei grundlegenden Kräften (französisch *forces primordiales*) determiniert: Rasse (französisch *race*), Milieu (französisch *milieu*) und Zeit (französisch *moment*). Unter Rasse verstand Taine die angeborenen Dispositionen, die der Mensch mit auf die Welt bringt, unter Milieu die natürliche und soziale Umwelt, in der jemand lebt, und unter Zeit die besondere geschichtliche Stellung eines Individuums, die z. B. durch einen Erfahrungsschatz festgelegt sein konnte. Diese drei Faktoren bestimmten Taine zufolge das Schaffen auch noch der größten und eigenständigsten Menschen (Taine 1911, S. XXII–XXXI). Was damit geleugnet wurde, war nichts weniger als die Genie-Lehre des 18. Jahrhunderts, also die Vorstellung, dass bestimmte, besonders schöpferische Menschen ihre Kunstwerke nach eigenen Gesetzen hervorbringen.

Mill: Erfahrung

Der englische Positivismus im 19. Jahrhundert ist eng mit dem Namen John Stuart Mill verknüpft. Mill akzeptierte nur die Erfahrung als Erkenntnisquelle und ergründete in seinem *System of Logic* (1843; *Die inductive Logik*, 1849) die Induktion als Methode des Erkenntnisgewinns.

Naturwissenschaften als Vorbild für den Naturalismus

Was die Rezeption des Positivismus im Umfeld des deutschen Naturalismus betrifft, so lässt sich feststellen, dass die Begriffe (Natur-)Gesetz, Beobachtung, Experiment, Objektivität und Induktion zu unhinterfragten Kultwörtern wurden. Die Methode der Naturwissenschaften, die ihre Erkenntnisse nach damaliger Ansicht induktiv generierten, wurde zum Vorbild für Dichter und gewann umso mehr an Attraktivität je mehr technisch umsetzbare Erfolge sich einstellten. Man glaubte, einen festen Boden gefunden zu haben, der auch im Bereich der schönen Künste als Fundament dienen könne.

7.2 Positivismus in der Poetik

Die Orientierung der naturalistischen Dichter an den Naturwissenschaften und den ihr zugeschriebenen Erkenntnismethoden lässt sich an den poetologischen Schriften um 1880/90 gut nachweisen. Zunächst schien es ausländischen Dichtern gelungen zu sein, das angestrebte Ideal umzusetzen: Die großen Vorbilder kamen aus Russland (Fjodor Dostojewski, Leo Tolstoi), aus Schweden (August Strindberg), aus Norwegen (Henrik Ibsen) und aus Frankreich (Emile Zola). Mit Ibsens Drama *Gespenster* (*Gengangere*, 1881) wurde 1889 in Berlin programmatisch die naturalistische Freie Bühne (→ KAPITEL 3.1) eröffnet, Zolas Ausführungen über den Experimentalroman bestimmten zudem auch die Debatten in Deutschland nachhaltig.

Ausländische Vorbilder

Zola berief sich in seiner Schrift *Le roman expérimental* (1879/80; *Der Experimentalroman*, 1904) ganz explizit auf die medizinische Schrift *Introduction à l'étude de la médecine expérimentale* (1865) des Physiologen Claude Bernard. Diese Einführung in die experimentelle Medizin sei für ihn eine feste Grundlage und Bernards Ergebnisse müssten nur noch auf den Roman übertragen werden. Wie der Naturwissenschaftler solle sich auch der Romancier an das objektiv Gegebene halten und dessen Mechanismen studieren. Im Nachschaffen beispielsweise von Menschen im Roman sowie im Dirigieren dieser Figuren durch geänderte Umstände und ein neues Milieu kämen aber auch die Erfindungskraft (französisch *invention*) und das Genie (französisch *génie*) des Dichters zum Tragen, wobei die Naturgesetze freilich eingehalten werden müssten. So entstünden Romane der Beobachtung und des Experiments (französisch *romans d'observation et d'expérimentation*). Der trotz aller Naturwahrheit subjektive Anteil der Kunst (*génie, invention*), den Zola heraushebt, findet sich auch in seinem berühmten Ausspruch, nach dem ein Kunstwerk ein Stück der Schöpfung sei, das in einer bestimmten Gemütsart ausgefasst werde: "Une œuvre d'art est un coin de la création vu à travers un tempérament" (Zola 1991, S. 44).

Emile Zolas Roman expérimental

Zolas Theorie, in der sich die Erkenntnisideale der Zeit sowie ihre Wissenschaftsgläubigkeit spiegeln, fiel in Deutschland schon seit Mitte der 1870er-Jahre auf fruchtbaren Boden (vgl. Sältzer 1989, S. 31–105). Etwas später entstand eine ganze Reihe von (früh)naturalistischen Programmschriften. In ihnen verbanden sich die Traditionen des deutschen Idealismus und der Romantik mit dem neuen Positivismus häufig zu einem widersprüchlichen Ganzen, zu einem vielfach geforderten Realidealismus. Der gemäßigte Münchner Naturalist Carl Bleibtreu, der Berliner Conrad Alberti oder der Friedrichshagener Wilhelm Bölsche stimmten in der idealistischen Überformung von Zolas Ideen überein. Man verwendete Begriffe wie „Gesetz", „Erfahrung" oder „Induktion", huldigte den Naturwissenschaften und hob Comte, Taine, Zola, Ibsen oder Darwin auf den Schild.

Zola-Rezeption in Deutschland

Gleichwohl wendete man sich gegen eine allzu ungeschönte Darstellung einer zufälligen und hässlichen Wirklichkeit und beharrte zum Teil auch auf der Charakterisierung des Dichters als Genie.

Wilhelm Bölsche nahm in seiner Schrift *Die naturwissenschaftlichen Grundlagen der Poesie* (1887), wie der Titel schon sagt, die Naturwissenschaften zur Grundlage und stellte fest, dass man die Welt immer weniger unter „metaphysischen Gesichtspuncten" betrachte. Bölsche forderte daher, dass der Dichter sein Weltbild den Resultaten der Naturwissenschaften anpassen müsse. In positivistischer Manier räumte er ein, dass man den letzten Grund der Dinge nicht kenne, aber von der „unerschütterlichen Gesetzmässigkeit alles [...] Geschehens" überzeugt sei. Fiktionale Literatur bestimmte er in enger Anlehnung an Zola als ein „in der Phantasie durchgeführtes Experiment". Dennoch legte er Wert auf die versöhnende Tendenz des Realismus, die einen richtig verstandenen Idealismus nicht ausschließe (Bölsche 1976, S. 4, 7).

Ähnlich wie Bölsche argumentierte Conrad Alberti. Er wendete sich in seiner Schrift *Natur und Kunst. Beiträge zur Untersuchung ihres gegenseitigen Verhältnisses* (1890) gegen die überkommene idealistische Ästhetik. Sie sei deduktiv von Begriffen ausgegangen und habe das Schöne als gegeben und unveränderlich vorausgesetzt. Die neue Ästhetik – Alberti nennt beispielsweise Taine – verfahre dagegen empirisch und induktiv (vgl. Alberti 1890, S. 7). Kunst müsse aus dem Milieu erklärt werden und entwickle sich nach den Prinzipien, die Darwin aufgestellt habe. Auch bei Alberti finden wir also die für die naturalistische Bewegung typische Hochschätzung von Begriffen des Positivismus. Alberti allerdings unterschied Realisten (zu denen er sich selbst rechnete) von Naturalisten wie Arno Holz oder Gerhart Hauptmann. Letztere hielten sich ihm zufolge lediglich an die Oberfläche der Wirklichkeit und gestalteten unterschiedslos Belangloses und Wichtiges, während er selbst – stärker dem Idealismus verhaftet – das „Ideal des Realismus" in der Wiedergabe einer „höhere[n] Wahrheit" (Alberti 1890, S. 29) sah.

In noch engerer Anlehnung an den Positivismus entwickelte Arno Holz seine Theorie des konsequenten Naturalismus. Er bezeichnete schon 1888 Taine, Comte, Mill und den Evolutionsphilosophen Herbert Spencer (1820–1903) in einem Brief als seine „Schutzheiligen" (an Oskar Jerschke, Juli 1888) und veröffentlichte 1891/92 die Schrift *Die Kunst. Ihr Wesen und ihre Gesetze*, in der er sich – mitunter kritisch – auf seine „Schutzheiligen", aber auch auf Zola, berief. Holz postulierte in diesem Text, dass jedes Ding unter ein Gesetz falle – die Kunst bilde keine Ausnahme. Im Folgenden entwickelte Holz, selbst induktiv verfahrend und nicht ohne Witz, sein berühmtes Gesetz der Kunst: Er habe auf einer Schiefertafel eine „Schmierage" gesehen, auf der er nichts erkennen konnte, und habe daraufhin den Zeichner, einen kleinen Buben, herbeigerufen, der die Zeichnung als „Suldat" (!) identifiziert habe. Holz erkannte sofort, dass zwischen der Kinderzeichnung eines Soldaten und der höchsten Kunst kein wesenhafter, sondern nur ein gradueller Unterschied bestand, und formulierte die folgende „Tendenz" (Tendenz ist ein weicherer Begriff als „Gesetz"; Holz übernimmt ihn von Mill):

> „Die Kunst hat die Tendenz, wieder die Natur zu sein. Sie wird sie nach Massgabe ihrer Reproductionsbedingungen und deren Handhabung." (Holz 1891, S. 118)

In einer Formel ausgedrückt: Kunst = Natur – x, wobei x möglichst klein sein sollte, damit die Tendenz der Kunst, wieder Natur zu sein, in Erfüllung geht. Holz wendete sich diesbezüglich sogar gegen die Stimmung (französisch *tempérament*), die nach Zola ein Kunstwerk mitbestimmt. Bei dieser Kunstbetrachtung könnte dann durch eine bessere Handhabung der Reproduktionsbedingungen (es wäre z. B. möglich, auf der Schiefertafel besser zu malen) oder durch die Veränderung der Bedingungen selbst (ein Tuschekasten mit Farben sowie Papier ersetzen Kreide und Tafel) auch ein besseres Ergebnis erreicht werden. In anderen Medien wie beispielsweise in der Sprache soll das Gesetz ebenfalls gelten: Die Bezeichnung „Suldat" ist die kindliche ‚Handhabung' des korrekten Wortes „Soldat". Zusammengefasst ist das, was Natur und Kunst unterscheidet, in den künstlerischen Mitteln und deren Verwendung zu suchen. Kunst war damit auf die Repräsentation der Natur festgelegt, wobei Holz auch Bewusstseinszustände zur Natur rechnete.

Holz hat selbst in einem 1899/1900 geschriebenen Nachtrag zu seiner poetologischen Schrift darauf hingewiesen, dass sich seine Formel von einer idealistischen Einteilung der Kunst in unveränderliche Gattungen, wie sie gegen Ende des Jahrhunderts noch praktiziert wurde, grundlegend unterscheide. Er sehe Kunst im Gegensatz zum Idealismus als etwas Relatives, weil sie von den Reproduktionsbedingungen abhänge. Zudem sei sie in Entwicklung begriffen, wie ein Blick in die Kunstgeschichte lehre (vgl. Holz 1924f., Bd. 10, S. 187–192).

Holz' Kunsttheorie mit ihrer berühmten Formel wurde in der germanistischen Forschung lange als die „durchdachteste und stringenteste Theorie des Naturalismus" (Möbius 1980, S. 13) gehandelt und beinahe mit dem deutschen Naturalismus identifiziert. Inzwischen ist verdeutlicht worden, dass viele andere naturalistische Theoretiker, wie Bölsche und Alberti oder die Brüder Heinrich und Julius Hart, stärker der idealistischen Tradition bzw. einem idealistisch-darwinistischen Monismus anhingen (→ KAPITEL 5.2). Weder die Dichter des Friedrichshagener Kreises noch die Münchner Naturalisten um Michael Georg Conrad teilten die Ansichten von Holz. Insofern darf Holz' Formel von 1891/92 nicht als Credo des gesamten Naturalismus verstanden werden (vgl. Kafitz 1992, S. 239) – zumal sich Holz später offensichtlich selbst inhaltlich von ihr entfernte.

Idealistische Tradition

Nicht nur Autoren wie Bleibtreu, Bölsche, Holz oder Alberti orientierten sich am Positivismus und den Ergebnissen der Naturwissenschaften. Auch die Germanistik als universitäre Disziplin geriet zeitweise in ihren Bann. Der Germanist Wilhelm Scherer (1841–86) bezeichnete beispielsweise Ererbtes, Erlerntes und Erlebtes als drei Faktoren, die das Schaffen eines Dichters bestimmten und die dementsprechend analysiert werden müssten (vgl. Scherer 1886, S. 15). Allerdings war Scherer eher am Beginn seiner Karriere und insbesondere in seinen sprachwissenschaftlichen Arbeiten vom Positivismus beeinflusst, später entwickelte er unter anderem eine spekulative Theorie der Blüteepochen, nach der die deutsche Literatur mit zyklischer Regelmäßigkeit alle 600 Jahre (um 1200, um 1800 usw.) eine Blütezeit erlebe. Er besaß aber auch enge Beziehungen zu Wilhelm Dilthey, der der im 19. Jahrhundert entstandenen Lebensphilosophie nahe stand, sodass Scherers Stellung zum Positivismus differenziert betrachtet werden muss (vgl. Höppner 1993, S. 192–249).

Ererbtes, Erlerntes, Erlebtes

7.3 Wirklichkeit und Erkenntnis im Drama

Das Objektivitätspostulat, das Beharren, dass auch alles Geistige unter Gesetze falle, und die postulierte Annäherung der Kunst an die Natur bedingten bestimmte literarische Techniken. Insbesondere das Drama und die Prosa schienen geeignet, die Natur objektiv wiederzugeben.

Alltagssprache

Besonders auffällig ist die mimetische Reproduktion der Alltagssprache, die als Novum des Naturalismus gilt (vgl. Mahal 1996, S. 95–106). In dem Drama *Die Familie Selicke* (1890) von Arno Holz und Johannes Schlaf springen schon beim ersten Blick auf den Text die Auslassungspunkte, Gedankenstriche, Ausrufezeichen oder das gesperrt Gedruckte – mithin das Betonte – ins Auge:

„Wendt *(sich mäßigend. Setzt sich wieder zu ihr, den Stuhl noch näher zu ihr rückend)*. Oh, ich ... t! ... H ö r e doch nicht, was ich schwatze! Ich ... Nein! Ich meine ... du kannst doch u n - m ö g l i c h hier b l e i b e n ! ... Weine doch nicht, liebe Toni! Mißversteh mich doch nicht! Ich meinte ja nur! ... Sieh mal! Du mußt dich ja bei all dem Elend a u f r e i b e n ! Es ist unerträglich, geradezu u n e r t r ä g l i c h , daß du – du! – hier verkümmern sollst! ..."
(Holz / Schlaf 1966, S. 27)

Das Sprechen wird bis in die Feinheiten wiedergegeben: Der Ausruf „Oh", die Aposiopese, also der Abbruch des Satzes inmitten der Rede, das schwere Ausatmen („t!") und Wiederholung der Worte bei unterschiedlicher Betonung – all das sind Merkmale mündlicher Rede. Dabei darf man – anders als z. B. im klassischen Drama Schillers – von der Sprache auf den Bildungsstand der Person schließen. „Schwatzen" oder „verkümmern" sowie der fehlende Dialekt weisen den Sprecher als jemanden aus, der zumindest eine höhere Schulbildung genossen hat (Wendt ist *candidatus theologiae*, also fortgeschrittener Theologiestudent). Der alte Kopelke, der bei der Familie Selicke anstelle eines Doktors immer mal wieder nach dem kranken Linchen sieht und der sich selbst als einfacher Mann bezeichnet, spricht dagegen ganz anders:

Merkmale mündlicher Rede

„K o p e l k e *(leichthin)*. Jo! ... na! ... Wissen Se: det kommt jo bei mir nich so druf an! *(Begütigend.)* det verseimt mir jo weiter nich! det's jo man immer so in Vorbeijehn! det – ach wat! det hat jo janisch zu sagen! det's jo Mumpitz!! ... Abber det, wissen Se, det mit de Doktors, verstehn Se, da hab'n Se eejentlich woll nich so janz Unrecht!" (Holz / Schlaf 1966, S. 12)

Die dialektale Verfärbung der Laute („Se" statt „Sie"; „janisch" statt „gar nicht"), umgangssprachliche Wendungen mit falscher Präposition („in Vorbeijehn"), der falsche Plural von Fremdwörtern („Doktors") oder der Berliner Dialekt („Mumpitz") charakterisieren Kopelke als einfachen Berliner. Sein Code ist restringiert, das heißt durch Herkunft und Umwelt beschränkt. Auch das Lallen eines Betrunkenen wird in den naturalistischen Stücken lautlich genau nachgeahmt, wie beispielsweise das Ende von Hauptmanns *Vor Sonnenaufgang* (1889) zeigt, wo der Bauer Krause in schlesischem Dialekt lallt: „Dohie hä? Hoa iich nee a poar hibsche Tächter?" (Hauptmann 1962ff., Bd. 1, S. 98)

Der Literaturwissenschaftler Günther Mahal hat vorgeschlagen, die Sprachformen, die durch den Affekthaushalt des Sprechers geprägt sind, als „Psycholekt" zu bezeichnen. Die jeweilige, durch Dialekt und

Psycholekt

Soziolekt geprägte Sprachkompetenz realisiere sich in einer Situation unter bestimmten psychischen Bedingungen. In *Die Familie Selicke* wird beispielsweise *"ungeduldig"*, *"schnell, aufgeregt"*, *"angstvoll"*, *"nachdenklich"*, *"sehr lebhaft, sich steigernd"* oder *"schläfrig"* gesprochen, wie es jeweils in den Regieanweisungen heißt (Holz/Schlaf 1966, S. 39–41). Das hat Konsequenzen für die Worte, die geäußert werden, etwa wenn das schläfrige Linchen nur noch „Ach ja ...ja ..." (Holz/Schlaf 1966, S. 41) sagen kann.

Diese Techniken, mit denen Sprache wiedergegeben werden kann, waren am Ende des 19. Jahrhunderts keine Selbstverständlichkeit, wie ein Blick in die Geschichte der deutschen Literatur sofort zeigt. Sie wurden erst durch die literarische Adaption positivistischer Methoden möglich, zu denen die Beobachtung und das möglichst unverfälschte Protokoll des Beobachteten gehörten. Merkmale dieser abgebildeten gesprochenen Sprache sind Bildbrüche (Katachresen), das Stillschweigen inmitten eines Satzes (Aposiopesen), Folgewidrigkeiten im Satzaufbau (Anakoluthe) und ausgelassene Wörter (Ellipsen).

Veränderte Dramentechnik

Das Credo des Positivismus hatte auch für die Dramentechnik Konsequenzen. Folgende zentrale Techniken seien herausgegriffen und im Folgenden behandelt:
- die Gestaltung des Raumes als Milieu,
- die Charakterisierung der Figuren durch explizite Beschreibungen, besonders was ihre biologische Ausstattung betrifft,
- die Gestaltung der Zeit,
- die Rolle des Dritten aus der Fremde,
- die Schlussgebung.

Milieu

Da das Milieu eine wichtige determinierende Funktion bekommt, werden die Figuren vorwiegend in ihren eigenen Räumen gezeigt. Das gilt beispielsweise für *Die Familie Selicke* von Holz und Schlaf, wo alle drei Aufzüge im selben Zimmer einer Berliner Wohnung spielen, oder für Hauptmanns Drama *Das Friedensfest. Eine Familienkatastrophe* (1890), dessen gesamte Handlung in der hohen Halle eines Landhauses in der Mark Brandenburg spielt. Die Einheit des Raumes, von der Gattungstheorie immer wieder gefordert, ist hier also gegeben. Zudem wurde das Milieu mit einer bis dahin unbekannten Ausführlichkeit geschildert, die sich der epischen Beschreibung annäherte. Das Ziel war es, das Milieu der Handelnden so genau wie möglich zu fixieren, um deren Handlungen und Benehmen vor diesem Hintergrund verstehen zu können. So weiß die knapp einseitige Beschreibung des Wohnzimmers der Familie Selicke zu berichten, welches Motiv der Bezug des Sofas oder welche Farbe der Lampenschirm hat.

Einige dieser Informationen scheinen überflüssig zu sein und bringen somit den *éffet de réel*, den von Roland Barthes so genannten Realitätseffekt hervor: Gerade in ihrer Funktionslosigkeit geben sie dem Leser das Gefühl, es handele sich um Realität, nicht um eine fiktionale Welt. Andere Details lassen weitere Schlüsse zu, etwa, wenn das Zimmer „*mäßig groß und sehr bescheiden eingerichtet*" ist, wenn Frau Selicke abgetragene Kleidung anhat oder fröstelt – es kann offenbar nicht genug geheizt werden (vgl. Holz/Schlaf 1966, S. 5). In diesen Details zeigt sich der materielle Notstand der Familie Selicke.

Realitätseffekt

Holz und Schlaf waren ebenfalls bestrebt, in der Prosa Dinge und Vorgänge minutiös zu schildern. Der Literaturwissenschaftler Adalbert von Hanstein, ein Zeitgenosse der Naturalisten, prägte hierfür im Hinblick auf die von Holz und Schlaf 1889 verfasste Erzählskizze *Papa Hamlet* den Begriff Sekundenstil, und zwar „insofern Sekunde für Sekunde Zeit und Raum geschildert werden" (Hanstein 1900, S. 157). Ein Beispiel aus *Papa Hamlet* mag dies verdeutlichen:

Sekundenstil

„Eine Diele knackte, das Öl knisterte, draußen auf die Dachrinne tropfte das Tauwetter.
Tipp . . . .
. . . . Tipp. . . . .
. . . . Tipp. . . . .
. . . . Tipp . . . . . .
. . . . "

(Holz/Schlaf 1963, S. 62)

Die eigentliche Provokation dieser Stelle liegt offenbar nicht nur in der genauen Schilderung, sondern in der exakten Wiedergabe einer für die Handlung ganz irrelevanten Wirklichkeit wie diejenige fallender Tautropfen.

Neben der Determinierung der Figuren durch das Milieu tritt jene durch die Rasse, also durch die biologische Ausstattung der Figuren. Beide Momente sollten in einer bestimmten Situation das Denken, Sprechen und Handeln der Protagonisten bestimmen und hatten nun also für das Drama zentrale Bedeutung.

Biologische Ausstattung

Das kann man gut anhand von Hauptmanns Drama *Das Friedensfest* sehen. Dort stehen sich zwei Mütter gegenüber, die vor allem durch ihr Äußeres beschrieben werden. Frau Bucher, vier Jahre jünger als Frau Scholz,

„*ist eine gesund aussehende, gutgenährte, freundlich blickende Person, einfach, solid und sehr adrett gekleidet. Schlichte Haartracht. Ihre Bewegungen sind bestimmt, aber vollkommen ungezwungen.*

Ihr ganzes Wesen drückt eine ungewöhnliche Herzlichkeit aus [...] Anders Frau Scholz. Sie ist eine über ihre Jahre hinaus gealterte Person mit dem beginnenden Gebrechen des Greisenalters. Ihre Körperformen zeigen eine ungesunde Fettansammlung. Ihre Hautfarbe ist weißlich-grau." (Hauptmann 1962ff., Bd. 1, S. 105) Überdeutlich werden die beiden Frauen einander gegenübergestellt, was ihre körperliche Konstitution, seelische Verfassung und ihre Kleidung betrifft. Gemäß den damaligen wissenschaftlichen Theorien über Vererbung haben ihre Kinder jeweils ähnliche Merkmale. Während Ida, die Tochter von Frau Bucher, „*eine schöne, volle Gestalt*" hat und ihr Wesen durch „*etwas Stillvergnügtes*" und eine „*Glückszuversicht*" (Hauptmann 1962ff., Bd. 1, S. 108) gekennzeichnet wird, so ist Auguste, die Tochter von Frau Scholz, „*auffallend mager*", hat ein scharfes Gesicht und schmale Lippen, die Züge der „*Verbitterung*" erkennen lassen. Sie hat eine Brille wie ihre Mutter. Schließlich wird der Bezug zur Mutter auch ganz explizit hergestellt: „*Mit der Aufgeregtheit der Mutter verbindet sie ein pathologisch offensives Wesen.*" (Hauptmann 1962ff., Bd. 1, S. 106f.) Der dramatische Konflikt wird sich an der Frage entzünden, ob die Liebe zwischen Ida und Wilhelm, einem der Söhne von Frau Scholz, über die schlechte Erziehung und vererbte Konstitution Wilhelms siegt.

> Vererbung

Das Vorbild des Experiments macht sich auch in der Zeitgestaltung bemerkbar. Konnte sich beispielsweise in einem Drama des Sturm und Drang wie Friedrich Schillers *Die Räuber* (1781; → ASB D'APRILE/ SIEBERS) die Handlung über „ohngefähr zwei Jahre" (Schiller 1943ff., Bd. 3, S. 3) erstrecken, so spielt das typisch naturalistische Drama während einer kurzen Zeitspanne, um einen Konflikt dramatisch möglichst genau schildern zu können. *Die Familie Selicke* und *Das Friedensfest* spielen nicht zufällig am Weihnachtsabend: Denn dieser ist der Moment eines „reifen Zustandes" (Bleich 1936, S. 58), der sich für die krisenhafte Zuspitzung einer familiären Situation hervorragend eignet.

> Zeitgestaltung

Schon früh wurde beobachtet, dass die Handlung im naturalistischen Drama häufig dadurch vorangetrieben wird, dass ein Dritter von außen in das Milieu kommt und das Gleichgewicht stört. Er macht einen latent krisenhaften Zustand sichtbar und wirkt als ‚Katalysator' der Handlung. Alfred Loth aus Hauptmanns *Vor Sonnenaufgang* ist ein gutes Beispiel eines solchen Dritten, der seit der Dissertation des Literaturwissenschaftlers Erich Herbert Bleich etwas missverständlich – denn er bringt keine Nachricht – als „Bote aus der Fremde" bezeichnet wird (vgl. Bleich 1936).

> Bote aus der Fremde

Als weitere Neuerung darf die Radikalität gelten, mit der offene Schlüsse gestaltet wurden. Die offene Schlussgebung wird in der Regel durch den Hinweis auf den Einfluss von Henrik Ibsen erklärt, der schon früher zu diesem Mittel gegriffen hatte, etwa in *Gespenster* (vgl. Mahal 1996, S. 71f.). *Die Familie Selicke*, die Theodor Fontane als „Neuland" bezeichnet hatte, endet geradezu provozierend offen, indem Wendt „Ich komme wieder!..." ruft. Ob Wendt und Toni ein Paar werden, soll gerade offen bleiben und den Naturalismus des Stücks demonstrieren. Ähnliches gilt für das Ende von *Das Friedensfest*. Mit den offenen Schlüssen geht eine gewisse Handlungsarmut einher: Eine große Schlusshandlung wie ein Mord oder Selbstmord, zumindest von der Tragödie eigentlich gefordert, fehlt häufig. In Gerhart Hauptmanns Drama *Vor Sonnenaufgang* ist sie allerdings vorhanden: Dieses Stück basiert zwar auf den Grundlagen des Positivismus und Empirismus, reflektiert sie aber auch zugleich.

Offene Schlussgebung

Hauptmann: *Vor Sonnenaufgang*

Das Problem des „sozialen Dramas" – so der Untertitel von *Vor Sonnenaufgang* – ist heute nicht mehr ohne Weiteres verständlich. Der Protagonist Loth verliebt sich in Helene, eine Frau aus einer problematischen Familie, verschmäht sie aber schließlich, weil ihr Vater und ihre Schwester Alkoholiker sind. Alkoholismus gilt heute im Allgemeinen nicht mehr als erblich. Damals war das anders, weil man an eine andere Vererbungstheorie glaubte, nämlich an den Lamarckismus, benannt nach dem französischen Biologen Jean Baptiste de Lamarck (1744–1829). Der Lamarckismus behauptet, erworbene Eigenschaften seien vererbbar. Da Loth gesunde Kinder habe möchte, will er das Risiko, alkoholkranke oder anderweitig geschädigte Kinder zu bekommen, nicht eingehen. Durch seine überstürzte Abreise wird Helene in den Selbstmord getrieben, hatte sie doch in Loth den einzigen Ausweg aus ihrem verkommenen Milieu gesehen. Wenn man einmal vom Schluss absieht, besitzt Hauptmanns Werk viele Merkmale eines naturalistischen Dramas: genaue Bühnenanweisungen, Einheit von Ort und Zeit, Dialekt und eine große Bedeutung der Vererbungsthematik, also der biologischen Konstitution.

Lamarckismus

Allerdings widerspricht das Drama dem Wissenschaftsoptimismus der Naturalisten in einem Punkt: Die Erfahrung sollte die Quelle sein, auf der Wissenschaft aufbaut. So will auch Loth verfahren, der selbst Studien macht. Allerdings, hierauf hat die neuere Forschung hingewiesen, ist Loth ein schlechter Beobachter (vgl. Zimmermann 1995). Zwar will er Studien machen, merkt aber nicht, dass bei Tisch (in Akt I) von Bauer Krause die Rede ist, den er ja zuvor selbst gesehen hatte. Ebenso wenig erfährt er, warum Beibst hinkt (Akt II)

Loth als schlechter Beobachter?

oder weiß, wann oder wie oft Heu geschnitten wird. Auch Helene beurteilt Loth dieser Interpretation zufolge falsch, weil sie vor dem Reichtum ihres Vaters und damit auch vor dessen Alkoholismus geboren worden sei. Daher sei sie erbgesund. Wenn diese Sicht auf den Text stimmt, dann spiegelt *Vor Sonnenaufgang* als das erste naturalistische Drama nicht nur die große Bedeutung der Naturwissenschaften, besonders der Vererbungslehre, wider, sondern hinterfragt in der Figur des Loth die Prinzipien der Beobachtung und der Erfahrung, wie sie den Naturwissenschaften zugrunde liegen und wie sie beispielsweise auf dem Gemälde von Léon Augustin L'Hermitte *Claude Bernard in seinem Labor am Collège de France* (1889) festgehalten wurden.

Reflexion des Positivismus

Fragen und Anregungen

- Wodurch unterscheidet sich der Materialismus vom Positivismus?
- Erläutern Sie die Formel von Arno Holz „Kunst = Natur − x" in eigenen Worten.
- Beschreiben Sie Sprache und Komposition des Dramas *Die Familie Selicke* von Arno Holz und Johannes Schlaf.
- Lesen Sie Hauptmanns *Vor Sonnenaufgang* und analysieren Sie die Rolle von Loth als eines „Boten aus der Fremde".
- Nehmen Sie zu der These von Rolf Christian Zimmermann Stellung, *Vor Sonnenaufgang* sei eine „Tragödie menschlicher Blindheit" (vgl. Zimmermann 1995).

Lektüreempfehlungen

Quellen

- **Conrad Alberti: Im Suff! Naturalistische Spital-Katastrophe in zwei Vorgängen und einem Nachgang** [1890], in: Roy C. Cowen (Hg.), Dramen des deutschen Naturalismus. Von Hauptmann bis Schönherr. Anthologie in zwei Bänden, München 1981, Bd. 1, S. 243–286.

- **Wilhelm Bölsche: Die naturwissenschaftlichen Grundlagen der Poesie. Prolegomena einer realistischen Ästhetik** [1887], hg. v. Johannes J. Braakenburg, Tübingen 1976.

- Gerhart Hauptmann: Vor Sonnenaufgang. Soziales Drama [1889], Berlin 2005.

- Gerhart Hauptmann: Das Friedensfest [1890], in: ders., Sämtliche Werke („Centenar-Ausgabe"), hg. v. Hans-Egon Hass, fortgeführt v. Martin Machatzke und Wolfgang Bungies, 11 Bde., Frankfurt a. M./Berlin 1962–74, Bd. 1, S. 99–165.

- Arno Holz/Johannes Schlaf: Papa Hamlet. Ein Tod [1889], Stuttgart 1963.

- Arno Holz/Johannes Schlaf: Die Familie Selicke. Drama in drei Aufzügen [1890], Stuttgart 1966.

- Hanno Möbius: Der Positivismus in der Literatur des Naturalismus. Wissenschaft, Kunst und soziale Frage bei Arno Holz, München 1980. *Die Studie geht dem Einfluss des Positivismus auf das Holz'sche Kunstgesetz nach und liest die literarischen Arbeiten von Arno Holz und Johannes Schlaf unter diesem Blickwinkel.*

    Forschung

- Rolf Sältzer: Entwicklungslinien der deutschen Zola-Rezeption von den Anfängen bis zum Tode des Autors, Bern u. a. 1989. *Überblick über die für den Naturalismus wichtige Zola-Rezeption in Deutschland.*

- Rolf Christian Zimmermann: Hauptmanns *Vor Sonnenaufgang*, Melodram einer Trinkerfamilie oder Tragödie menschlicher Blindheit?, in: Deutsche Vierteljahresschrift für Literaturwissenschaft und Geistesgeschichte 69, 1995, S. 494–511. *Der Aufsatz schlägt eine neue Lesart für Hauptmanns Drama „Vor Sonnenaufgang" vor, indem er herausstreicht, dass nicht die Erblichkeit des Alkoholismus, sondern die Unwissenheit der handelnden Personen das eigentliche Problem darstellt.*

8 Ich-Krise I: Philosophie und Bewusstseinspsychologie

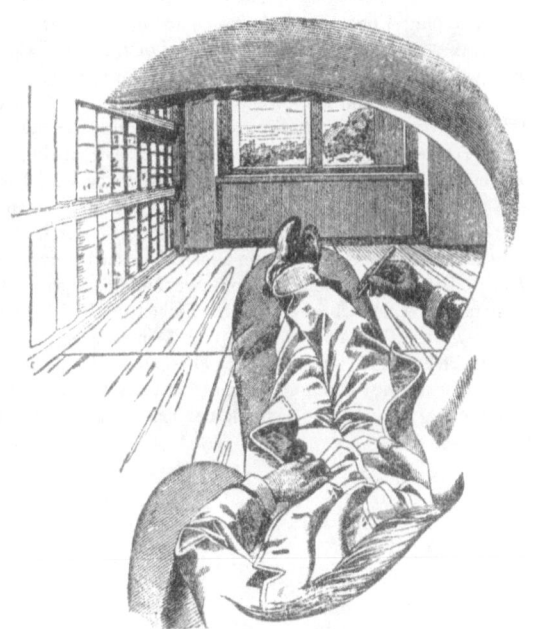

Abbildung 8: Ernst Mach: „Selbstschauung" des Ich (1886), Zeichnung

ICH-KRISE I: PHILOSOPHIE UND BEWUSSTSEINSPSYCHOLOGIE

Die Abbildung stammt aus der Untersuchung „Beiträge zur Analyse der Empfindungen" (1886) von Ernst Mach (1838–1916), eines vielseitigen Physikers, der um 1900 in Wien lehrte. Sie zeigt das unregelmäßige Sehfeld seines linken Auges, begrenzt vom Schnurrbart (unten rechts), dem Nasenflügel (rechts) und der Augenhöhle (oben). Die Mitte des Sehfeldes wird vom eigenen, stark verkürzten, auf einem Ruhebett liegenden Körper eingenommen. Darüber sieht man ein Doppelfenster, links davon ein Bücherregal.

Mach wollte mit seiner Zeichnung eine „Selbstschauung" des Ich ausführen und damit illustrieren, dass man sich selbst nur teilweise – insbesondere ohne Kopf – und als Bestandteil der Umgebung sieht. Daran, dass Mach überlieferte Darstellungskonventionen wie den rechteckigen Bildausschnitt außer Kraft setzte, zeigt sich, dass in seiner Zeit über das Ich und seine Wahrnehmung neu nachgedacht wurde. Das Ich, wie Mach es konzipierte, sieht auf die Welt nicht wie durch ein Fenster, das Subjekt und Objekt trennt. Diesen Dualismus wollte Mach zugunsten der Vorstellung überwinden, dass das Ich das ist, was es empfindet, also beispielsweise sieht oder hört. Verändern sich die Wahrnehmungen – etwa wenn es dämmert oder wenn der Betrachter seinen Kopf dreht –, dann ändert sich Mach zufolge auch das Ich, weil es dann aus anderen optischen Empfindungen besteht. Mach stand mit seinen Überlegungen zur Einheit und Beschaffenheit des Ich sowie zum Verhältnis von Ich und Welt nicht alleine. Diese Fragen tauchten in der Philosophie, der Physiologie, der Psychologie und den Naturwissenschaften im letzten Drittel des 19. Jahrhunderts auf und wurden auch in der Dichtung des Fin de Siècle mit großer Radikalität gestellt.

8.1 **Das Ich in Philosophie und Bewusstseinspsychologie**
8.2 **Impressionismus in der Lyrik**
8.3 **Ich-Krise und neue Ich-Entwürfe im Einakter**

8.1 Das Ich in Philosophie und Bewusstseinspsychologie

Die gesellschaftlichen Veränderungen, insbesondere der Wandel von Familie und Arbeitsleben, hatten die Probleme bei der Identitätssuche im letzten Drittel des 19. Jahrhunderts verschärft (→ KAPITEL 1.1). Das Aussinnen der eigenen Identität wurde immer mehr zu einer Aufgabe, die jeder einzelne für sich selbst zu leisten hatte. Zudem produzierten Philosophie und Wissenschaften ein Wissen, das geeignet war, althergebrachte Annahmen über Realität, über Normen und Werte sowie über das Subjekt, die im literarischen Realismus weitgehend Geltung hatten, in Zweifel zu ziehen (vgl. Wünsch 1991):

1. Im literarischen Realismus gab es eine subjektunabhängige, objektive Wirklichkeit, die die Protagonisten potenziell erkennen konnten. Dementsprechend wurden Täuschungen und Illusionen als etwas Negatives dargestellt. In der literarischen und wissenschaftlichen Bewegung des Fin de Siècle ist die Wirklichkeit dagegen zu einer radikal subjektiven Erfahrung geworden. Sie wird als Konstruktion des Subjekts begriffen und unterscheidet sich nicht prinzipiell vom Traum oder der Fiktion. <!-- margin: Wirklichkeit als subjektive Erfahrung -->

2. Im literarischen Realismus galten bestimmte Normen und Werte. Wurden sie durch eine literarische Figur verletzt, so stabilisierten der Erzähler oder der Handlungsverlauf die geltenden Normen. Sexualität war tabuisiert. Richtig zu leben hieß, ein Leben der kulturellen Normalität zu führen. Im Fin de Siècle geraten Normen und Werte ins Wanken oder werden neu gesetzt. Sexualität wird enttabuisiert (→ KAPITEL 9, 12.3), Leben wird zu einem emphatischen Begriff, der eine religiöse Dimension hat (→ KAPITEL 5.3). <!-- margin: Veränderung der Normen -->

3. Die Literatur des Realismus ließ das Ich primär durch das Bewusstsein bestimmt sein und grenzte das Nicht-Bewusste aus der Person aus oder wertete es ab. Dabei folgte sie dem althergebrachten Ich-Konzept, das im Ich eine bewusste, autonome, rationale und kohärente Einheit sah. Im Fin de Siècle wird nun in der Tiefenpsychologie, wie z. B. der Psychoanalyse, das Unbewusste zum wichtigen Bestandteil der Person (→ KAPITEL 9). Zudem wird in der Bewusstseinspsychologie wie auch bei Mach das Subjekt als Bündel aus heterogenen und wandelbaren Empfindungen aufgefasst. Die Grenzen desjenigen, was ein Ich als zugehörig zu sich empfindet, werden fließend und durchlässig. <!-- margin: Neukonzeptualisierung des Psychischen -->

Vor dem Hintergrund der sich rasch wandelnden Gesellschaft trugen die neuen Kenntnisse aus den Wissenschaften zu einer umfassenden

Ich-Krise bei, aber auch zu neuen Ich-Entwürfen, die beide charakteristisch für das Fin de Siècle sind.

Die Auffassung, dass der Mensch die Wirklichkeit nicht so erkennt, wie sie ‚wirklich' ist, sondern dass Erkenntnis nach Maßgabe von Anschauungs- und Denkformen zustande kommt, hatte schon im 18. Jahrhundert der Philosoph Immanuel Kant (1724–1804) vertreten. Seit den 1860er-Jahren erinnerte der Neukantianismus wieder daran. Im Gegensatz zu Kant wurden die Denk- und Anschauungsformen in der physiologischen Spielart des Neukantianismus (z. B. bei Hermann von Helmholtz) auch biologisch interpretiert und damit – nach den Forschungen Charles Darwins – der Evolution unterworfen. Der menschliche Geist und das Gehirn, so konnte das Argument nun lauten, sei nur ein einigermaßen gut angepasstes Werkzeug, um sich am Leben zu erhalten und fortzupflanzen (vgl. Eibl 2000). Der Geist diene gar nicht der Erkenntnis und dementsprechend wisse der Mensch gar nichts von einer ‚wahren' Welt, sondern lebe in einer Welt der nützlichen Fiktionen. Entlang dieser Linie bewegten sich beispielsweise Gedanken des Neukantianers Hans Vaihinger (*Philosophie des Als Ob*, 1911) oder des Philosophen Friedrich Nietzsche (1844–1900).

Nietzsche verfasste 1873 die Fragment gebliebene Schrift *Ueber Wahrheit und Lüge im aussermoralischen Sinne* (Erstdruck 1896; → KAPITEL 10.1), in der er den Intellekt in diesem Sinne als „ein Mittel zur Erhaltung des Individuums" (Nietzsche 1967ff., Bd. III/2, S. 370) auffasste. Nietzsche ging davon aus, dass der Mensch immer schon in einer interpretierten und deshalb scheinbaren und fiktiven Welt lebe und von einer Welt unabhängig von diesen Interpretationen nichts wissen könne, ja dass es sie gar nicht gebe: „Die ‚scheinbare' Welt ist die einzige: die ‚wahre Welt' ist nur hinzugelogen..." (Nietzsche 1967ff., Bd. VI/3, S. 69).

Deshalb wurde für Nietzsche alles zu einer Frage der Perspektive und damit relativ: „Als ob eine Welt noch übrig bliebe, wenn man das Perspektivische abrechnete! Damit hätte man ja die Relativität abgerechnet [...]" (Nietzsche 1967ff., Bd. VIII/3, S. 163). Nietzsche nahm bevorzugt die Perspektive des Lebens ein (→ KAPITEL 5.3) und betrachtete die Kultur durch diese Optik. Moral, Religion und andere ‚Wahrheiten' der Menschen wurden von ihm daraufhin befragt, ob sie dem Leben dienten oder es einschränkten und behinderten.

Wenn moralisch gewöhnlich abgewertete Eigenschaften wie der Egoismus oder die Leidenschaften als lebensförderlich oder gar als Lebensbedingung betrachtet werden konnten, so fragte Nietzsche, woher stammt dann das Recht, sie zu verurteilen? Diese Werte verändern sich offenbar je nach dem eingenommenen Blickwinkel. Die „Umwertung aller Werte", also die „leibhafte Kriegs- und Siegs-Erklärung an alle alten Begriffe von ‚wahr' und ‚unwahr'" (Nietzsche 1967ff., Bd. VI/3, S. 177), trat als Intention der Werke nach *Also sprach Zarathustra* (1883–85), etwa in *Jenseits von Gut und Böse* (1886) oder in *Der Antichrist* (1895; entstanden 1888), immer deutlicher hervor.

Umwertung der Werte

Neben der Relativierung der Werte und der Entdeckung des Perspektivismus trugen Bewusstseinspsychologie und Tiefenpsychologie zur Neukonzeptualisierung des Ich bei. Während die Tiefenpsychologie davon ausging, dass das Unbewusste der wichtigste Bestandteil der Seele sei (→ KAPITEL 9), nahm die Bewusstseinspsychologie an, dass alles Psychische im Bewusstsein aufzufinden sei.

Bewusstseinspsychologie

Die Elementenpsychologie, ein Teilbereich der Bewusstseinspsychologie, ist mit dem Namen Wilhelm Wundt (1832–1920) verbunden, dessen Schriften, z. B. der *Grundriss der Psychologie* (1896), viele Auflagen erfuhren. Wundt gilt als Begründer der akademischen Psychologie und legte großen Wert auf das Experiment als Forschungsmethode. Er teilte die Seele in elementare Einheiten, nämlich in Empfindungen (d. h. Sinnesreize wie Wärme-, Kälte oder Lichtempfindungen) sowie in einfache Gefühle (Wohlgefallen, Abneigung usw.), und fragte erst in einem zweiten Schritt danach, wie sich aus diesen einzelnen Elementen komplexere Seelenzustände aufbauten. Da die Selbstbeobachtung das Psychische immer nur als Zusammengesetztes erfährt, war die Annahme dieser diskreten Elemente eine Abstraktion.

Elementenpsychologie

Die Elementenpsychologie ist eine wichtige Grundlage von Ernst Machs Schrift *Beiträge zur Analyse der Empfindungen* (1886, 2. Auflage 1900). Der Grundbegriff von Machs Philosophie ist das sinnlich wahrnehmbare „Element", wobei Elemente Farben, Temperaturen, Gerüche, Tastempfindungen oder Geschmäcker sind. Aus diesen Elementen baut sich nach Mach nun, ähnlich Wundts Elementenpsychologie, das Ich, aber auch die Welt auf. Es gibt Mach zufolge keine Dinge – wie z. B. Atome –, die Sinnesreize im Menschen verursachen, sondern es gibt nur diese Elemente als kleinste Weltbestandteile. Wenn man sie in Beziehung zu einem Ich untersucht, stellen sie sich als Empfindungen (Sinneseindrücke, Gefühle) dar, wenn man ihre Abhängigkeit untereinander erforscht, als die kleinsten Bestandteile der Dingwelt. Psychologie und Physik haben beide dieselben Elemente zu ihrem Untersuchungsgegenstand. Mach versuchte mit dieser Konzeption den Dualismus von Empfindungen und

Das Element bei Mach

Dingen, Subjekt und Objekt, zu überwinden – diese Tendenz zum Monismus lässt sich um 1900 häufig feststellen (→ KAPITEL 5.3).

Dinge sind, was sie scheinen

Ähnlich wie bei Nietzsche gibt es bei Mach keine „Dinge an sich", also keine Dinge, die unabhängig von unserer Wahrnehmung bestehen. Damit ist auch die Unterscheidung zwischen (Sinnes-)Täuschung und Wirklichkeit hinfällig. Ein Stab, den man ins Wasser taucht, *erscheint* nicht geknickt, sondern er *ist* optisch geknickt, haptisch aber gerade. Betrachtet man ihn von oben, *erscheint* er nicht als ein Punkt, sondern er *ist* optisch ein Punkt usw.

Dinge als Elementenkomplexe

Alle Dinge, die wir in unserer alltäglichen Wahrnehmung als Einheiten sehen, sind solche Elementenkomplexe, die sich bei unterschiedlichen Lichtverhältnissen, in verschiedenen Medien oder räumlichen Lagen stets verändern und sich damit im beständigen Wandel befinden (wie z. B. der Stab). Das gleiche gilt für das Ich: Als stabile und von der Umwelt abgegrenzte Einheit ist es eine Illusion. Das Ich ist vielmehr ein Elementenkomplex, der sich je nach Wahrnehmungssituation aus unterschiedlichen Elementen zusammensetzt. Sieht eine Person beispielsweise plötzlich etwas Grünes, so hat sich der Elementenkomplex „Ich" verändert und enthält nun das Element „Grün". Das Ich ist damit dem Augenblick verhaftet, instabil und stets veränderlich, es ist als Einheit „unrettbar", so die berühmte Formulierung aus den „Antimetaphysischen Vorbemerkungen" der *Analyse der Empfindungen*.

Bedeutung Machs

Machs Philosophie ist für die Zeit um 1900 hoch symptomatisch, sein direkter Einfluss auf die damalige Literatur im Sinne von expliziten Rezeptionsspuren aber eher selten nachzuweisen (vgl. Monti 1985). 1897 besuchte der Dichter Hugo von Hofmannsthal ein Kolleg von Mach an der Wiener Universität (vgl. Wunberg 1965, S. 39), im Mai 1902 lernte der Schriftsteller Robert Musil dessen Schriften kennen und wurde über den philosophierenden Physiker 1908 von dem Psychologen Carl Stumpf promoviert. Arthur Schnitzler hat Mach wohl erst im September 1904 rezipiert. Einen guten Teil der großen Wirkung, die Mach auf die Dichter des Jungen Wien wie Felix Dörmann, Hofmannsthal oder Schnitzler ausübte, verdankte sich aber Hermann Bahr, der Mach wohl 1902 oder 1903 las und ihn in seinen Essays in zugespitzter Form popularisierte.

Bahrs Forderung einer neuen Kunst

In seinem Aufsatz *Die neue Psychologie* (1890) fordert Bahr eine Kunst, die der neuen wissenschaftlichen Psychologie entsprechen soll und eben dadurch in einen Gegensatz zum Naturalismus treten würde. Die alte Psychologie, so argumentiert Bahr, habe nur den „letzten Effekt der Gefühle" geschildert, so wie sie sich in Formeln gebannt im Bewusstsein auffinden lassen: Glück, Verliebtheit etc. Die neue Psychologie greife dagegen die „ersten Elemente" der Gefühle auf, so wie sie sich vor der Deutung durch das Bewusstsein direkt an den Nerven zeigen (Bahr 2004, S. 93). Nicht Glück oder Verliebtheit, sondern tausende diskreter und zum Teil ganz zufälliger Elemente lassen sich Bahr zufolge direkt an den Nerven in einer bestimmten Situation ablesen. Die literarische Vergegenwärtigung dieser Elemente führe von der naturalistischen Wiedergabe der Sachen („Sachstände", französisch *état des choses*) hin zu einer neuen, nachnaturalistischen Kunst, die „Seelenstände" (französisch *états d'âme*) schildere (Bahr 2004, S. 90). Freilich, schon Wundts Elemente waren eine Abstraktion und auch Bahr konnte nicht wissen, wie die einzelnen Elemente vor ihrem Bewusstwerden genau beschaffen sind – aber eben dies schien die dichterische Fantasie nicht unerheblich zu beflügeln.

Bahr sah schon in seinem Essay *Die neue Psychologie* den Impressionismus in der Malerei als vorbildlich zur Wiedergabe der „Seelenstände" an. Auch dieser Stil male nicht die Dinge, wie sie „an sich" seien, sondern gebe den jeweiligen Eindruck der Dinge wieder, indem einzelne (Farb-)Elemente zu einem Ganzen komponiert werden. In seinem Aufsatz *Impressionismus* (1904), geschrieben nach der Lektüre von Machs *Analyse der Empfindungen*, wird die Lehre Machs zur „Philosophie des Impressionismus", die

Bahrs
Impressionismus

„unser Gefühl der Welt, die Lebensstimmung der neuen Generation auf das größte ausspricht. Alle Trennungen sind hier aufgehoben, das Physikalische und das Psychologische rinnt zusammen, Element und Empfindung sind eins, das Ich löst sich auf und alles ist nur eine ewige Flut" (Bahr 1904, S. 113f.).

Es bedurfte nur einer Akzentverschiebung, um nicht die Alleinheitsgefühle, sondern das „unrettbare Ich" in den Vordergrund zu rücken. Hierfür ist Bahrs Erzählung *Das unrettbare Ich* (1904) ein Beispiel. Der Erzähler berichtet in diesem Text insbesondere von drei intellektuellen Erschütterungen, die sein Denken geprägt haben: Erstens Kants Einsicht, dass uns die Welt nicht als Erscheinung gegeben sei, zweitens die Feststellung, dass es keine biografische Kontinuität des Ich gebe (vermittelt durch pathologisch-psychiatrische Studien sowie die Tatsache, dass der alte Johann Wolfgang von Goethe seinem jungen Ich fremd gegenüber gestanden habe), sowie drittens die Lehre Machs vom Ich als Elementenkomplex. Alle diese Erkenntnisse sind dem Erzähler zufolge wahr, müssen aber aus pragmatischen Gründen verleugnet werden, um leben zu können. Fiktionen, auch die des Ich, sind zum Leben notwendig. Die Erzählung schließt deshalb

„Unrettbares Ich"

mit einem forcierten Akt der Selbstbehauptung: „Ich bin Ich" (Bahr 1904, S. 101).

8.2 Impressionismus in der Lyrik

Impressionismus ist in der Literaturwissenschaft ein umstrittener Begriff, der zum Beispiel auf die literarische Gestaltung des „unrettbaren Ich" im Sinne Machs angewendet oder als Stilkategorie verstanden wurde (vgl. Johnston 1985). Dabei mussten sich die beiden Auffassungen nicht ausschließen, sondern konnten sich auch ergänzen. Die literarische Gestaltung augenblicklicher Sinneseindrücke (Impressionen) und Stimmungen, die unverbunden nebeneinander stehen, führte in der Lyrik u. a. zu einer Art hingetupfter, pointillistischer Syntax, die unvollständige Sätze ohne temporale, kausale oder konsekutive Verknüpfungen aneinanderreiht. Andere kleine Formen, seien es Skizzen, Prosagedichte oder einzelne Dramenszenen, waren ebenfalls stilistisch relevante Mittel, um augenblickliche Stimmungen und Eindrücke zu gestalten. Die Texte, die das Ich problematisieren, das diese Sinneseindrücke hat – was freilich mehr oder weniger stark der Fall sein kann –, nähern sich Machs „unrettbarem Ich": Es erscheint dann als Bündel dieser Sinneseindrücke, ist ihrem Wandel ausgesetzt und deshalb ohne feste Identität. Weil diese Eindrücke nur ein einziges Subjekt zu einer bestimmten Zeit haben kann, ist die Wahrnehmung radikal subjektiv (vgl. Diersch 1973; Ryan 1991).

Während inzwischen der überwiegende Teil der Forschung in diesem Sinn von Impressionismus in der Literatur spricht, rückt eine andere Forschungstradition dagegen den Impressionismus in die Nähe des konsequenten Naturalismus und lässt den impressionistischen Stil mit dem naturalistischen Sekundenstil (→ KAPITEL 7.3) konvergieren (vgl. Marhold 1985, S. 219). Wenn sich auch die literarischen Techniken ähneln, so bleibt festzuhalten, dass der Sekundenstil auf eine objektive Beobachtung der Welt – auf „Sachstände" – aus war und keine subjektkritischen Konsequenzen zog, während der literarische Impressionismus des Fin de Siècle die Dinge der Welt im Subjekt – als „Seelenstände" – aufsuchte und dadurch die Auflösung des Subjekts in seine Empfindungen als Konsequenz zumindest latent vorhanden war.

Impressionistische Autoren – also Autoren, die „Seelenstände" durch die Wiedergabe sinnlicher Eindrücke zu erreichen strebten – sind unter anderen die der Gruppe Jung-Wien angehörigen Peter Altenberg, Felix Dörmann und Hugo von Hofmannsthal sowie Maximilian Dauthendey, Richard Dehmel, Eduard von Keyserling und Detlev von Liliencron.

Dauthendeys *Ultra Violett* (1893), eine Sammlung von Lyrik und Prosagedichten, schildert beispielsweise in einem der Gedichtzyklen mit dem Titel *Stimmen des Schweigens. Gesänge der Düfte, Töne und Farben* Komplexe von Sinneseindrücken, die den Titel *Abend*, *Faulbaumduft* oder *Kuckuckruf* tragen. Das lyrische Ich wird sprachlich kaum gestaltet. Es ist nur noch als Bündel der Empfindungen greifbar. Die Sinneseindrücke sind in der Regel synästhetisch, das heißt beispielsweise, eine olfaktorische Sinnesempfindung wie *Morgenduft* – Titel eines weiteren Gedichts – wird durch die Schilderung von Temperatur- und Tastempfindungen, Farben und anderen optischen Eindrücken zusammengesetzt. Die kurzen elliptischen Sätze haben kaum Verben; Adjektive dominieren. Die Sätze und Satzteile besitzen keine verknüpfenden Konjunktionen, wirken wie hingetupft und vermitteln so den Eindruck, dass der Geruch ein Komplex verschiedener und widersprüchlicher Sinnesempfindungen ist, die alle zugleich im Ich vorhanden sind:

> Maximilian Dauthendey: *Morgenduft* (1893)
>
> Schwergebogen nasse Äste,
> Trübe Aprikosenblüten.
> Unter tiefen Wolken schleichen
> Feuchte Wege.
>
> Aschenweiche tiefe Wälder,
> Kahle perlenmatte Fjorde,
> Kaltes Schilf. Auf glasigem Grunde
> Spielen scheue Rosenmuscheln.
> (Dauthendey 1893, S. 155)

Ganz ähnlich suchten die Jung-Wiener Dörmann und Altenberg die Welt im Inneren des Ich auf. Dörmann gestaltete in seinem Gedichtband *Sensationen* (1892) Sinneseindrücke mit synästhetischen Metaphern und ließ z. B. ein lyrisches Ich ganz vom Grün eines Rasens betäubt sein: „O lichtes Grün, wie Du die Seele weitest, / Um jede Nervenfaser zärtlich kost" (Dörmann 1892, S. 26). Altenberg pflegte die kleinen literarischen Formen (Prosagedichte, Gedichte, Skizzen, Aphorismen, feuilletonistische Texte; vgl. Köwer 1987) und stellte sie selbst in einen Zusammenhang mit dem literarischen Impressionismus im Sinne des „unrettbaren Ich". Seine Skizzensammlung *Wie ich es sehe* (1896) ist typisch für den von ihm so genannten „Telegramm-

Dauthendeys komplexe Sinneseindrücke

Synästhetische Metaphern

Kleine Formen

stil der Seele". Altenberg wollte das Wort „sehe" im Titel betont wissen, weil das „ich" – ganz wie bei Mach – in tausend verschiedene diskrete Augenblicke zerfalle. Die Skizzenreihe „See-Ufer", mit der *Wie ich es sehe* eröffnet wird, enthält kurze, stimmungshafte Szenen zwischen Junge und Mädchen oder Mann und Frau. Diese aneinandergereihten Prosagedichte arbeiten mit Wiederholungen und Variationen und geben in ihrer impressionistischen Momenthaftigkeit immer wieder Ausblicke auf die Gesellschaft und ein Leben, das sich den Figuren zu entziehen scheint (vgl. Barker 1998, S. 79f., 88–110).

Dinge im Bewusstsein aufzusuchen – das verbindet den Dichter Rainer Maria Rilke mit Altenberg, Dauthendey oder Dörmann, auch wenn Rilke in einer sehr komplexen und ganz eigenen Weise Stellung zu den hier beschriebenen Problemen bezog. Das gilt insbesondere für Rilkes *Neue Gedichte* (1907/08) aus seiner mittleren Schaffensphase, da für diese der Dingbezug konstitutiv ist. In der Forschung spricht man daher von „Dinggedichten", ein Begriff, den der Germanist Kurt Oppert 1926 einführte. Dieser Ausdruck stimmt insofern, als der Bezug auf Kunstwerke, Pflanzen oder Tiere ein bestimmendes Merkmal dieser Lyrik ist. Allerdings geht es gerade nicht um die Dinge, wie sie ‚wirklich' sind, nicht um ihre ‚objektive' oder realistische Beschreibung. Die Dinge werden vielmehr erst im Akt der Wahrnehmung konstituiert und bekommen eine eigene Bedeutung – es sind „Bewusstseinsobjekt[e]" (Müller in: Engel 2004, S. 299). Zu den berühmtesten dieser *Neuen Gedichte* zählen *Archaïscher Torso Apollos*, *Blaue Hortensie*, *Das Karussell* und *Der Panther*.

Eine innovative Wiedergabe von Wahrnehmungsphänomenen, die durch die Schule des Impressionismus gegangen ist, lässt sich am Gedicht *Das Karussell* studieren. Das Gedicht bildet sprachlich ein sich immer schneller drehendes Karussell ab. Am auffälligsten ist sicher, dass derselbe Vers „[u]nd dann und wann ein weißer Elefant" drei Mal und in kürzeren Abständen wiederkehrt, was das steigende Tempo des Karussells sprachlich evoziert. Zum Eindruck der zunehmenden Geschwindigkeit trägt gegen Ende des Gedichts neben der syndetischen Reihung kurzer Satzteile ganz besonders die Tatsache bei, dass anfangs die Gegenstände noch beschrieben werden, während gegen Ende nur noch Farben abgelöst von Gegenständen wahrgenommen werden können. Der letzte Abschnitt des Gedichts lautet:

„Und das geht hin und eilt sich, daß es endet,
und kreist und dreht sich nur und hat kein Ziel.
Ein Rot, ein Grün, ein Grau vorbeigesendet,
ein kleines kaum begonnenes Profil –.

Und manchesmal ein Lächeln, hergewendet,
ein seliges, das blendet und verschwendet
an dieses atemlose blinde Spiel ..."
(Rilke 1996, Bd. 1, S. 490f.)

Die sprachliche Wiedergabe wird also nicht durch die Dinge, sondern durch die Auffassung derselben im Bewusstsein bestimmt. Das Auflösen eines Gegenstands in seine Farbwirkungen wurde geradezu als *Ent*dinglichung" beschrieben (Fülleborn 1997, S. 175), sodass der Ausdruck Dinggedicht auch von daher problematisch erscheint.

Allerdings bleibt Rilke nicht bei der sprachlichen Wiedergabe von Sinneseindrücken stehen. Mit dem Gedicht wird das Thema der entschwindenden Kindheit angeschlagen (vgl. Henke 1999). Das Lebensmodell, das das Gedicht gestaltet, ist das eines ziellos sich drehenden Daseins, das gleichwohl bejaht werden kann, wie das Lächeln des Mädchens nahelegt. So rückt *Das Karussell* über eine innovative Abbildung von Wahrnehmungsvorgängen hinaus in die Nähe von Nietzsches Vorstellung eines in sich kreisenden ziellosen Daseins.

Zielloser Kreislauf des Daseins

8.3 Ich-Krise und neue Ich-Entwürfe im Einakter

Das kurze, einaktige Drama wurde im letzten Drittel des 19. Jahrhunderts europaweit zu einer beliebten Gattung. Nicht unbeeinflusst von den Einaktern des schwedischen Dramatikers August Strindberg (z. B. *Fröken Juli*; *Fräulein Julie*, 1888) oder des belgischen Dichters Maurice Maeterlinck (z. B. *L'Intruse*, 1890; *Der Eindringling*, 1892) entwickelte der Einakter sich zu einer wichtigen Form der deutschsprachigen Jahrhundertwende. Hofmannsthal und Schnitzler schrieben um 1890 solche kleinen Dramen, aber auch Bahr, Dauthendey, Rilke oder der George-Schüler Karl Wolfskehl. Die große Form des fünfaktigen Dramas setzte einen sich gleich bleibenden Charakter voraus (gefordert z. B. im 4. Jahrhundert v. Chr. von Aristoteles im 15. Kapitel seiner *Poetik*), der beim Handeln auf Widerstände stößt. Die Auffassung eines diskontinuierlichen und dem Augenblick verhafteten Ich begünstigte dagegen das kurze Drama bzw. den locker gefügten Dramen- oder Szenenzyklus (vgl. Offermanns in: Schnitzler 1964, S. 159–165). Die Einakter lösten sich vom Primat der final ausgerichteten Ereignisfolge, die schlechthin zentral in der *Poetik* des Aristoteles ist, und betonten die einzelnen Situationen und augenblicklichen Erlebnisse (vgl. Bayerdörfer 1972, S. 522).

Beliebtheit des Einakters

ICH-KRISE I: PHILOSOPHIE UND BEWUSSTSEINSPSYCHOLOGIE

Hofmannsthals Gestern

Hofmannsthals erstes dramatisches Werk *Gestern* (1891) ist ein solcher Einakter. Er hebt sich durch seine gereimten Verse und die lustvoll ausgemalte Renaissancekultur scharf vom zeitgleich herrschenden Naturalismus ab. In diesem Stück reflektiert der 17-jährige Hofmannsthal die Probleme, die ein Ich mit sich bringt, das ganz aus dem Augenblick verstanden wird. Zu *Gestern* notierte sich Hofmannsthal einige Sätze, die das Ich ganz auf den Augenblick festlegen und damit seine biografische Kontinuität in Zweifel ziehen:

„Wir haben kein Bewußtsein über den Augenblick hinaus, weil jede unsrer Seelen nur einen Augenblick lebt. [...] Mein Ich von g e s t e r n geht mich sowenig an wie das Ich Napoléons oder Goethes." (Hofmannsthal 1975ff., Bd. 3, S. 309)

Impressionistisches Ich

Andrea, der Protagonist in *Gestern*, ist ein solch impressionistisches Ich (vgl. Ryan 1991, S. 117). Dinge, Tiere und Menschen existieren für ihn nur, insofern sie Empfindung für ihn werden: „ihr Leben ist ein Schein, / Ich lebe, der sie brauche, ich allein!" So sucht er aus allem eine lustvolle Empfindung zu gewinnen, ohne Rücksicht auf moralische Konsequenzen. Dem entspricht sein Leben aus dem Augenblick heraus. Nur die augenblickliche Empfindung kann ihm Befriedigung verschaffen, das „Gestern" kann nur stören: „Das Gestern lügt, und nur das Heut ist wahr! / Laß dich von jedem Augenblicke treiben, / Das ist der Weg, dir selber treu zu bleiben." (Hofmannsthal 1975ff., Bd. 3, S. 11, 13)

Wahrheit und Lüge

Wahrheit und Lüge, Gut und Böse zählen aus dieser Erlebnisperspektive gleich viel, wenn sie nur zur Steigerung des momentanen Erlebens führen und das Leben in Illusionen ermöglichen. Andreas Loblied auf die Lüge, die Illusion und den Selbstbetrug, das er in der vierten Szene anstimmt, ist dafür ein Beleg und zeugt von der Nietzsche-Lektüre des Autors:

„Es ist manchmal so gut, Verrat zu üben!
So reizend, grundlos, sinnlos zu betrüben!
Der grade Weg liegt manches Mal so fern!
Wir lügen alle und ich selbst – wie gern!
O goldne Lügen, werdend ohne Grund,
Ein Trieb der Kunst, im unbewußten Mund!
O weise Lügen, mühevoll gewebt,
Wo eins das andre färbt und hält und hebt!
Wie süß, die Lüge wissend zu genießen,
Bis Lüg und Wahrheit sanft zusammenfließen,
[...]."
(Hofmannsthal 1975ff., Bd. 3, S. 19)

Andreas Hingabe an den Augenblick ist allerdings nicht ungebrochen. Die Einsicht in die Problematik seiner Philosophie des Augenblicks und die Angst, das Leben zu verfehlen, artikuliert er mehrmals. Er scheitert schließlich mit seiner Lebensmaxime, als er erfährt, dass seine Freundin Arlette ihn „gestern" mit dem Freund Lorenzo betrogen hat. Nun ist es Arlette, die ein Leben aus dem Augenblick heraus lebt und fordert, während der gestrige Betrug plötzlich Bedeutung für den Protagonisten gewinnt. Er erwidert ihr: „Dies Gestern ist so eins mit deinem Sein, / Du kannst es nicht verwischen, nicht vergessen: / Es i s t, so lang wir wissen, daß es w a r." (Hofmannsthal 1975ff., Bd. 3, S. 34) Andreas Prinzip von der ausschließlichen Geltung des Ich im Augenblick und der Hinfälligkeit moralischer Werte wurde damit widerlegt, aber eine neue Lebensmaxime zeichnet sich nicht ab.

Scheitern

Arthur Schnitzlers *Anatol*-Zyklus (1892) ist ein Beispiel für die Atomisierung der künstlerischen Form, die zu einer adäquaten Ausdrucksform für das diskontinuierliche Ich des Protagonisten Anatol wird (vgl. Offermanns in: Schnitzler 1964, S. 159–165). Während Hofmannsthals *Gestern* von einer traditionellen Intrigenhandlung zusammengehalten wird, gibt es im *Anatol*-Zyklus keine voranschreitende Handlung. Der Zyklus besteht aus sieben Einaktern, von denen fünf bereits zuvor einzeln veröffentlicht worden waren. Die Einakter sind nicht in der Reihenfolge des Zyklus entstanden – auch dies ein Hinweis auf die große Eigenständigkeit jedes einzelnen Stücks.

Schnitzlers
Anatol-Zyklus

In jedem Einakter ist Anatol dem Wandel seiner Stimmungen und Wahrheiten (im Plural!) unterworfen: „Hast du übrigens etwas dagegen, wenn ich das Gegenteil von dem behaupte, was ich vor einer Minute sagte?" „Max: Oh, ich erwartete es!" (Schnitzler 1961ff., Bd. 3, S. 107). So heißt es in dem nachgelassenen und nicht zum Zyklus gehörenden Stück *Anatols Größenwahn*. Dem entspricht Anatols Auffassung von der Treulosigkeit in Liebesbeziehungen. Ein Liebesgeständnis einer Frau kann ernst gemeint sein, doch „die Wahrheiten wechseln [...] mit jeder Minute" (Schnitzler 1961ff., Bd. 3, S. 108). Das gleiche gilt für Anatol selbst. Seine Stimmung überlagert so sehr die zwischenmenschlichen Beziehungen, dass an Kontinuität nicht zu denken ist. Die aufbewahrten Liebeszeichen ordnet Anatol nicht nach den Namen der Frauen, sondern nach Worten, die das Erlebnis in Erinnerung rufen (so im dritten Teil *Episode*). An diesen Erinnerungen leidet Anatol, sie sind der Grund für seine gebrochene Erlebnisperspektive, seine Melancholie. Die Wahrheit, dass ein Liebesrausch schnell auf den nächsten folgt, jeder Treueschwur vorläufig ist, will er

Stimmungswandel

Melancholie

durch die Illusion der Einmaligkeit und Ewigkeit überspielen. Bietet sich einmal die Gelegenheit, die Wahrheit über die Treue seiner hypnotisierten Freundin zu erfahren, dann schreckt er davor zurück (im ersten Teil *Die Frage an das Schicksal*). Die erste Freundespflicht sei es, dem Freund seine Illusion zu lassen, so Max zu Anatol (*Die Frage an das Schicksal*). Dadurch zeichnet sich ein impressionistisches Ich ab, das in Illusionen leben will, aber durch die ständige Reflexion auf die Wandelbarkeit der Stimmungen zu einer gebrochenen Erlebnisperspektive kommt. Diese Problematik hat Anatol mit Andrea gemeinsam.

Gebrochene Erlebnisperspektive

Schnitzler selbst hat dieses an Mach gemahnende impressionistische Ich in einer Aufzeichnung einmal folgendermaßen charakterisiert:

„Die Seele mancher Menschen scheint aus einzelnen gewissermaßen flottierenden Elementen zu bestehen, die sich niemals um ein Zentrum zu gruppieren, also auch keine Einheit zu bilden imstande sind. So lebt der kernlose Mensch in einer ungeheuren und ihm doch niemals völlig zu Bewußtsein kommenden Einsamkeit dahin." (Schnitzler 1961ff., Bd. 5, S. 53)

Kernlosigkeit

Allerdings bleibt ein wichtiger Unterschied festzuhalten: Während Mach mit seiner Vorstellung vom Ich als Elementenkomplex eine wissenschaftliche Beschreibung des Ich schlechthin geben will, so betrachten Hofmannsthal und Schnitzler ein in Elemente aufgelöstes Ich zumindest unterschwellig als pathologisch – ein Titel wie *Anatols Größenwahn* deutet darauf hin. Werte wie Treue, Wahrhaftigkeit und Verantwortlichkeit, die ein kontinuierliches und nicht nur selbstbezügliches Ich voraussetzen, sind positiv konnotiert und zumal für den Menschen bei Schnitzler erreichbar (vgl. Thomé 1984, S. 63f.).

Fragen und Anregungen

- Was bezeichnet Ernst Mach als „Elementenkomplex"?

- Beschreiben Sie, welche Rolle Hermann Bahr bei der Popularisierung Ernst Machs spielte.

- Wie sinnvoll ist es, einen Begriff wie „Impressionismus", der aus der Malerei stammt, auf die Literatur anzuwenden?

- Wie äußert sich der Impressionismus in der Lyrik?

FRAGEN UND LEKTÜREEMPFEHLUNGEN

- Warum kommt die Form des Einakters bzw. des Einakter-Zyklus' dem neuen Ich-Konzept entgegen?
- Was hat der Protagonist von Hofmannsthals *Gestern* für ein Problem?

Lektüreempfehlungen

- Peter Altenberg: Wie ich es sehe [1896], Frankfurt a. M. 2009.   Quellen
- Hermann Bahr: Das unrettbare Ich, in: ders., Dialog vom Tragischen, Berlin 1904, S. 79–101. – Auch in: Gotthart Wunberg (Hg.), Die Wiener Moderne. Literatur, Kunst und Musik zwischen 1890 und 1910, Stuttgart 2000, S. 147–148 (Auszug).
- Hermann Bahr: Impressionismus, in: ders., Dialog vom Tragischen, Berlin 1904, S. 102–114. – Auch in: Gotthart Wunberg (Hg.), Die Wiener Moderne. Literatur, Kunst und Musik zwischen 1890 und 1910, Stuttgart 2000, S. 257–259 (Auszug).
- Maximilian Dauthendey: Ultra Violett. Einsame Poesien, Berlin 1893. – Auch in: Deutsche Literatur von Luther bis Tucholsky. Großbibliothek, Berlin 2005 (Digitale Bibliothek Nr. 125).
- Hugo von Hofmannsthal: Gestern [1891], in: ders., Lyrische Dramen, hg. v. Andreas Thomasberger, Stuttgart 2000, S. 7–39.
- Arthur Schnitzler: Anatol. Anatols Größenwahn. Der grüne Kakadu, Stuttgart 1986.

- Richard Alewyn: Über Hugo von Hofmannsthal, 3. Auflage, Göttingen 1963. *Klassische Studien zu Hofmannsthal, insbesondere zu „Gestern" und „Der Tor und der Tod", einem anderen Einakter Hofmannsthals.*   Forschung
- Manfred Diersch: Empiriokritizismus und Impressionismus. Über Beziehungen zwischen Philosophie, Ästhetik und Literatur um 1900 in Wien, Berlin (Ost) 1973. *Die Studie behandelt Ernst Mach und Bahrs „Philosophie des Impressionismus". Diersch führt den autonomen Inneren Monolog, wie er bei Schnitzler zu finden ist, auf die „impressionistische Weltsicht" zurück.*

- Claudia Monti: Mach und die österreichische Literatur: Bahr, Hofmannsthal, Musil, in: Akten des Internationalen Symposiums ‚Arthur Schnitzler und seine Zeit', hg. v. Giuseppe Farese, Bern/Frankfurt a. M./New York 1985, S. 263–283. *Differenziert argumentierender Aufsatz, der Bahrs Mach-Verständnis von demjenigen Musils abgrenzt und einen Einfluss von Mach auf Hofmannsthal in Zweifel zieht.*

- Judith Ryan: The vanishing subject: early psychology and literary modernism, Chicago 1991. *Komparatistische Studie, die Autoren wie Alfred Döblin, Hofmannsthal, Franz Kafka, Rilke und Schnitzler, aber auch Walter Pater oder Joris-Karl Huysmans im Kontext der damaligen Psychologie (insbesondere Franz Brentano, Freud, Mach) analysiert.*

- Arthur Schnitzler: Anatol. Anatol-Zyklus – Anatols Größenwahn – Das Abenteuer seines Lebens. Texte und Materialien zur Interpretation, hg. v. Ernst Offermanns, Berlin 1964, S. 149–199. *Das umfangreiche Nachwort erzählt die Entstehungsgeschichte des Anatol-Zyklus' und interpretiert Form und Problemgehalt vor dem Hintergrund des (literarischen) Impressionismus.*

9 Ich-Krise II: Tiefenpsychologie

Abbildung 9: André Brouillet: *Charcot à la Salpêtrière* (1887, Charcot in der Salpêtrière), Gemälde

Auf dem Bild von André Brouillet liegt eine Frau in den Armen eines Mannes, der sich über sie beugt. Ihr Körper ist zurückgebogen, ihr Arm verdreht, ihre Hand zur Faust verkrampft. Zu ihrer Linken nähern sich besorgt zwei Schwestern. Rechts neben ihr steht ein Herr und doziert. Eine ganze Reihe von Männern hört aufmerksam oder nachdenklich zu. Das Gemälde von 1887 zeigt die Vorführung einer hysterischen Patientin durch den berühmten Arzt Jean-Martin Charcot im Nervenkrankenhaus der Salpêtrière in Paris. Er nahm als erster Hysterikerinnen als Kranke ernst und entwarf anhand seiner Untersuchungen ein Verlaufsschema, nach dem sich ein hysterischer Anfall vollziehen soll.

Die Hysterie, wie sie um 1900 beschrieben, diagnostiziert und behandelt wurde, ist heute weitgehend als ein kulturell erzeugtes Phänomen erkannt (vgl. Didi-Huberman 1997). Die Verlaufsschemata von hysterischen Anfällen waren weniger eine Beschreibung der Tatsachen als vielmehr eine Art Choreografie, nach der sich die überwiegend weiblichen Patientinnen in der Salpêtrière verhielten. Der Wiener Arzt Sigmund Freud war zeitweise Mitarbeiter von Charcot. Er entwickelte seine Psychoanalyse in Auseinandersetzung mit den Hysterie-Lehren des Pariser Kollegen und machte verdrängte Vorstellungen der Patientinnen für die Hysterie verantwortlich. Das Problem des gespaltenen oder dissoziierten Bewusstseins begann um 1900 nicht nur die Ärzte, sondern auch die Dichter zu interessieren. Welche Rolle spielten tiefer liegende Schichten des Bewusstseins bei der Gestaltung literarischer Figuren? Mit welchen erzähltechnischen Mitteln wurden diese komplexen Bewusstseinszustände dargestellt?

9.1 **Tiefenpsychologie und Literatur**
9.2 **Darstellung des „Halbbewussten" bei Schnitzler**
9.3 **Erweitertes Bewusstsein bei Rilke und Musil**
9.4 **Döblin: Narrativierung psychischer Krankheiten**

9.1 Tiefenpsychologie und Literatur

Die Krise des Ich wurde nicht nur durch die Philosophie und die Bewusstseinspsychologie (→ KAPITEL 8), sondern auch durch die Tiefenpsychologie modelliert. Unter „Tiefenpsychologie" fasst man verschiedene psychologische Strömungen wie die Psychoanalyse Sigmund Freuds (1856–1939) oder die analytische Psychologie Carl Gustav Jungs (1875–1961) zusammen, die im Nichtbewussten den wichtigsten Teil der menschlichen Psyche sahen. Sie beschäftigt sich mit psychischen Krankheiten, insbesondere mit der Hysterie (vgl. Thomé 1993, S. 196–228; → ASB SCHÖSSLER). Damit trat sie gegen Ende des Jahrhunderts neben die von Wilhelm Wundt geprägte experimentelle Bewusstseinspsychologie.

Tiefenpsychologie

Sigmund Freud war der Begründer der Psychoanalyse. Seine Lehre sollte zunächst gar nicht Ich-skeptisch verstanden werden. Im Gegenteil, sie sollte vielmehr ein optimistisches Reparaturprogramm für seelische Leiden sein. Für die Dichtung wurde allerdings weniger die Situation der erfolgreichen Therapie wichtig als vielmehr die unterschwellige Depotenzierung des Ich durch das „Unbewusste".

Freuds Lehre als Reparaturprogramm

Zusammen mit seinem Kollegen Josef Breuer veröffentlichte Freud 1895 die *Studien über Hysterie*, die erste psychoanalytische Schrift. Grundlage jeder Hysterie sei ein gespaltenes, dissoziiertes Bewusstsein, dessen einer Teil unterdrückte, d. h. nicht willkürlich erinnerbare Vorstellungsgruppen enthalte. Dieser Teil des Bewusstseins könne zu hysterischen Erkrankungen, zu Leiden wie Tics, Konvulsionen – Verkrampfungen – oder Lähmungen führen. Der Grund für die Verdrängung wurde primär in traumatischen Ereignissen (vorwiegend in der Kindheit) und der gesellschaftlich tabuisierten Sexualität gesehen, wobei Freud im Verlauf seiner Forschungen der Sexualität die größte Bedeutung beimaß. Um die Symptome einer Hysterie zu kurieren, müsse man den Patienten dazu bringen, dass er das Verdrängte erinnere, in Worte fasse, dabei die begleitenden Affekte wieder durchlebe und sie damit „abreagiere". Die Hypnose schien hierfür ein geeignetes Mittel zu sein. Breuer nannte dieses Verfahren die kathartische Methode (griechisch *katharsis;* Reinigung). Wie Aristoteles im 4. Jahrhundert v. Chr. in seiner *Poetik* der Tragödie eine solch reinigende Wirkung zuschrieb, so sollte auch das Versprachlichen des Verdrängten und das „Abreagieren" der begleitenden Affekte zu einer Reinigung der Psyche führen (vgl. Freud 1972ff., Bd. 1, S. 81–98).

Studien über Hysterie

Kathartische Methode

Da sich nicht alle Patienten hypnotisieren ließen und die Hypnose zudem als respektlos gegenüber den Patienten empfunden wurde,

ICH-KRISE II: TIEFENPSYCHOLOGIE

Freie Assoziation verfolgte Freud zunehmend die Methode der „freien Assoziation". Hierbei sollten die Patienten entspannt und ohne Angst vor Sanktionen ihren Gedanken freien Lauf lassen und locker assoziierend auch die verdrängten Vorstellungen erinnern.

Die Traumdeutung Freuds bekanntestes Buch *Die Traumdeutung* (1900) behandelt den Traum als eine weitere Form, in der sich Verdrängtes äußert. Der manifeste Traum, so wie er vom Träumenden erzählt werden kann, ist Freud zufolge ein verschlüsselter Text, den es zu entschlüsseln gilt, bis der Arzt den latenten Trauminhalt versteht. Nach diesem Übersetzungsvorgang kann der Traum als eine Wunscherfüllung verstanden werden, und zwar selbst dann, wenn der manifeste Traum beängstigend war. Die Träume werden Freud zufolge in der

Traumarbeit „Traumarbeit" produziert: Unter gelockerten Kausalitätsbedingungen verdichtet das Ich seine Gedanken, verschiebt sie entlang von Assoziationsketten und benutzt Symbole. Die Nähe dieser Traumtheorie zur Dichtungstheorie hat Freud später selbst in *Der Dichter und das Phantasieren* (1908) betont. Hier wird die fantasiegeleitete Arbeit des Dichters analog zur Traumarbeit betrachtet, womit der Weg für die spätere psychoanalytische Literaturwissenschaft geebnet war.

Während Erwachsene ihre zumeist sexuellen Wünsche ins Unbewusste verdrängen, herrscht Freud zufolge bei Kleinkindern der Sexualtrieb freier. Kleinkindern überhaupt ein Sexualleben zuzusprechen

Vielfältige Formen war damals unüblich. Freud stellt in *Drei Abhandlungen zur Sexual-*
kindlicher Sexualität *theorie* (1905) fest, dass der Sexualtrieb bei Kindern ungerichtet und vielfältig ist. Dieser kann sich auf die ersten Kontaktpersonen (Eltern, Pflegepersonen) beziehen oder autoerotisch sein, er umfasst Homosexualität ebenso wie inzestuöse Neigungen, Masturbation oder anale Befriedigungen. Die ‚normale' heterosexuelle Sexualität der Erwachsenen erwies sich plötzlich als Einschränkung eines vielfältiger angelegten Geschlechtstriebes. Was man damals der ‚normalen' Sexualität als pervers oder als degeneriert schroff entgegenstellte, war nach Freud im genetischen Sinn primär. Aus den sich ausschließenden Gegensätzen wie gesund/krank oder heterosexuell/homosexuell wurde ein Kontinuum unterschiedlichen Sexualverhaltens. Für die Beschränkung der Lust wurden kulturelle Mächte wie „Scham, Ekel, Mitleid und die sozialen Konstruktionen der Moral und Autorität" (Freud 1972ff., Bd. 5, S. 132) verantwortlich gemacht. Kultur wurde somit als Einschränkung des Sexuallebens beurteilt.

Kulturkritik Freuds Hieraus erwuchs die Kulturkritik Freuds: Der Prozess der Kulturalisierung wurde von Freud als Unterdrückung eines ursprünglich hemmungslosen Luststrebens gesehen. Die so verdrängte Libido konnte krank machen und sich beispielsweise in der Hysterie äußern. In der Freud-Rezeption verband sich das sehr schnell mit dem Vitalismus Nietzsche'scher Prägung (→ KAPITEL 5.3). Die Mächte der Sexualität und des Unbewussten wurden dabei zum eigentlichen erstrebenswerten ungeteilten Leben – im Gegensatz zum beschränkten und partiellen Dasein in der Kultur. Der expressionistische Dichter Otto Gross begehrte mit diesen Vorstellungen gegen die erstarrte Vaterwelt auf, was dazu führte, dass sein Vater ihn verhaften und in eine Nervenklinik bringen ließ – Beispiel eines gelebten Vater-Sohn-Konflikts, wie ihn der Expressionismus literarisch mehrfach gestaltete (→ KAPITEL 6.4).

Die Depotenzierung des Ich um 1900, wie sie sich in den verschiedensten Wissensgebieten vollzog, verstärkte und modifizierte sich unter dem Eindruck der Tiefenpsychologie: Die Psyche des Menschen bekam eine zweite, ‚tiefere' Ebene. Unter dem Bewusstsein wurde als dessen abgespaltener Teil das Nichtbewusste – nach Freud: das Unbewusste – entdeckt, von dem man glaubte, dass es häufig durch sexuelle Wünsche bestimmt sei. Auch wenn sich das Unbewusste im Bewusstsein durch unwillkürliche Assoziationen oder Träume oder durch körperliche Symptome bemerkbar machen sollte, so wurde dem Ich die absolute Herrschaft über sich selbst entrissen.

Depotenzierung des Ich

Die Erstrezeption Freuds durch Dichter fand wohl zuerst nach 1900 in Wien statt. Schon früh, nämlich im Jahr 1900, las der Mediziner und Schriftsteller Arthur Schnitzler Freuds *Traumdeutung*. 1902 beschäftigte sich Hermann Bahr mit Freuds Schriften. 1903 griff er in seinem *Dialog vom Tragischen* Breuers Lehre von der Katharsis auf – in der gleichnamigen Essaysammlung des Jahres 1904 popularisierte er auch Ernst Machs „unrettbares Ich" (→ KAPITEL 8.1). Hugo von Hofmannsthal dichtete im selben Jahr mit psychoanalytischem Wissen sein Drama *Elektra* (1903; → KAPITEL 10.3). Alfred Döblin, Arzt und Dichter, setzte sich ab 1909 wissenschaftlich mit Freud auseinander (vgl. Anz 1997, S. 19). Im Zeitraum, in dem der bahnbrechende III. Kongress der Psychoanalytiker in Weimar (1911) stattfand, vermehrten sich die Rezeptionszeugnisse. So beschäftigten sich 1911/12 Thomas Mann und Rainer Maria Rilke mit Freud. In den 1920er-Jahren wurde Freuds Wirkung dann unübersehbar groß. 1929 hielt Thomas Mann unter dem Titel *Die Stellung Freuds in der modernen Geistesgeschichte* eine große Freud-Rede, in der er Freuds Lehre kurz und bündig eine „Weltbewegung" nannte, die weit über die Medizin hinaus viele Bereiche des menschlichen Wissens ergriffen habe (Mann 1990, Bd. 10, S. 274; vgl. Anz 2006, S. 11–42).

Rezeption

Obwohl es wichtig ist, diese Rezeptionswege zu erforschen und zu dokumentieren (vgl. Anz/Pfohlmann 2006), wird man dem Verhältnis von Psychoanalyse und Literatur nicht gerecht, wenn man es als einseitiges Einflussverhältnis beschreibt, so als ob die Dichter die Vorgaben der Tiefenpsychologen eins zu eins in ihre Dichtungen übernommen hätten. Bei einer so ‚weichen' Wissenschaft wie der Tiefenpsychologie geht es weniger um Einfluss als um ein gemeinsames Interesse von Dichtern, Philosophen und Psychologen am Phänomen des Nichtbewussten. Konkurrenz um die Deutungshoheit der menschlichen Psyche, aber auch gegenseitiger Respekt beschreiben das Verhältnis von Tiefenpsychologie und Literatur besser als Einfluss und Rezeption. Der Germanist Thomas Anz hat in diesem Sinne von einem „Interaktionsdrama" gesprochen, in das Literatur und Psychoanalyse verwickelt sind (Anz 2000, S. 495).

Für diese Form des Verhältnisses ist Arthur Schnitzler ein gutes Beispiel. Er lebte wie Freud in Wien, war ebenfalls Arzt, hatte sogar zum Teil die gleichen Lehrer wie Freud. Schnitzler rezensierte die neueste psychologische Literatur, er führte aber auch ein Tagebuch, in dem er unter anderem seine Träume verzeichnete – und teilweise selbst deutete. Freud verfuhr ähnlich. Auch dieser führte ein Arbeitsheft mit Selbstanalysen, deren Ergebnisse zum Teil in seine *Traumdeutung* einflossen. Gewisse Parallelen in der Auffassung des Psychischen zwischen Arzt und Dichterarzt können daher nicht verwundern (vgl. Le Rider 2007, S. 43–60). Zudem lasen sie gegenseitig ihre Werke. Am 14. Mai 1922 schrieb Freud an Schnitzler einen berühmt gewordenen Geburtstagsbrief. Beide hatten sich trotz gemeinsamer Interessen bislang nie persönlich kennengelernt. In diesem Brief bescheinigte Freud dem Dichter, in seinen Werken viele Einsichten intuitiv gestaltet zu haben, die er selbst durch das Studium von Patienten gewonnen habe. Er selbst habe den Kontakt deshalb wohl aus einer Art „Doppelgängerscheu" gemieden. Trotz dieser Ehrenbezeugung war Schnitzler kein orthodoxer Freudianer. Der Dichter teilte Basisannahmen Freuds wie die frühkindliche Sexualität oder den Ödipuskomplex nicht (vgl. Thomé 1984, S. 66f.). Schnitzler unterschied zwar wie Freud Bewusstes und Unbewusstes, nahm darüber hinaus aber ein „Zwischenland" an, dem seine Aufmerksamkeit galt; er sprach auch vom „Halbbewußte[n]" (Schnitzler 1961ff., Bd. 5, S. 455). Um die Darstellung der Grenzbereiche des Bewusstseins ging es ihm eher als um das Unbewusste im Freud'schen Sinne (vgl. Thomé 1984, S. 77).

Andere Autoren lernten die Psychoanalyse von einer ganz anderen Seite kennen, nämlich als Patienten. Hofmannsthal unterzog sich einer psychoanalytischen Therapie, ebenso der anarchistische Bohemien Erich Mühsam. Besonders interessant ist in diesem Zusammenhang Rainer Maria Rilke, der nach dem Abschluss seines Romans *Die Aufzeichnungen des Malte Laurids Brigge* (1910) in eine schwere Lebens- und Schaffenskrise geriet. Rilke erwog, sich einer Therapie zu unterziehen. Zu einer klassischen Behandlung ist es indes nie gekommen, wohl weil Rilke Angst hatte, eine Heilung könne seine schöpferischen Kräfte zerstören. Am 28. Dezember 1911 schrieb er an seine Freundin Lou Andreas-Salomé:

„Ich denke weniger als früher an einen Arzt. Die *Psychoanalyse* ist eine zu gründliche Hülfe für mich, sie hilft ein für alle Mal, sie räumt auf, und mich aufgeräumt zu finden eines Tages, wäre vielleicht noch aussichtsloser als diese Unordnung." (Rilke 1911 in: Pfeiffer 1975, S. 240).

In den Folgejahren setzte sich Rilke dennoch intensiv mit der Psychoanalyse auseinander. Er besuchte psychoanalytische Kongresse, lernte dort Freud kennen und las wohl um 1913 die *Drei Abhandlungen zur Sexualtheorie*. Lou Andreas-Salomé hatte sich inzwischen bei Freud zur Therapeutin ausbilden lassen und bezog zu Rilkes Problemen brieflich und persönlich Stellung, was als eine Art Psychoanalyse gewertet werden kann (vgl. Fiedler in: Engel 2004, S. 167–170). Im dichterischen Werk ist eine Kenntnis der Freud'schen Schriften insbesondere in der *Dritten Elegie* der *Duineser Elegien* (1923) nachzuweisen, die 1912/13 entstand (vgl. Pfeiffer 1976).

9.2 Darstellung des „Halbbewussten" bei Schnitzler

Die Änderungen in der Auffassung des Ich, wie sie um 1900 stattfanden, begünstigten einen literarischen Formwandel, insbesondere im Drama (→ KAPITEL 8.3) und in der Prosa. Der auktoriale Erzähler schien für die Gestaltung dissoziierter oder depotenzierter Figuren ungeeignet, weil mit diesem Erzähler schon ein stabiles Ich und eine zuverlässige Wirklichkeitswahrnehmung vorausgesetzt zu sein schienen. Das heißt natürlich nicht, dass der auktoriale Erzähler ganz verschwand – aber paradigmatisch für die Zeit nach 1900 wurden stark subjektivierte Erzählformen wie der Innere Monolog (z. B. *Lieutenant Gustl* von Schnitzler) oder die Tagebuch ähnliche Aufzeichnung (z. B. *Die Aufzeichnungen des Malte Laurids Brigge* von Rilke). Bevorzugte Erzähltechniken waren:

Literarischer Formenwandel

- Gedankenzitate oder Gedankenberichte,
- erlebte Rede,
- (autonomer) Innerer Monolog,
- Einschub von Träumen, Erinnerungen und Assoziationen,
- Erzählperspektive aus der Sicht einer Figur.

Der autonome Innere Monolog, von dem französischen Schriftsteller Edouard Dujardin 1887 eingeführt, kam in der deutschsprachigen Literatur erstmals in Schnitzlers *Lieutenant Gustl* (1900) zum Einsatz. Diese Novelle schildert die Psyche eines Leutnants der kaiserlichen und königlichen Doppelmonarchie Österreich-Ungarns, und zwar am 4. April von 21.45 Uhr bis 6.00 Uhr morgens. Da Schnitzler diese Novelle wenige Monate nach der Lektüre von Freuds *Traumdeutung* niederschrieb, wurde *Lieutenant Gustl* mit der Technik der freien Assoziation in Verbindung gebracht, wie sie Freud u. a. in der *Traumdeutung* beschreibt (vgl. Worbs 1983, S. 237–242). Eine andere Forschungstradition rückt den Einfluss des Impressionismus Mach-Bahr'scher-Prägung in den Vordergrund (vgl. Diersch 1973, S. 94–99; Günther 1981).

Gustl wird nach einem Konzert von einem Bäckermeister beleidigt. Diese Ehrkränkung bleibt ohne Genugtuung, weil die sofortige Revanche an der körperlichen Überlegenheit des Bäckers scheitert und eine Satisfaktion, also ein Duell, aufgrund des geringen Standes des Bäckers nicht möglich ist. Gustls Offiziersehre ist verletzt und es droht die Gefahr, dass die Beleidigung öffentlich wird. Damit stünde Gustls (soziale) Existenz auf dem Spiel: „Ehre verloren, alles verloren!" (Schnitzler 2002, S. 22) Das Bewusstseinsprotokoll dieser Krisensituation macht den Großteil der Erzählung aus: Die Hauptfigur plant, sich zu erschießen, und gibt dieses Vorhaben erst auf, als sie am Schluss der Novelle vom Tod des Bäckermeisters erfährt. Eine wichtige Grundspannung, die nicht frei von Komik ist, besteht dabei zwischen Gustls Lebenswillen einerseits und dem Ehrencodex, der den Tod fordert, andererseits (vgl. Swales 1971, S. 110f.).

Gustls Gedankenverknüpfung ist assoziativ, von Digressionen (Abschweifungen), Wiederholungen und Widersprüchen bestimmt. Erinnerungen, aktuelle Sinneseindrücke, halbbewusste Reaktionen und Ausblicke auf die Zukunft wechseln einander ab. So beispielsweise, als er noch im Konzert sitzt, sich langweilt und dabei Gedanken und Blick schweifen lässt:

> „Was guckt mich denn der Kerl dort immer an? Mir scheint, der merkt, daß ich mich langweil' und nicht herg'hör' ... Ich möcht' Ihnen raten, ein etwas weniger freches Gesicht zu machen, sonst

stell' ich Sie mir nachher im Foyer! – Schaut schon weg! ... Daß sie alle vor meinem Blick so eine Angst hab'n ... ‚Du hast die schönsten Augen, die mir je vorgekommen sind!' hat neulich die Steffi gesagt ... O Steffi, Steffi, Steffi! – Die Steffi ist eigentlich schuld, daß ich dasitz' und mir stundenlang vorlamentieren lassen muß." (Schnitzler 2002, S. 8)

Die Gedanken Gustls werden dem Leser im mündlichen Stil vorgetragen – dialektale Wörter, verschliffene Silben, kurze, elliptische Sätze, Ausrufe – und sind assoziativ durch Auslassungspunkte und Gedankenstriche aneinandergereiht. Im Bewusstsein seiner gesellschaftlichen Position führt Gustl ein Blickduell, eine Szene, die seine latente Aggressivität zeigt und sich als ironische Vorausdeutung auf die spätere Erniedrigung lesen lässt. Entlang der Assoziationskette „Augen" schweifen dann seine Gedanken zum Kompliment Steffis: Die soeben durch das Blickduell bestätigte soziale Stellung und sein Erfolg bei Steffi stabilisieren Gustls Ich. Dann treiben die Gedanken schon wieder weiter. Im Fortgang dieses kunstvoll arrangierten Gedankenstroms werden beständigere Themenkomplexe sichtbar: seine Aggressivität, seine Vorurteile gegen Juden, Sozialisten und Akademiker, seine eindimensionale Beziehung zu Frauen, seine Offiziersehre oder seine eigene als verfehlt empfundene Biografie.

Beständigere Themenkomplexe

Im Verlauf der Novelle erscheint Gustl dabei als problematisches Ich, das in hohem Maß vom Urteil Dritter und dem Sich-Messen mit anderen abhängig ist und das seine Gedanken – und selbst seine Körperbewegungen – nicht kontrollieren kann. Im Unterschied zum freien Assoziieren, wie es die Psychoanalyse zu Therapiezwecken verlangt, hat der stumme Innere Monolog Gustls keine therapeutische Wirkung. Das verdeutlicht insbesondere das Ende der Novelle, an dem das militärische Rollenangebot sofort wieder greift: Der Tagesablauf wird vom Militär bestimmt, die Redensart, mit der Gustl über die Frau verfügt („und wenn's Graz gilt"; vgl. Polt-Heinzl 2000, S. 25), gehört dem Militärjargon an und seine Aggressionen werden in die Bahn des vom „Ehrenrat" gebilligten Duells gelenkt. Gustl hat sich nicht verändert.

Gustls problematisches Ich

Die Novelle löste in der damaligen Doppelmonarchie einen Skandal aus, in dessen Folge Schnitzler sein Offizierstitel von einem Ehrenrat aberkannt wurde, weil er das Ansehen der Armee herabgesetzt haben soll (vgl. Urbach 1974, S. 103).

Skandal um Lieutenant Gustl

9.3 Erweitertes Bewusstsein bei Rilke und Musil

In anderen Erzählexperimenten um 1900 geht es um die Frage, ob und wie sich das gewöhnliche, von Sprache und gesellschaftlichen Konventionen geprägte Bewusstsein um außergewöhnliche Bewusstseinszustände erweitern lässt. Die Annahme, dass es außer dem Bewusstsein andere relevante Geisteszustände gibt, deren Entdeckung schmerzhaft und verstörend für das Ich ist und es geradezu spalten kann, teilten viele Dichter mit der Tiefenpsychologie. Allerdings ist dieses Andere keineswegs dasselbe wie das Freud'sche Unbewusste, auch wenn es manche Parallelen gibt, etwa die große Bedeutung der Sexualität. Die Literarisierung dieser Geisteszustände in der Prosa war zunächst eine große Herausforderung für die Erzähltechnik und die sprachliche Gestaltung. Begrifflich schien sich das Andere des Bewusstseins nicht fassen zu lassen und selbst die poetische Sprache operierte an einer Grenze, an der oft gewagte Bilder oder Metaphern zur Vergegenwärtigung des Gemeinten eingesetzt wurden. Inhaltlich wurde das, was sich außerhalb des normalen Bewusstseins befindet, verschieden gefüllt. Es konnte sich um verdrängte Erfahrungen und Ängste handeln, es konnte aber auch Gefühle der Alleinheit, wie im Monismus beziehungsweise der Mystik, oder des gesteigerten Lebens, wie im Vitalismus, umfassen (→ KAPITEL 5).

In Rainer Maria Rilkes Roman *Die Aufzeichnungen des Malte Laurids Brigge* (1910) geht es um das Problem, dass der Protagonist einem Veränderungsprozess ausgesetzt ist, den er nicht kontrollieren kann und den er als Gefahr für seine Persönlichkeit erlebt. Wie der Titel des Romans andeutet, handelt es sich um die Niederschriften, die der fiktive Held Malte anfertigt. Sie spiegeln Erfahrungen seines Paris-Aufenthaltes (Abschnitte 1–26), geben Kindheitserinnerungen aus Dänemark wieder (27–53) oder enthalten Bildungserlebnisse, deren Inhalte von der Gegenwart bis in die Antike zurückreichen (ca. 54–71).

Der Roman entstand von 1904 bis 1910; während der Niederschrift der letzten Abschnitte erfuhr Rilke nach eigener, wohl nicht ganz zuverlässiger Aussage durch einen Freund von der Psychoanalyse (vgl. Fiedler in: Engel 2004, S. 165). Obwohl demnach kaum anzunehmen ist, dass der Roman in größerem Ausmaß von den Ideen Freuds geprägt ist, spiegelt er doch das zeittypische Interesse an nichtbewussten („verdrängten") Vorstellungen wider (Ängste, Sexualität, Kindheitserfahrungen) und stellt die Frage, wie das Ich zu dem Verdrängten vordringen kann. Da Rilke seine Dichtung in einem therapeutischen Sinn in einem Brief vom 14. Januar 1912 an seinen Freund, den Psychoanalytiker Emil von Gebsattel als „Selbstbehandlung" (Rilke 1933, S. 169) bezeichnete, wurde sie auch von der Rilke-Forschung als „eine Art Parallelprojekt zur Aufklärung des Unbewußten in der Psychoanalyse" bezeichnet (Engel in: Rilke 1996, Bd. 2, S. 636).

Dichtung als „Selbstbehandlung"

Der Roman entwickelt ein Veränderungsprogramm, in dem das Ich größeren Bereichen von der Welt und damit von sich selbst ausgesetzt wird. Dieser Prozess wird von Malte selbst als Sehenlernen gefasst:

Veränderungsprogramm: Neues Sehen

„Ich lerne sehen. Ich weiß nicht, woran es liegt, es geht alles tiefer in mich ein und bleibt nicht an der Stelle stehen, wo es sonst immer zu Ende war. Ich habe ein Inneres, von dem ich nicht wußte. Alles geht jetzt dorthin. Ich weiß nicht, was dort geschieht." (Rilke 1996, Bd. 3, S. 456)

Das Sehenlernen verunsichert ihn, weil das gesehene Äußere zugleich als innerer Zustand erlebt wird. Deutlich wird dies beispielsweise, wenn Malte abgerissene Häuser betrachtet und dabei das Gesehene als eigenen inneren Zustand erkennt (→ KAPITEL 2.2). Das neue Sehen Maltes ist dadurch charakterisiert, dass

1. sich die Grenze zwischen Subjekt und Objekt auflöst,
2. das Ich das neue Sehen nicht willkürlich herbeiführen kann,
3. die neue Wahrnehmung voraussetzungslos und frei von kulturellen Vorannahmen sein soll; so durchbricht sie konventionelle und begriffsgeleitete Wahrnehmungsmuster,
4. im neuen Sehen unterschiedslos Schönes und Hässliches, Angenehmes und Widerwärtiges erblickt wird und diese Dinge immer auch innere Zustände bezeichnen, die dem Ich fremd sein können (vgl. Engel in: Rilke 1997, S. 328–339).

Das Konzept des neuen Sehens ist grundlegend für die Poetik der mittleren Werkphase Rilkes, zu der neben *Malte* insbesondere die *Briefe über Cézanne* (1907) und die *Neuen Gedichte* (1907/08) gehören (→ KAPITEL 8.2).

Um dieses Ich und die Veränderungen darzustellen, die mit ihm geschehen, wählte Rilke im *Malte* die Tagebuchform, dessen einzelne Aufzeichnungen sich zuweilen dem Prosagedicht nähern – als Vorbild gelten hier Charles Baudelaires *Petits Poèmes en Prose* (1869, *Gedichte in Prosa*). Diese neuartige Form macht eine kontinuierliche Handlungsentwicklung (Chronologie, Kausalität) entbehrlich. Die einzelnen Aufzeichnungen werden nur dadurch zusammengehalten, dass sie in Maltes Ich ihr Zentrum haben. Sie sind nach dem Prinzip

Tagebuchform

der Komplementarität komponiert, das heißt, es folgen Abschnitte aufeinander, die sich durch ihre Unterschiedlichkeit ergänzen, so z. B. die verschiedenen Sinneswahrnehmungen der Abschnitte 1–4 oder der Gegensatz von fabrikmäßigem und individuellem Tod der Abschnitte 7 und 8 (vgl. Fülleborn 1974). Da sich der Roman vom biografischen Modell des Bildungsromans löst, der die innere, beständige Entwicklung einer Figur schildert, und Maltes Bewusstsein durch eine Fülle von Parallel- und Gegengeschichten sowie Gegenstandsschilderungen evoziert, hat der Rilke-Forscher Manfred Engel von einem „symbolistischen Bewußtseinsroman" gesprochen (Engel in: Rilke 1997, S. 348).

Musils Törleß

Der Roman *Die Verwirrungen des Zöglings Törleß* (1906, entstanden 1902–1905) modelliert das komplexe Bewusstsein seines Protagonisten Törleß, das zwischen einem Alltagsbewusstsein und einem nicht alltäglichen Zustand changiert. Sein Autor Robert Musil hat sich mit Problemen der Psychologie intensiv auseinandergesetzt. Da-

Mach-Rezeption

bei ist insbesondere seine langjährige Beschäftigung mit Ernst Mach zu nennen, über dessen Theorien Musil 1908 promoviert wurde. Die große thematische Nähe des *Törleß* zu den Schriften Freuds führte in der Forschung dazu, dass man von einer Freud-Rezeption ausging (vgl. Goldgar 1965), eine These, die sich aber nicht belegen ließ (vgl. Hara 1995f., S. 63; Corino 2003, S. 253f.). Später wurde Musil jedoch ein großer Kenner (aber kein kritikloser Anhänger) der Psychoanalyse.

Törleß ist ein Internatsroman, der Züge eines Entwicklungsromans trägt, weil der Ich-Erzähler in einer Vorausschau auf die Überwindung der titelgebenden „Verwirrungen" deutet (vgl. Musil 1952ff., Bd. 3, S. 118f.). Ursache dieser Verwirrungen, die Törleß zu einem weiteren destabilisierten Ich der Literatur werden lassen, ist seine beginnende Pubertät. Sie wird nicht als etwas sich harmonisch Entfaltendes dargestellt, sondern als Bedrohung des einheitlichen Bewusstseins. Das ist zum Beispiel der Fall, wenn Törleß beim Anblick der Prostituierten Božena an seine Mutter denken muss. Dann kommen die Gedanken an das Geschlechtliche von Außen „durch die Grenzen des Bewusstseins geschossen" (Musil 1952ff., Bd. 3, S. 40). Wie bei Malte ist das Bewusstsein also auch hier durchlässig für ein Nichtbewusstes, das u. a. durch die nicht normgerechte sexuelle Erregung bestimmt ist. Die Durchlässigkeit der Bewusstseinsgrenzen einer Figur

Modellierung des Bewusstseins

gilt als symptomatisch für die Modellierung des Ich um 1900 (vgl. Zeller 2001f.; Titzmann 2002). Bei Törleß kann dies, wie bei Malte, bis zum Ich-Verlust gehen, etwa wenn er homoerotische Neigungen an sich feststellt: „Das bin nicht ich!... nicht ich!... Morgen erst wieder werde ich es sein!" (Musil 1952ff., Bd. 3, S. 114)

Die sexuelle Erregung ist dabei eine von mehreren Situationen, in denen Törleß in einen befremdenden, mystischen Zustand gerät. Dieser zeichnet sich durch seine kontemplative Enthobenheit vom Alltag und dadurch aus, dass er sich begrifflich nicht erfassen lässt, weshalb in diesen Momenten ein „bilderdurchzuckte[s] Schweigen" (Musil 1952ff., Bd. 3, S. 71) herrscht. Dieses Befinden wird durch unbestimmte visuelle Wahrnehmungen ausgelöst. Später, z. B. in *Ansätze zu neuer Ästhetik* (1925), hat Musil diesen Zustand als „anderen Zustand" (Musil 1952ff., Bd. 2, S. 675) bezeichnet und ihn dem Normalzustand entgegengesetzt. Während im normalen Geisteszustand der Mensch nach Ursachen fragt, Zwecke verfolgt und auf seinen Vorteil aus ist, zeichnet sich der „andere Zustand" durch Zweckenthobenheit, mystische Versenkung und ein Gefühl der Alleinheit aus. Törleß' Pubertät macht ihn empfänglich für diesen „anderen Zustand".

„Anderer Zustand"

9.4 Döblin: Narrativierung psychischer Krankheiten

Das Bewusstsein und seine nichtbewusste Kehrseite wurden in der Literatur nach 1900 unter der Verwendung tiefenpsychologischen und psychiatrischen Wissens gestaltet und damit mehr oder minder pathologisiert, was bis zur Gestaltung gespaltener Persönlichkeiten gehen konnte. In Hugo von Hofmannsthals Romanfragment *Andreas* (1930, entstanden 1907–27) taucht das beunruhigende Doppelwesen Maria/Mariquita auf, eine Frau mit einer gespaltenen Persönlichkeit, die Hofmannsthal unter Verwendung psychopathologischer Literatur formte (vgl. Alewyn 1963, S. 124–160).

Im etwa zeitgleichen Expressionismus wurde der Wahnsinnige zu einer Schlüsselfigur. Durch dichtende Ärzte wie Gottfried Benn oder Alfred Döblin bekam die literarische Darstellung von Wahnsinn eine medizinische Basis. Als Arzt hatte sich Döblin auf die Psychiatrie spezialisiert und für seine Doktorarbeit (1905) zwei Fallstudien zu Psychosen ausgewertet. Für Döblins Verständnis der Psychiatrie ist wichtig, dass er an der Erklärbarkeit psychischer Krankheiten zweifelte und stattdessen die Symptome und Krankheitsverläufe genau beschrieb. In Döblins bekanntestem ästhetischen Manifest *An Roman-*

Der Wahnsinnige als Schlüsselfigur

Döblins „Berliner Programm" *autoren und ihre Kritiker* (1913), „Berliner Programm" genannt, forderte er genau dies auch von Schriftstellern:

> „Man lerne von der Psychiatrie, der einzigen Wissenschaft, die sich mit dem seelischen ganzen Menschen befaßt; sie [...] beschränkt sich auf die Notierung der Abläufe, Bewegungen, – mit einem Kopfschütteln, Achselzucken für das Weitere und das ‚Warum' und ‚Wie'." (Döblin 1989, S. 120f.)

Döblins Erzählung *Die Ermordung einer Butterblume* (1910) scheint bereits gewisse Forderungen des drei Jahre später entstandenen „Berliner Programms" zu erfüllen (vgl. Reuchlein 1991). In einer größtenteils antipsychologischen, auf jeden Fall aber antidiagnostischen Erzählweise wird der Prozess des Wahnsinnigwerdens eines Geschäftsmanns aus Freiburg, des Herrn Michael Fischer, geschildert. Fischer bleibt beim Spazierengehen mit seinem Stock im Unkraut hängen und schlägt daraufhin auf die Pflanzen ein. Nach diesem Zwischenfall wird er von Zwangsvorstellungen heimgesucht, die um eine ‚enthauptete' Butterblume kreisen. Diese Fantasien dringen immer stärker in sein Bewusstsein ein und gewinnen schließlich die Oberhand: Fischer wird schließlich wahnsinnig. Objektives Geschehen und das immer stärker hervortretende pathologische Erleben werden dabei unvermittelt nebeneinander gestellt, wobei die erlebte Rede zur Objektivierung der Wahnideen eingesetzt wird. Selbst der Erzähler kann diese Wahnperspektive zuweilen übernehmen:

Antidiagnostische Erzählweise

> „Das Taschentuch drückte er an die Nase. Der Kopf mußte fort, der Stiel zugedeckt werden, eingestampft, verscharrt. Der Wald roch nach der Pflanzenleiche. Der Geruch ging neben Herrn Michael einher, wurde immer intensiver." (Döblin 2001, S. 59)

Während der erste Satz Fischer von außen zeigt, verschmelzen in den zwei folgenden Sätzen die Perspektive der Figur mit derjenigen des Erzählers in der erlebten Rede. Im letzten Satz sieht der Erzähler Fischer wieder von außen, aber er hat sich dessen Wahngedanken an dieser Stelle zu eigen gemacht. Die Tatsache, dass in der Erzählung keine Erklärungen für Fischers Wahn angeboten werden, sondern dass der Ablauf des gedanklichen und körperlichen Kontrollverlustes vielmehr präzise und ohne Bewertung wiedergegeben wird, hat Literaturwissenschaftler dazu verleitet, vielfältige Erklärungsmodelle an den Text heranzutragen. Darunter waren auch solche, die sich selbst psychoanalytischer Paradigmen bedienten, etwa indem sie den Blumenmord als Versuch Fischers werteten, das eigene Triebhafte zu bekämpfen (vgl. Reuchlein 1991, S. 14–21). Damit wird deutlich, dass die Tiefenpsychologie nicht nur ein Wissensbestand war, an dem

Erklärungsmodelle

Dichter und Psychologen um 1900 partizipierten, sondern dass sie auch als literaturwissenschaftliches Deutungsschema verwendet wurde (und wird) – eine Tatsache, die in jüngster Zeit selbst zum Gegenstand der Germanistik wurde, indem psychoanalytische Literaturdeutungen von Musils Texten untersucht wurden (vgl. Pfohlmann 2003).

Fragen und Anregungen

- Welche Grundüberzeugung vertreten Tiefenpsychologen?
- Welche Bedeutung hat das freie Assoziieren in der Psychoanalyse?
- Wie lässt sich das Verhältnis von Tiefenpsychologie und Literatur charakterisieren?
- Überlegen Sie, welche besonderen Erzähltechniken durch das tiefenpsychologische Interesse begünstigt wurden.
- Inwiefern bekommt das Figurenbewusstsein in Erzähltexten nach 1900 eine tiefenpsychologische Dimension?

Lektüreempfehlungen

- **Alfred Döblin: Die Ermordung einer Butterblume** [1910], in: ders., Die Ermordung einer Butterblume und andere Erzählungen, hg. v. Christina Althen, München 2004, S. 63–77.   *Quellen*

- **Robert Musil: Die Verwirrungen des Zöglings Törleß** [1906], 54. Auflage, Hamburg 2005.

- **Rainer Maria Rilke: Die Aufzeichnungen des Malte Laurids Brigge** [1910], hg. und kommentiert v. Manfred Engel, Stuttgart 1997.

- **Arthur Schnitzler: Lieutenant Gustl. Novelle** [1900], hg. v. Konstanze Fliedl mit Anmerkungen v. Evelyne Polt-Heinzl, Stuttgart 2002.

- **Thomas Anz (Hg.): Psychoanalyse in der modernen Literatur. Ko-** *Forschung* **operation und Konkurrenz**, Würzburg 1999. *Sammelband, dessen einzelne Beiträge Dichter vom Jungen Wien bis in die Zeit nach dem Expressionismus behandeln.*

- Thomas Anz / Oliver Pfohlmann (Hg.): Psychoanalyse in der literarischen Moderne. Eine Dokumentation, Bd. 1: Einleitung und Wiener Moderne, Marburg 2006. *Quellensammlung zur Rezeption Freuds bei Bahr, Karl Kraus, Hofmannsthal und Schnitzler. Mit instruktiven Einführungen zu den jeweiligen Autoren.*

- Karl Corino: Ödipus oder Orest? Robert Musil und die Psychoanalyse, in: Uwe Baur / Dietmar Goltschnigg (Hg.), Vom *Törleß* zum *Mann ohne Eigenschaften*. Grazer Musil-Symposion 1972, München / Salzburg 1973, S. 123–235. *Klassische Studie zu Musils Verhältnis zur Psychoanalyse, die selbst zum Teil psychoanalytisch argumentiert.*

- Ernst Pfeiffer: Rilke und die Psychoanalyse, in: Literaturwissenschaftliches Jahrbuch 17, 1976, S. 247–320. *Umfangreicher Standardaufsatz, der unter Einbeziehung vieler Dokumente Rilkes Verhältnis zur Psychoanalyse (und zu Lou Andreas-Salomé) darstellt und einzelne Dichtungen Rilkes interpretiert.*

- Horst Thomé: Autonomes Ich und ‚inneres Ausland'. Studien über Realismus, Tiefenpsychologie und Psychiatrie in deutschen Erzähltexten (1848–1914), Tübingen 1993. *Umfangreiche und differenzierte Studie u. a. zum Phänomen der Hysterie, zu Bahr und Schnitzler.*

- Michael Worbs: Nervenkunst. Literatur und Psychoanalyse im Wien der Jahrhundertwende, Frankfurt a. M. 1983. *Grundlegende Studie zur Frage nach der Bedeutung der Psychoanalyse für Bahr, Karl Kraus, Schnitzler und Hofmannsthal. In Teilen inzwischen von der Forschung weiter differenziert und korrigiert (z. B. für Schnitzler), aber dennoch nach wie vor sehr erhellend.*

10 Sprachkrise und neue Ausdrucksformen

Abbildung 10: Loïe Fuller, amerikanische Tänzerin und Schauspielerin (1897), Fotografie von Isaiah West Taber

SPRACHKRISE UND NEUE AUSDRUCKSFORMEN

Das Foto zeigt einen der berühmten Tänze von Loïe Fuller (1862–1928), einer amerikanischen Schauspielerin und Tänzerin, die 1892 eine Tournee durch Europa machte und so erfolgreich war, dass sie während der Pariser Weltausstellung 1900 in einem eigenen Pavillon auftrat. In ihrem „Serpentintanz" tanzte sie in Drehbewegungen mit einem langen Umhang, den sie durch patentierte Stäbe herumwirbeln konnte. Musik und elektrische Beleuchtung mit verschiedenen Farben gehörten zu diesem Spektakel. Fullers Ausdruckstänze (z. B. „Die Nacht") rissen auch Künstler, darunter den Bildhauer Auguste Rodin oder den Lyriker Stéphane Mallarmé, zu Begeisterungsstürmen hin. Gerade Schriftsteller zeigten sich fasziniert von der Möglichkeit, mit dem eigenen Körper und ohne Worte Bedeutung oder gar Poesie zu erzeugen. Selbst ein Autor wie Arno Holz, dem man gewöhnlich ein eher mimetisches Kunstverständnis zuschreibt, war fasziniert: „Die Freude, die Trauer, den Traum, die Nacht [...] – sie tanzt alles!" (Holz 1924f., Bd. 10, S. 188f.).

Die Begeisterung für nonverbale Ausdrucksformen um 1900 verweist auf eine um jene Zeit tief empfundene Skepsis gegenüber den Möglichkeiten des sprachlichen Ausdrucks. Ausdruckstanz, Pantomime, der Stummfilm und selbst Krankheiten wie die Hysterie, bei der sich nach damaliger Auffassung seelisches Leiden in körperliche Krankheitsbilder transformierte (→ KAPITEL 9.1), wurden zu Formen wahren und wesenhaften Ausdrucks erhoben. In der Sprache schien dieser kaum mehr möglich zu sein. Die Sprachkrise und alternative Ausdrucksformen stehen um 1900 in einem Problemzusammenhang, der selbst wiederum vor dem Hintergrund der Erkenntnisskepsis gesehen werden muss. Welche Formulierungen fanden Dichter und Philosophen für die Sprachkrise? Welche Alternativen zur Literatursprache wurden ausprobiert? Und wie beeinflusste die Sprachkrise die weitere Entwicklung der Literatur?

10.1 **Entstehung der Sprachskepsis**
10.2 **Sprachkrise bei Hofmannsthal**
10.3 **Auswege und Alternativen**
10.4 **Vom Expressionismus zum Dadaismus**

10.1 Entstehung der Sprachskepsis

Um zu erahnen, was mit der Sprache um 1900 in die Krise geriet, muss man sich die idealistische Hochschätzung der Begriffe vor Augen halten, die einen wichtigen Teil der Sprache ausmachen. Der Begriff war für den Philosophen Georg Friedrich Wilhelm Hegel (1770–1831) nicht bloß eine subjektive Vorstellung oder Medium intersubjektiver Kommunikation, sondern das Wesen eines Dinges selbst, die ihm zugrunde liegende Vernunft. Auf den Begriffen beruhe alle Wahrheit und Wirklichkeit, sie sind nach Hegel das Höchste im Denken. Sie zu analysieren und damit die Wirklichkeit zu erkennen, sei die Aufgabe der Philosophie. Diese Begriffe bestimmten in popularisierter Form auch die Sprache weiter Kreise des Bildungsbürgertums – man denke nur an die Inschriften von Universitäten und anderen Bauten wie der Frankfurter Oper, die die Worte „Dem Wahren Schönen Guten" auf dem Fries trägt.

Hegels Hochschätzung der Begriffe

Dem entsprach im Realismus ein grundsätzliches Vertrauen in die Welthaltigkeit der Sprache. Zwar wurde zuweilen das Scheitern von Kommunikation dargestellt, aber grundsätzlich wurde angenommen, dass sich zumindest alle wichtigen Erfahrungen so verbalisieren ließen, dass sie in ihrer sprachlichen Form der Wirklichkeit entsprachen. Der Literaturprogrammatik des Realismus zufolge gab Dichtung also die Welt in ihrer wahren Gestalt wieder (→ ASB STOCKINGER).

Sprache im Realismus ...

Der Naturalismus wendete sich zuerst gegen eine allzu eingeschliffene Literatur- und Bildungssprache. Der Lyriker Karl Henckell wetterte beispielsweise in seiner Einleitung zur Anthologie *Moderne Dichter-Charaktere* (1885) gegen epigonale „Phrasendrescher und Reimpolterer" (Henckell in: Arent 1885, S. VI) wie den Schriftsteller Albert Träger. Die naturalistischen Autoren fühlten sich dem Positivismus verpflichtet, der eine genaue Registrierung der Tatsachen verlangte (→ KAPITEL 7). Das erforderte jedoch eine neue Sprache. Besonders zwingend wurde diese Forderung bei der Gestaltung alltäglicher Dialoge, beispielsweise im Drama. Angehörige der Unterschicht verfügten nicht über die nötige Sprachkompetenz, um ihre Gedanken und Gefühle auszudrücken. Diese eingeschränkte Ausdrucksfähigkeit fand nun Eingang in naturalistische Werke, wie *Die Familie Selicke* (1890) von Arno Holz und Johannes Schlaf zeigt, und ließ die Schriftsprache ungewöhnlich und auffällig erscheinen. Gleichwohl war diese literarische Gestaltung mit keinem grundsätzlichen Zweifel an der Sprache verbunden.

... und im Naturalismus

Trotzdem wurde die Sprache etwa ab den 1870er-Jahren vom selbstverständlich benutzten Medium zum Problem. Warum war das

SPRACHKRISE UND NEUE AUSDRUCKSFORMEN

Gründe für die Sprachkrise

so? Zum einen wurde diese Entwicklung besonders auf die weite Verbreitung neuer Medien wie Zeitung und Werbung zurückgeführt. Der Wiener Publizist und Schriftsteller Karl Kraus polemisierte beispielsweise in seiner Zeitung *Die Fackel* (1899–1936) vielfach gegen den nachlässigen Sprachgebrauch im Journalismus (vgl. Göttsche 1987, S. 51f.). Ein weiterer Grund für die Sprachskepsis ist vielleicht darin zu suchen, dass die neuen Ergebnisse der Naturwissenschaften nicht mehr sprachlich, sondern nur noch in Formeln (chemische Formeln, mathematische Gleichungen) ausgedrückt werden konnten (vgl. Landauer 1903, S. 142). Mit der gängigen Sprache war offenbar nicht alles beschreibbar, was existierte. Die Dichter der Zeit standen zusätzlich vor einem weiteren Problem: Die Literatursprache schien abgenutzt und schablonenhaft zu sein. Arno Holz zeigte dies anhand von Reimworten: „Der Erste, der [...] auf Sonne Wonne reimte, auf Herz Schmerz und auf Brust Lust, war ein Genie; der Tausendste [...] ein Kretin." (Holz 1899, S. 26) Das war zunächst nur ein Argument für die Abschaffung des Reims, denn Holz glaubte durchaus an einen natürlichen Ausdruckswert der Worte. Doch wird durch solche Überlegungen deutlich, dass man die konventionelle Literatursprache um 1900 als Problem empfand.

Erkenntniskrise und Sprachkrise

Die Sprachkrise um 1900 steht in einem engen Zusammenhang mit der zeitgleich entstehenden Erkenntniskrise in der Philosophie und muss darum vor diesem Hintergrund beschrieben und erklärt werden. Diese Beziehung kann an Friedrich Nietzsches Schrift *Ueber Wahrheit und Lüge im aussermoralischen Sinne* (1873) exemplarisch verdeutlicht werden. In diesem kurzen Text nimmt Nietzsche eine erkenntnisskeptische Position ein (→ KAPITEL 8.1), indem er fragt, ob Begriffe zur Erkenntnis der Wirklichkeit taugen: „Ist die Sprache der adäquate Ausdruck aller Realitäten?" (Nietzsche 1967ff., Bd. III/2, S. 372), will Nietzsche dort wissen und verneint sogleich. Seine Gründe sind im Wesentlichen:

- Sprache ist nur konventionell geregelt und hat die Funktion, eine Gemeinschaft zusammenzuhalten. Die Verwendung der Worte „Wahrheit" und „Lüge" unterliegt Sprachregelungen und sagt nichts über die Wirklichkeit aus.
- Sprache ist metaphorisch in dem Sinn, dass mehrmals die Sphäre gewechselt wird, bis ein Wort entsteht. Der Mensch überträgt einen (optischen, akustischen usw.) Nervenreiz in ein inneres Bild und schließlich in eine Lautfolge.
- Die Wahrnehmung der Wirklichkeit (der Nervenreiz) ist stets subjektiv, sodass keine objektive Erfahrung, geschweige denn eine ob-

jektive Versprachlichung der Realität möglich ist. Was einer als „hart" empfindet, ist dem anderen „weich", usw.
- Worte benennen willkürlich abgegrenzte Bereiche der Wirklichkeit: Das Wort „Schlange" benennt an dem Tier nur das Sichwinden und könnte ebenso dem Wurm zukommen; die grammatikalischen Geschlechter werden ganz willkürlich vergeben, usw.
- Begriffe entstehen stets durch Gleichsetzung des Ungleichen. Das „Blatt" gibt es nicht, sondern nur unzählig viele verschiedene Blätter.

Die Sprache stammt für Nietzsche deshalb nicht aus dem Wesen der Dinge, sondern aus „Wolkenkukuksheim", und Wahrheit, so eine berühmte Formulierung, ist nur ein „bewegliches Heer von Metaphern, Metonymien, Anthropomorphismen" (Nietzsche 1967ff., Bd. III/2, S. 373f.).

Dass Nietzsche mit seiner Sprachkritik nicht alleine stand, zeigt ein Blick auf seinen Zeitgenossen Hans Vaihinger. Auch dieser entlarvte die Begriffe als „Fiktionen", betonte allerdings gemäß seinem eigenen Ansatz, dass Fiktionen häufig brauchbare Denkhilfen seien (vgl. Vaihinger 1913, S. 53f., 383–412). Dieser Gedanke findet sich in ähnlicher Form auch beim Physiker und Philosophen Ernst Mach. Begriffe sind laut diesem für bestimmte Zwecke hinreichend an die Wirklichkeit angepasst. Allerdings kann ein neuer (etwa technischer) Umgang mit der Wirklichkeit zur Entwicklung genauerer oder neuer Begriffe beitragen. Begriffe passen zur Realität immer nur für bestimmte Zwecke und Aufgaben. Machs und Vaihingers Überlegungen sind pragmatischer als diejenigen Nietzsches. Nietzsche problematisierte die Sprache, weil sie ihm zufolge die Welt, wie sie wirklich ist, nicht ausdrücken kann. Vaihinger und insbesondere Mach hoben dagegen hervor, dass sich Fiktionen bzw. Begriffe im Alltag häufig bewähren und somit eine Bewältigung der Realität ermöglichen, selbst wenn sie die Erkenntnis von Wahrheit in einem emphatischen Sinn nicht ermöglichen.

Begriffe als brauchbare Denkhilfen

Eines der umfänglichsten Dokumente der Sprach- und Erkenntniskrise der Jahrhundertwende ist das dreibändige Werk *Beiträge zu einer Kritik der Sprache* (1901/02) des Philosophen Fritz Mauthner. Mauthner griff u. a. die Überlegungen Nietzsches und Machs auf und wurde beispielsweise von Hugo von Hofmannsthal rezipiert, weshalb dem Sprachphilosophen eine wichtige Mittlerstellung zwischen Wissenschaft und Literatur zuzusprechen ist. Mauthner wandte sich gegen idealistische Positionen, die ihm zufolge ein perfektes Zusammenpassen von Welt und Erkenntnisapparat annahmen. Stattdessen

Mauthners Beiträge zu einer Kritik der Sprache

Mittlerstellung

übernahm er den darwinistischen Gedanken, dass sich der Mensch im Laufe der Evolution mehr oder weniger gut an seine Umwelt angepasst habe. Da der Zufall bei diesem Prozess eine Rolle spielte, waren für Mauthner unsere Sinne „Zufallssinne". Somit waren die Begriffe an die Sinne gekoppelt. Fasst man letztere als zufällig auf, dann werden auch die Begriffe zufällig: „Die Aussenwelt ist ein Ozean von Wirklichkeiten und Möglichkeiten, von Elementen und Kräften, vielleicht von wirklich gewordenen Möglichkeiten. Was wissen wir davon?". Für die praktischen Lebenszusammenhänge sei Sprache allerdings geeignet, und auch für das Dichten, wenn es Stimmungen evozieren möchte und keinen Wahrheitsanspruch erhebe (vgl. Mauthner 1901f., Bd. 1, S. 295f., 86–142).

Zufall

Während der Idealismus durch die Analyse von Begriffen zum Wesen der Dinge vordringen wollte, kamen philosophische und psychologische Sprachkritik um 1900 zu dem Ergebnis, dass die Sprache zur Erkenntnis der Welt ein sehr problematisches Medium ist. Und während Dichter bis ins späte 19. Jahrhundert hinein davon ausgegangen waren, dass ihre sprachlichen Werke eine tiefe Wahrheit enthalten, fingen um 1900 viele Autoren an, eben daran zu zweifeln.

10.2 Sprachkrise bei Hofmannsthal

Hofmannsthals Ein Brief

Als Mauthner 1902 Hugo von Hofmannsthals *Ein Brief* (1902; besser bekannt unter dem Titel „Chandos-Brief") las, fiel ihm die Nähe zu seinen eigenen Überlegungen auf. Er wandte sich deshalb brieflich an Hofmannsthal, der ihm bestätigte, den ersten Band der *Beiträge* zu kennen. Er fügte jedoch hinzu, schon zuvor ähnliche Gedanken gehabt zu haben (vgl. Hofmannsthal 1975ff., Bd. 31, S. 286f.). Das vielschichtige Werk von Hofmannsthal ist tatsächlich keine bloße Übertragung von Mauthners Gedanken in Dichtung und auch kein spontaner Ausdruck einer Schaffenskrise; vielmehr kondensierte sich im Chandos-Brief ein Thema, das Hofmannsthal lebenslang beschäftigte und das sein Dichten stets begleitete. In dem fiktiven Brief eines ebenso fiktiven Lord Chandos an den Naturwissenschaftler und Philosophen Francis Bacon (1561–1626) entschuldigt sich Chandos für sein zwei Jahre währendes Schweigen. In Chandos' Bericht wird deutlich, dass sein Leben in zwei aufeinander folgende diskontinuierliche Phasen zerfallen ist, die er selbst als identitätsgefährdend ansieht: „Kaum weiß ich, ob ich noch derselbe bin" (Hofmannsthal 1975ff., Bd. 31, S. 45).

Zwei Phasen

In der ersten Phase empfand Chandos noch „das ganze Dasein als eine große Einheit". Er selbst war „mitten drinnen" unter den Dingen, die sich wechselseitig erläuterten. Diese Welterkenntnis erfuhr er als Selbsterkenntnis und konnte sie sprachlich unter Rückbezug auf die antike Mythenwelt und die Rhetorik formulieren. Es war die Zeit, in der der „vereinfachende[ ] Blick der Gewohnheit" problemlos funktionierte. Die zweite Phase nun, in der er sich zum Zeitpunkt des Schreibens befindet, ist durch den Verlust dieses unbefangenen Blicks geprägt. Er berichtet, wie ihm zunächst die aus der metaphysischen Tradition stammenden Begriffe wie „Seele" oder „Geist" ungenügend erschienen und wie in einem zweiten Schritt alle abstrakten Begriffe und damit die auf ihnen beruhenden Werturteile fragwürdig wurden: „Es ist mir völlig die Fähigkeit abhanden gekommen, über irgend etwas zusammenhängend zu denken oder zu sprechen" (Hofmannsthal 1975ff., Bd. 31, S. 47–49). Nun wird es ihm sogar schwer, seinem Kind eine Lüge zu verbieten, eben weil man dazu mit den Begriffen „Wahrheit" und „Lüge" Konzepte und Werte verbinden müsste. Auf die Begriffe der Antike kann er nicht mehr zurückgreifen, weil er nur ihre Bezüge untereinander wahrnimmt und sie sein Inneres nicht mehr adäquat zum Ausdruck bringen.

Große Einheit

Verlust des unbefangenen Blicks

Innerhalb dieses Zustandes gibt es nun Augenblicke, in denen er eine neue Einheit mit der Welt zu spüren glaubt. Diese Momente überfallen ihn geradezu, weder kann er sie kontrollieren noch können Urteile oder gar Handlungen daran anschließen. In diesen Momenten wird er durch die „Gegenwart des Unendlichen" (Hofmannsthal 1975ff., Bd. 31, S. 52) bis zur Sprachlosigkeit erschüttert. Diese Augenblicke neuer Totalitäts- und Einheitserfahrung, die vor dem Hintergrund des zeitgenössischen Monismus und der gleichzeitigen Mystik-Rezeption gesehen werden müssen (→ KAPITEL 5; vgl. Fick 1993, S. 345–347.), entzünden sich gerade nicht an traditionell erhabenen Gegenständen (wie dem Sternenhimmel oder dem Orgelklang), sondern an unbedeutenden Dingen (wie Käfern, Karrenwegen, Steinen etc.), die zum „Gefäß meiner Offenbarung" werden können. Einheit und Grenzen des Ich bleiben in dieser zweiten Phase jedoch stets gefährdet. Chandos' neue Sprache, die er eine Sprache der „stummen Dinge" nennt, bleibt vage und scheint ihm nur im Tod möglich zu sein (Hofmannsthal 1975ff., Bd. 31, S. 50, 54).

Mystische Augenblicke

Die epochale Bedeutung von *Ein Brief* wird deutlich, wenn man erkennt, wie allgegenwärtig das Unbehagen an der Sprache um 1900 war und letztlich bis heute geblieben ist. So ist beispielsweise Robert Musils Denken und Schreiben davon geprägt. Schon das Motto sei-

Epochale Bedeutung

nes 1906 erschienenen Romans *Die Verwirrungen des Zöglings Törleß* („Sobald wir etwas aussprechen, entwerten wir es seltsam.") ist sprachkritisch inspiriert, und der Protagonist des Romans wird vom Versagen der Worte angesichts seiner „anderen Zustände" gequält (→ KAPITEL 9.3). In Arthur Schnitzlers Einakter-Zyklus *Anatol* (1892) kann die gleichnamige Hauptfigur die entscheidende Frage nach der Treue seiner Freundin nicht formulieren (vgl. Schnitzler 1961ff., Bd. 3, S. 36–41). Malte stellt in Rainer Maria Rilkes *Die Aufzeichnungen des Malte Laurids Brigge* (1910) fest, dass er noch nie jemanden erzählen gehört habe (vgl. Rilke 1996, Bd. 2, S. 557). Der siebzehnjährige Franz Kafka schrieb ins Album einer Freundin:

„Wie viele Worte in dem Buche stehn! Erinnern sollen sie! Als ob Worte erinnern könnten! Denn Worte sind schlechte Bergsteiger und schlechte Bergmänner. Sie holen nicht die Schätze von den Bergeshöhn und nicht die von den Bergestiefen!" (Kafka in: Alt 1985, S. 455)

Allen diesen Aussagen liegen Zweifel daran zugrunde, dass mithilfe der Sprache wesentliche Einsichten gültig formuliert werden können.

Über dieses Unbehagen an der Sprache hinausgehend sucht Chandos nach einer neuen Sprache, die, so seine Hoffnung, von den Dingen selbst stammt und mit der er seine neuen Totalitätserfahrungen ausdrücken kann. Diese Suche nach neuen Ausdrucksmöglichkeiten, nach Auswegen aus der Sprachkrise, ist ebenfalls signifikant für die Zeit um 1900.

Neue Sprache?

10.3 Auswege und Alternativen

Unterschiedliche Konzepte und Kulturtechniken antworteten um 1900 auf das Bedürfnis nach neuen, nichtsprachlichen Ausdrucksmöglichkeiten. Drei Tendenzen lassen sich in der Kunst unterscheiden, die mitunter schwer voneinander zu trennen sind:

Möglichkeiten neuen Ausdrucks

1. Man vertraute auf die Sinnhaftigkeit körperlicher Ausdrucksformen wie sie im Tanz möglich schien (vgl. Braungart 1995). Auch die Pantomime oder der Stummfilm wurden geschätzt, weil sie ohne Sprache auskamen.
2. Schriftsteller setzten auf eine unkonventionelle Sprachverwendung und begründeten diese häufig unter Rückgriff auf mystische Alleinheitserfahrungen (vgl. Spörl 1997). Die Darstellung des Verstummens oder Schweigens gehört ebenfalls in diesen Bereich,

weil diese seit jeher Ausdruck einer nicht artikulierbaren Gottes- oder Ganzheitserfahrung jenseits herkömmlicher Sprache waren.
3. Ein weiterer Ausweg bestand darin, auf Sinn ganz zu verzichten und lediglich mit der materiellen Seite der Sprache zu spielen. Christian Morgenstern ging mit seinen *Galgenliedern* (1905) diesen Weg, der sich bis zum Dadaismus verfolgen lässt (vgl. Kemper 1974, S. 149–205).

Der damals neue Ausdruckstanz transportierte in den Augen der Zeitgenossen eine unmittelbare Bedeutung ohne Sprache und losgelöst von den Konventionen der traditionellen Gesellschaftstänze. Der Übergang von der gesprochenen Sprache zum körperlichen Ausdrucksmedium des Tanzes lässt sich paradigmatisch an Hofmannsthals einaktigem Blankversdrama *Elektra* (1903) festmachen.

<small>Ausdruckstanz</small>

Die Entstehung der *Elektra* ist mit den *Studien über Hysterie* der Tiefenpsychologen Sigmund Freud und Josef Breuer bzw. ihrer Rezeption bei Hermann Bahr verwoben. Michael Worbs legte nahe, dass für die Gestaltung der Elektra Breuers Fallgeschichte der Anna O. aus den *Studien* als Inspirationsquelle diente (zuletzt Worbs 1999 – dort warnt er aber auch vor einer Verabsolutierung dieses Aspekts). Wie Anna O. leidet Elektra an einer Dissoziierung des Bewusstseins, die ihre Ursache im Tod des Vaters hat (vgl. Worbs 1983, S. 280–295). Ihr Verhalten ist durch Wiederholungszwänge („Immer, wenn die Sonne tief steht, / liegt sie und stöhnt."), hypnotische Zustände (sie wird aus ihrem ersten Monolog, der „[g]egen den Boden" gesprochen ist, wie ein „Nachtwandler" gerissen, der seinen Namen hört) und das Nicht-Vergessen-Können des Mordes („ich bin kein Vieh, i c h kann nicht / vergessen!") gekennzeichnet. Das wilde Gebaren der Protagonistin deutet bereits auf eine authentische Ausdruckskraft jenseits der Sprache (Hofmannsthal 1975ff., Bd. 7, S. 63, 66, 68, 72).

<small>Hofmannsthals *Elektra*</small>

<small>Gespaltenes Bewusstsein</small>

Im Kontext der Sprachkrise ist das Ende der *Elektra* von besonderem Interesse. Elektra, deren Vater Agamemnon von Aegisth erschlagen wurde, ist ganz durch ihre Erinnerung und Rache geprägt, sie lebt gleichsam in der Vergangenheit. Als Aegisth ermordet wird, ist das Glück, das sie empfindet, kaum zu ertragen und noch weniger zu verbalisieren. Sie lebt nun ganz in der Gegenwart und tanzt am Schluss einen „namenlose[n] Tanz": „Wer glücklich ist wie wir, dem ziemt nur eins: / schweigen und tanzen!" (Hofmannsthal 1975ff., Bd. 7, S. 110) Das sind ihre letzten Worte, bevor sie zusammenbricht. Der Tanz ist hier Ausdruck ungehemmter Vitalität und höchsten Glücks, die nur kurz ertragen und nur körperlich ausgedrückt werden können (vgl. Rasch 1967, S. 70–72; Brandstetter 1995, S. 279–282).

<small>Elektras Tanz</small>

Autoren wie Mauthner, Hofmannsthal oder Musil begegneten den Sprachnöten mit unkonventioneller Sprachverwendung und legitimierten diese zum Teil durch mystische Traditionen. In der Mystik ging es nach weit verbreitetem Glauben um Erfahrungen – in der Regel Gottes- oder Alleinheitserfahrungen –, die sich kaum in Worte fassen ließen. Der Ausdruck dieser Erfahrungen durch Gleichnisse, die mitunter das Heterogenste zusammenbrachten, bot sich als Möglichkeit an, das Unaussprechliche anzudeuten. Musils Sprache ist hierfür beispielhaft. In seinem Roman *Die Verwirrungen des Zöglings Törleß* hält Törleß ein Gefühl für „Heimweh", das, so belehrt uns der Erzähler, in „Wirklichkeit [...] etwas viel Unbestimmteres und Zusammengesetzteres" (Musil 1952ff., Bd. 3, S. 17) sei. Der Erzähler benötigt nun viele Metaphern und Vergleiche, um dieses Gefühl mittelbar zu beschreiben. In Musils 38-seitiger Erzählung *Die Vollendung der Liebe* (1911) wurden gar 337 Vergleiche gezählt (vgl. Schröder 1966, S. 311). Das Ziel Musils ist es, größtmögliche Genauigkeit im Bereich des Seelischen zu erreichen. Da für Musil die Gefühle und Wahrnehmungen der Menschen auf eine letztliche Einheit von Ich und Welt, auf eine Vereinigung des Getrennten, hindeuten, eignen sich Vergleiche, Bilder und Metaphern dazu, diese Einheit anzudeuten. In ihnen wird Getrenntes sprachlich vereinigt, durch sie werden die „magischen Relikte einer verlorenen, möglichen Einheit" (Schröder 1966, S. 327) aktualisiert.

> Musils Genauigkeit

Eine andere Möglichkeit des Ausdrucks schien in einer – allerdings paradoxen – Sprache des Schweigens zu liegen. Das Schweigen war seit der Antike und insbesondere in der mittelalterlichen Mystik die Reaktion auf eine Gotteserfahrung. Dichter und Philosophen wandten sich um 1900 also den mittelalterlichen Mystikern wie Meister Eckhart (um 1260–1328) oder auch dem Buddhismus zu, um Möglichkeiten einer nichtsprachlichen Wahrheitserfahrung zu erkunden. Hierfür steht beispielhaft Mauthners Freund Gustav Landauer, der die Sprachgrenzen durch Mystik zu überwinden suchte. In seinem Essay *Skepsis und Mystik* (1903) redete er angesichts der umfassenden Sprach- und Erkenntniskrise – er referiert zustimmend aus Mauthners *Beiträgen* – einer mystischen inneren Gemeinschaftserfahrung mit der Welt bzw. mit Gott das Wort. Auch der in seinem Frühwerk so sprachanalytische Philosoph Ludwig Wittgenstein räumte dem Unaussprechlichen in seinem *Tractatus logico-philosophicus* (1921, abgeschlossen 1918) einen Platz ein: „Es gibt allerdings Unaussprechliches. Dies *zeigt* sich, es ist das Mystische". Seine Abhandlung schließt er mit den berühmten Worten: „Wovon man

> Schweigen
>
> Mystik

nicht sprechen kann, darüber muß man schweigen" (Wittgenstein 2003, S. 111).

Während Musil sprachliche Genauigkeit bei der Wiedergabe von seelischen Vorgängen durch Vergleiche erzielen wollte, begegnete Christian Morgenstern der Sprachskepsis auf ganz andere Weise. Er leitete die klassische Phase der Nonsens-Dichtung in Deutschland ein, die sich dadurch auszeichnet, in sich zwar mehr oder weniger sinnvoll bzw. konsequent, aber sinnlos in Beziehung zur Außenwelt zu sein (vgl. Fricke 1997ff., Bd. 2, S. 718). Ab 1895 sammelte er in Berlin seine „Galgenbrüder" um sich, für die er seine übermütigen *Galgenlieder* (1905) schrieb. Seiner Nonsens-Dichtung lag dabei von Anfang an eine an Nietzsche und spätestens ab 1906 auch an Mauthner geschulte Sprach- und Erkenntnisskepsis zugrunde. Dadurch wurde seine Aufmerksamkeit auf die Sprache selbst gelenkt, die, einmal von der Last des Wirklichkeitsbezugs und der Bedeutung befreit, zum Spielmaterial werden konnte. Die „völlige Willkür der Sprache, in welcher unsere Welt begriffen liegt", ermöglichte das Programm einer „Umwortung aller Worte" (Morgenstern 1987ff., Bd. 5, S. 147f.), wie er sprachspielerisch im Anschluss an Nietzsches „Umwertung aller Werte" formulierte. In den *Galgenliedern* erfand er Tiere wie das Nasobēm, die nur der eigenen „Leyer" entsprangen (*Das Nasobēm*), oder ließ ein Wiesel auf einem Kiesel sitzen, nur „um des Reimes willen" (*Das ästhetische Wiesel*). Der sprachkritische Impetus wird an dem Gedicht *Die Westküsten* besonders deutlich (vgl. Spitzer 1918, S. 55f.). Diese Westküsten unterzeichnen eine Resolution, in der sie erklären, es gebe sie nicht – schließlich kommt ihnen die Bestimmung „West" nur von einem bestimmten Standpunkt aus zu. Als sie diese Resolution verbreiten wollen, merken sie, dass auch die anderen Dinge unpassende Namen haben. Der „Walfisch", der ja selbst kein Fisch ist, entgegnet: „Dein Denken, liebe Küste, dein Denken macht mich erst dazu". Jede Bezeichnung klassifiziert, weist dem Ding einen bestimmten Platz zu und wird damit der Wirklichkeit nicht gerecht. Die Sprache kommt für Morgenstern tatsächlich aus „Wolkenkukuksheim" (Nietzsche), nicht aus dem Wesen der Dinge. Angesichts von Morgensterns sprachspielerischer Sinnverweigerung verwundert es nicht, dass gelegentlich auch parodistische Anklänge, z. B. an die bedeutungsschweren Gedichte Stefan Georges, aufscheinen, so im Sonett *Die Priesterin* (vgl. Kretschmer 1983, S. 138f.).

In dem Lautgedicht *Das große Lalulā* (entstanden um 1895/96), das zu den kultischen Liedern der Galgenbrüder gehörte, verzichtete Morgenstern schließlich (bis auf den Titel) ganz auf das Wort als Be-

Nonsens-Dichtung

„Umwortung aller Worte"

Lautgedicht

deutungsträger – eine Innovation, die nicht folgenlos bleiben sollte und z. B. vom Dadaismus aufgegriffen wurde:

> Christian Morgenstern: *Das große Lalulā* (1905)
>
> Kroklokwafzi? Seṁemeṁi!
> Seiokrontro – prafriplo:
> Bifzi, bafzi; hulaleṁi:
> quasti basti bo ...
> Lalu lalu lalu lalu la!
>
> Hontraruru miromente
> zasku zes rü rü?
> Entepente, leiolente
> klekwapufzi lü?
> Lalu lalu lalu lalu la!
>
> Simarar kos malzipempu
> silzuzankunkrei (;)!
> Marjomar dos: Quempu Lempu
> Siri Suri Sei [ ]!
> Lalu lalu lalu lalu la!
> (Morgenstern 1987ff., Bd. 3, S. 61)

Formale Struktur — Dass dieses Gedicht kunstvoll mit Binnenreimen, Assonanzen und Alliterationen arbeitet und männliche bzw. weibliche Reime besitzt (→ ASB FELSNER/HELBIG/MANZ), hat Hans-Georg Kemper gezeigt (vgl. Kemper 1974, S. 150–157). An den klanghaften Sprachschöpfungen und an der sich im Gedicht äußernden Lust zur Sinnverweigerung wird jedoch deutlich, dass hier vor allem Ausdrucksmöglichkeiten jenseits der Bedeutungsfunktion der Sprache geschaffen wurden.

10.4 Vom Expressionismus zum Dadaismus

Wortkunsttheorie im Sturm-Kreis — Die Sprachkrise prägte auch die Dichter des Expressionismus. Die Wortkunsttheorien im Umkreis der expressionistischen Zeitschrift *Der Sturm* (1910–32) lassen sich beispielsweise am besten vor dem Hintergrund der Sprachkrise verstehen. August Stramms Gedichte gelten als exemplarische Verwirklichungen dieser Theorien. Stramm führte mit seinem Freund Hans Blüher „nächtelange Gespräche über das Wesen der Sprache" (Blüher in: Stramm 1963, S. 428) und kannte die Überlegungen der zeitgenössischen Sprachphilosophie. So ist auch diesem Expressionisten die Kombination von Sprachskepsis und Mystizismus nachgewiesen worden (vgl. Mandalka 1992). Im

Umkreis des *Sturm* wurde seit 1914 eine Wortkunsttheorie entwickelt, an der Stramm durch seine dichterische Praxis ebenso beteiligt war wie der Herausgeber des *Sturm*, Herwarth Walden, und die Dichter Rudolf Blümner und Lothar Schreyer. In Abgrenzung zur Prosa-Schriftstellerei, die mit Begriffen operiere, erklärten sie in Anlehnung an Ausführungen von Arno Holz das Wort zum Baustein der Dichtung. Logik und Grammatik der Sprache, aber auch ein festes Metrum und die traditionellen Gedichtformen wurden abgewertet. Stattdessen orientierte man sich am Rhythmus der Worte und suchte nach ihrer Ur-Bedeutung jenseits der Sprachkonventionen. Der Glaube an eine solche in der Etymologie versteckte und von der Alltagssprache verdeckte Ur-Bedeutung unterscheidet die Wortkunst-Theoretiker von radikaleren Positionen, wie sie z. B. Nietzsche oder Mauthner formulierten. Im *Sturm* wurden auch die Manifeste des italienischen Futuristen Filippo Tommaso Marinetti (1876–1944) veröffentlicht, der ebenfalls die Grammatik verdammte, sich im *Technischen Manifest der futuristischen Literatur* (1912) gegen die Verwendung von Adjektiven und Adverbien aussprach und Verben nur im Infinitiv gelten lassen wollte (vgl. Marinetti in: Schmidt-Bergmann 1993, S. 282–288.; Pirsich 1985, S. 192–213).

Ur-Bedeutung

Stramm wurde durch dieses Umfeld zu einer abstrakten Form des lyrischen Expressionismus angeregt, bei dem er auf der Suche nach dem „einzige[n], allessagende[n] Wort" war (Stramm an Herwarth Walden, 11.6.1914 in: Stramm 1963, S. 427), das unabhängig von der Grammatik Empfindungskomplexe beim Leser wecken sollte. Im Extremfall bestehen seine Gedichte aus Einwortversen, wie in *Weltwehe*, ein Gedicht, dessen Worte den im Titel genannten Erfahrungsraum evozieren sollen:

Einwortvers

„Nichts Nichts Nichts
Haucht
Nichts
Hauchen
Nichts
Hauch
Wägen
Wägen wegen
[...]"
(Stramm 1963, S. 59)

Aus der hier entwickelten Perspektive lässt sich schließlich ein Blick auf die sich an den Expressionismus anschließende künstlerische Bewegung des Dadaismus werfen. In dem Ersten Dadaistische Manifest

Dadaismus

(1916) versprach Hugo Ball mit anarchistischem Humor, das Aussprechen des Wortes „Dada" bringe „ewige Seligkeit", und er fragte: „Warum kann der Baum nicht ‚Pluplusch' heißen? und ‚Pluplubasch', wenn es geregnet hat?" (Ball 1988, S. 39f.). Diesen ungewöhnlichen Überlegungen lagen Einsichten in die Willkürlichkeit der Begriffe ebenso zugrunde wie die Kritik an der abgegriffenen Münze der journalistischen Sprache. Sie waren eines der Mittel, mit denen der Dadaismus die radikale Subversion gesellschaftlicher Normen und künstlerischer Traditionen betrieb, die die ganze Bewegung auszeichnet.

Radikale Subversion

Offenbar ohne Kenntnis der Morgenstern'schen Gedichte schrieb Hugo Ball im gleichen Jahr in sein Tagebuch, dass er eine „neue Gattung von Versen erfunden" habe, nämlich „Lautgedichte" (Ball 1992, S. 105). Seine Lautgedichte, z. B. *Gadji beri bimba, Zug der Elefanten* (besser bekannt unter dem Titel des Erstdrucks *Karawane*) oder *Wolken*, führte er 1916 im Züricher Cabaret Voltaire auf. Er stand dabei in einer Pappsäule, hatte einen Mantelkragen aus Pappe um und einen Schamanenhut auf. Die Gedichte las er von Notenständern ab und verfiel gegen Ende in den „Stil des Meßgesangs" (Ball 1992, S. 106; → ASB DELABAR). Zweifellos gehören diese Gedichte und ihre dadaistische Rezitation in den Problemzusammenhang der Sprachkrise, wie er oben anhand der Ausführungen zu Nietzsche, Mauthner und Landauer dargestellt wurde. Ball sprach vor der Aufführung einige programmatische Worte und betonte, dass die Sprache durch den Journalismus verdorben sei und dass sich in seinen Lautgedichten die Dichtung in „ihren letzten heiligsten Bezirk" (Ball 1992, S. 106) zurückgezogen habe. Balls Inszenierung war also nicht nur eine Sabotage des als bürgerlich empfundenen Sinnbedürfnisses, sie präsentierte nicht nur den „Sprachschutt zerborstener Weltbilder" (Korte 1997, S. 49), sondern hatte gewissermaßen eine mystische ‚Rückseite'. Auf die mystische Seite des Dadaismus, die Landauers Konzeption von *Skepsis und Mystik* verwandt war (vgl. Berg 2004, S. 128–132), verwiesen der feierliche Ton, die an einen mittelalterlichen Bischoff gemahnende Verkleidung, die Begleitung der Aufführung durch Trommeln und nicht zuletzt die Lautgedichte selbst, die mitunter an Sprachen erinnerten, die man damals für besonders urtümlich und natürlich hielt, nämlich an afrikanische oder indonesische Sprachen. Die Veranstaltung war natürlich so komisch, dass sich Ball das Lachen nur mühsam verkneifen konnte. Trotz dieser Komik deutete sich in den mystischen Elementen der Rezitation schon eine ernsthafte Entscheidung an, nämlich Balls Konversion zum Katholizismus nach

Cabaret Voltaire

Mystische Seite

1920. Er überwand die Sprachkrise also auf seine Art: durch den Glauben an das göttliche Wort.

Fragen und Anregungen

- Worin stimmen die unterschiedlichen sprachskeptischen Philosophen Nietzsche, Mauthner und Landauer überein?

- Lesen Sie *Ein Brief* von Hofmannsthal und erläutern Sie, wie der Text die Sprachkrise seiner Zeit literarisch gestaltet.

- Welche alternativen Ausdrucksmöglichkeiten wurden angesichts der Sprachkrise gesucht?

- Welche Versuche gab es um 1900, der Sprache wieder Bedeutung zuzuweisen?

- Lesen Sie das expressionistische Lautgedicht *Ango Laina* (1921) von Rudolf Blümner und interpretieren Sie es im Kontext der Sprachkrise.

Lektüreempfehlungen

- Hugo von Hofmannsthal: Ein Brief [1902], in: ders., Der Brief des Lord Chandos. Schriften zur Literatur, Kultur und Geschichte, hg. v. Mathias Mayer, Stuttgart 2000, S. 46–59.   *Quellen*

- Hugo von Hofmannsthal: Elektra. Tragödie in einem Aufzug [1903], hg. v. Andreas Thomasberger, Stuttgart 2001.

- Fritz Mauthner: Beiträge zu einer Kritik der Sprache, 3 Bde., 3. Auflage, Leipzig 1923 [Reprint Hildesheim 1969], Bd. 1, S. 68–90.

- Friedrich Nietzsche: Ueber Wahrheit und Lüge im aussermoralischen Sinne [1896; entstanden 1873], in: ders., Werke. Kritische Gesamtausgabe, hg. v. Giorgio Colli, Mazzino Montinari u. a., Berlin/New York 1967ff., Bd. III/2, S. 367–384.

- Hubert F. van den Berg: Sprachkrise als Zeitkrankheit. Hugo Ball   *Forschung*
und die Wiederfindung des Wortes, in: Reinhard Kacianka/Peter V. Zima (Hg.), Krise und Kritik der Sprache. Literatur zwischen

Spätmoderne und Postmoderne, Tübingen / Basel 2004,
S. 123–147. *Der Aufsatz zeichnet Balls Sprachreflexion bis zur „Wiederfindung des Wortes" nach, also bis zu Balls neuem Vertrauen in die Sprache durch die Konversion zum Katholizismus.*

- Gabriele Brandstetter: **Tanz-Lektüren. Körperbilder und Raumfiguren der Avantgarde**, Frankfurt a. M. 1995. *Das Buch behandelt den Umbruch vom klassischen Ballett zum Ausdruckstanz und setzt diesen Wandel in Beziehung zu literarischen Texten und zum Theater.*

- Georg Braungart: **Leibhafter Sinn. Der andere Diskurs der Moderne**, Tübingen 1995. *Die Studie zeigt, dass im Gegenzug zur Sprachskepsis um 1900 ein Vertrauen in den Sinn von Körpern und Dingen, ein leibhafter Sinn, entstand bzw. weiter tradiert wurde.*

- Dirk Göttsche: **Die Produktivität der Sprachkrise in der modernen Prosa**, Frankfurt a. M. 1987. *Diese Untersuchung zeichnet die Tradition der Sprachskepsis von der Jahrhundertwende (Mach, Mauthner, Hofmannsthal, Rilke) bis zu Ingeborg Bachmann, Peter Handke und Martin Walser in einzelnen Werkanalysen nach.*

- Hans-Georg Kemper: **Vom Expressionismus zum Dadaismus. Eine Einführung in die dadaistische Literatur**, Kronberg / Ts. 1974. *Das Kapitel von S. 149–205 behandelt das Lautgedicht von Christian Morgenstern bis Hugo Ball und geht dabei auf Sprachtheorien und Sprachkritik ein.*

11 Völkische Bewegung und Heimatkunst

Abbildung 11: Schauspieler auf der Naturbühne des Harzer Bergtheaters (ca. 1905 in Friedrich Lienhards *Wieland der Schmied*), Fotografie

Das Foto zeigt Schauspieler bei der Aufführung von Friedrich Lienhards Theaterstück „Wieland der Schmied" (1905). In der Mitte steht Wieland, eine Sagengestalt aus der Edda, mit dem Schmiedehammer vor seiner Höhle. Er ist von Wichtelmännchen und einer Frau umgeben. Die Schauspieler scheinen in der wilden Natur zu stehen und sind doch in einem Theater, nämlich im 1903 gegründeten Harzer Bergtheater, der ersten deutschen Naturbühne. Für diese Freilichtbühne hatte Lienhard das Stück geschrieben.

Lienhards Theaterstück unterscheidet sich darum schon auf den ersten Blick vom naturalistischen Drama oder dem Einakter des Fin de Siècle. Insbesondere im Naturalismus wurde nämlich versucht, die Bühne als geschlossenen Raum zu gestalten, bei der die zum Zuschauer gehende Seite als eine vierte durchsichtige Wand betrachtet wurde. Außerdem dominierten in den naturalistischen Stücken zeitgenössische Themen. Lienhard gehört mit seinem Drama in eine theaterreformatorische Gegenbewegung zum herrschenden Naturalismus. Er wandte sich von den städtischen Bühnen ab, indem er Themen aus germanischen Sagen aufgriff und das Stück beispielsweise in der Raumgestaltung so anlegte, dass es in einem Naturtheater aufgeführt werden konnte.

Diese Bestrebungen waren Teil einer umfassenden Heimatkunstbewegung, die eine landschafts- und volksgebundene Kunst verwirklichen wollte und sich in strikter Opposition zur Stadt verstand. Diese Tendenzen lassen sich auch in der Prosa, insbesondere im Heimatroman, ausmachen. Wie verhält sich die Heimatkunst, die zunächst anachronistisch wirkt, zur Moderne? Welche ideologischen Voraussetzungen hatte sie, welche Ziele wurden programmatisch verfolgt? Und welche Literatur entstand in diesem Kontext?

11.1 **Die völkische Bewegung**
11.2 **Programmatik der Heimatkunst**
11.3 **Der Heimatroman**
11.4 **Völkische Theaterreform und völkisches Drama**

11.1 Die völkische Bewegung

Die Völkischen waren eng mit der Heimatkunstbewegung und ihrer Programmatik verbunden. Grundbestandteil der völkischen Gesinnung ist der Wunsch, angesichts der komplex gewordenen modernen Gesellschaft eine verloren geglaubte Einheit des Lebens, Denkens und Fühlens wiederherzustellen, wobei Worte wie Volk, Rasse, Heimat, Blut oder Boden zu unhinterfragten Letztbegriffen wurden.

Volk, Rasse, Heimat, Blut, Boden

Die Völkischen standen in einem spannungsvollen Verhältnis zur Modernisierung der Gesellschaft. Einerseits richteten sie ihr Augenmerk auf die unerwünschten Nebenfolgen der Moderne und kritisierten beispielsweise die unkontrollierte Verstädterung, die anonyme Massengesellschaft, die Umweltzerstörung, den Heimatverlust, den undurchschaubaren Kapitalismus oder die hoch spezialisierten Wissenschaften, die keine umfassenden Sinnangebote mehr lieferten. Sie beklagten deshalb den Verlust der Harmonie, der Einheit und der Gemeinschaft. Die Völkischen generell als anti-modern zu bezeichnen, so wie es die ältere Forschung getan hat, wäre jedoch verfehlt, da viele Errungenschaften der Moderne, etwa die neuen Verkehrsmittel, durchaus begrüßt und benutzt wurden (vgl. Breuer 2008, S. 11).

Verhältnis zur Moderne

Ebenso wenig lässt sich der völkische Nationalismus auf einen Kulturpessimismus festlegen, wie es beispielsweise der Historiker Fritz Stern versucht hat (vgl. Stern 1963). Zwar stellten die Völkischen der Gegenwart in der Regel ein kritisches Zeugnis aus – die Gesellschaft sei im Verfall, also der Décadence, begriffen –, doch blickten viele völkische Autoren optimistisch und fortschrittsgläubig in eine Zukunft, die sie freilich nach eigenen Maßgaben gestalten wollten. Adolf Bartels, eine der wichtigsten Stimmen der Heimatkunstbewegung, befürwortete in seinem Aufsatz *Heimatkunst* (1901) beispielsweise eine moderate Industrialisierung und opponierte gegen den Pessimismus. Er lehnte jedoch einen „Fortschritt[ ] um jeden Preis" ab und räumte ein, dass dem Heimatdichter der Bauer näher stünde als der „heimatlose Fabrikarbeiter" (Bartels 1901, S. 137).

Kulturpessimismus?

Große Teile der völkischen Bewegung waren judenfeindlich. Zwar tendiert die neuere Forschung dazu, Antisemitismus und völkisch-nationale Bewegung zu trennen, da sie getrennt entstanden sind, doch besteht kein Zweifel, dass beide seit den 1890er-Jahren eine Allianz bildeten (vgl. Breuer 2008, S. 25–35). Der Antisemitismus konnte um 1900 religiös oder biologisch begründet sein. Im Fall des biologisch begründeten Antisemitismus gab es Wechselbeziehungen mit

Antisemitismus

rassenhygienischen Bestrebungen. Der englische Naturforscher und Darwinist Sir Francis Galton (1822–1911) propagierte eine Verbesserung der Rasse durch Maßnahmen wie staatliche Geburtenkontrolle, was die Förderung von Heiraten, die gesunde Kinder versprachen, ebenso mit einbegriff wie die Verhinderung schwacher und entwicklungsverzögerter Kinder. In den 1860er-Jahren erfand er hierfür den Begriff „Eugenik" (Wissenschaft von den guten Erbanlagen). Ging es Galton noch vorwiegend um eine zukünftige Gesellschaft von Hochbegabten, wendeten die Völkischen den Diskurs über Rassenhygiene ins Antisemitische. Dieser rassenhygienische Antisemitismus mündete später in die Ideologie der Nationalsozialisten.

<small>Rassenhygiene</small>

Neben dem rassischen Antisemitismus war die Suche nach dem ‚arteigenen' deutschen Glauben charakteristisch für die Völkischen. Das Feindbild war der als fremd wahrgenommene römische Katholizismus – „Los von Rom!" lautete deshalb einer der wichtigsten Leitsätze der Völkischen. Dagegen verehrte man den Reformator Martin Luther (1483–1546) als Initiator eines „Deutschchristentums" (Bartels 1913 in: Puschner 2001, S. 215) oder versuchte, germanisch-heidnische Glaubensbestände zu reaktivieren. Diese Neuheiden, eine kleine Minderheit innerhalb der völkischen Bewegung, sammelten sich beispielsweise in der Germanischen Glaubens-Gemeinschaft. Deutschchristen und Neuheiden sind im Kontext einer vagierenden neuen Religiosität um 1900 zu betrachten (→ KAPITEL 5.1; vgl. Puschner 2001, S. 203–262).

<small>„Los von Rom!"</small>

<small>Germanengläubige</small>

Die völkische Bewegung war in einer Vielzahl von Vereinen und Parteien organisiert. Antisemitische Parteien wie die Deutsch-soziale Reformpartei (DSRP) agierten allerdings nicht sehr erfolgreich – ihr Einfluss nahm zwischen 1898 und 1912 deutlich ab. So schien die politische Gestaltungskraft des völkischen Gedankens schon um 1900 erschöpft zu sein, auch wenn beispielsweise der Bund deutscher Landwirte (BDL), der Ideen der Völkisch-Nationalen vertrat, seit 1893 als mächtige Interessenvertretung wirkte (vgl. Breuer 2008, S. 68–83). Etwa gleichzeitig zum Misserfolg der völkischen Parteien wurden Völkische Gesinnungsgemeinschaften gegründet, die typisch für die völkische Bewegung wurden. Sie versuchten, durch Organisationsformen wie Bund, Orden oder Verband eine grundsätzliche, völkisch-nationale Kulturrevolution zu initiieren. Das wichtigste Beispiel hierfür ist der 1891 gegründete Alldeutsche Verband mit über 20 000 Mitgliedern (1901). Erwähnenswert ist auch der radikale Deutschbund (1894 gegründet) mit ca. 800 Mitgliedern (um 1904; vgl. Puscher 1996, S. 302–315, S. 328–340).

<small>Organisationsformen der Völkischen</small>

Die Völkischen waren durch einige gemeinsame Interessen mit der Lebensreformbewegung verbunden, auch wenn sich letztere nicht auf das völkische Spektrum reduzieren lässt. Die Lebensreformbewegung warb in unzähligen Vereinen und Zeitschriften für eine umfassende Reform der Kultur und des Lebensstils im Zeichen der Gemeinschaft und der Natur. Gepredigt wurden beispielsweise Vegetariertum, Abstinenz von Alkohol und Tabak, Freikörperkultur, naturnahe Kleidung, Naturheilverfahren oder eine reformierte Pädagogik, wie sie noch heute unter dem Namen der Waldorfpädagogik bekannt ist. Die Überschneidungen von völkischem Gedankengut und Lebensreform werden beispielsweise bei dem völkischen Antisemiten Theodor Fritsch (1852–1933) deutlich. Nach seinem Konzept wurden z. B. bodenreformerisch und rassenhygienisch intendierte Wohnsiedlungen wie *Heimland* (gegründet 1909/10) angelegt. Seine Zeitschrift *Hammer. Monatsblätter für deutschen Sinn* (1902–40) machte sich in vielen Artikeln für eine umfassende Lebensreform auf der Grundlage völkisch-antisemitischer ‚Ideale' stark.

Lebensreformbewegung

Neben dem Komponisten Richard Wagner (1813–83), auf den sich viele Völkische wegen seiner monumentalen, auf germanisches Sagengut rekurrierenden Opern, wegen seiner religiösen Überhöhung der Kunst und wegen seines Antisemitismus gern beriefen, wurden einige Gelehrte zu wichtigen Stichwortgebern der Völkischen. Das trifft auf den Orientalistikprofessor Paul de Lagarde (1827–91) zu, dessen Aufsatzsammlung *Deutsche Schriften* (2 Bde., 1878–81) viel gelesen wurde. Der religiös motivierte Antisemit propagierte die Überwindung der liberalistischen Gesellschaft, die er infolge von Materialismus, Kapitalismus und moderner Bildung als verdorben ansah, durch eine deutschnationale Religion. Er wurde geradezu als Prophet des Deutschtums verehrt, was unter anderem dazu führte, dass der Diederichs-Verlag auf der Buchmesse 1914 eine eigene Lagarde-Kapelle einrichtete.

Überwindung des Liberalismus

Der jüngere Kulturphilosoph Julius Langbehn (1851–1907) schloss in manchem an Lagarde an. Sein anonym erschienenes Buch *Rembrandt als Erzieher. Von einem Deutschen* (1890) richtete sich gegen die gesamte zeitgenössische Kultur, insbesondere gegen die moderne Wissenschaft, und rief zur Erneuerung der deutschen Kultur im Zeichen einer Rückkehr zu Einfachheit, Natürlichkeit und Intuition auf. Der Rembrandtdeutsche (so nannte man Langbehn) forderte die Weltherrschaft der Deutschen und zeigte sich in den späteren Auflagen seines Buches – 1938 erschien bereits die 90. Auflage – als radikaler Antisemit. Die Juden verkörperten für ihn alles Moderne,

Rückkehr zur Einfachheit

Gebildete, Wissenschaftliche und Demokratische – und galten ihm deshalb als Gift und Fäulnis für das deutsche Volk (vgl. Stern 1963, S. 171–220).

11.2 Programmatik der Heimatkunst

Die wichtigsten Programmatiker der Heimatkunstbewegung wie Lienhard, Bartels oder auch Ernst Wachler (1871–1945) kann man dem völkischen Spektrum zurechnen. Schon Langbehn, dessen Einfluss auf die Heimatkunstbewegung groß war, äußerte sich im Sinne einer regionalen Kunst: „Der rechte Künstler kann nicht lokal genug sein" (Langbehn 1890, S. 15). Bartels war Mitglied im völkischen Deutschbund und Gründungsmitglied des völkisch dominierten Werdandi-Bundes. Gemeinsam mit dem gemäßigten Lienhard gründete er im Jahr 1900 die Zeitschrift *Die Heimat* (1900–04; danach in *Deutsche Heimat* umbenannt). Wachler schließlich trat beispielsweise der völkisch-heidnischen Germanischen Glaubens-Gemeinschaft, aber auch zahlreichen anderen Organisationen bei.

<small>Heimatkunst und Völkischer Nationalismus</small>

Die Heimatkunstbewegung ist durch einige Merkmale charakterisiert, die sich beinahe stereotyp in vielen programmatischen Texten finden lassen. Zunächst ist die Gegnerschaft zur Großstadt konstitutiv für diese Bewegung. Unter dem Schlagwort „Los von Berlin!" wendet man sich gegen eine ganze Liste von negativen Modernisierungsfolgen. Die Großstadt wurde als Ort des Verfalls deutscher Kultur und deutschen Lebens gesehen; sie stand für soziale Ortlosigkeit, Traditionsbruch, Industrialisierung, Kommerz oder Demokratiebestrebungen. Ländliche Gebiete erschienen dagegen schon durch die Landflucht bedroht und wurden in allen Bereichen der Großstadt entgegengesetzt. Lienhard beschrieb im Vorwort seines Heftes mit dem bezeichnenden Titel *Die Vorherrschaft Berlins* (1900), wie er in Berlin um 1889 die Entstehung des Naturalismus miterlebt und sich aus dem „Stilsuchen" und den „-ismen der durcheinanderlärmenden Großstadt" ins ländliche Thüringen zurückgezogen habe, um dort als „Sohn seiner Heimat" (Lienhard 1900, S. 1, 12) zu dichten.

<small>„Los von Berlin!"</small>

Die Programmatiker der Heimatkunst lehnten demnach zusammen mit der Großstadt auch die Literatur ab, die in ihr entstand und mit ihr verbunden war. Das traf vor allem auf den Naturalismus zu, war er doch dezidiert eine Großstadtkunst. Die Ablehnung galt aber letztlich allen Strömungen der ästhetischen Moderne (die sogenannten „-ismen" wie Symbolismus, Impressionismus, Futurismus), die

<small>Ablehnung der ästhetischen Moderne</small>

für die Literatur um 1900 charakteristisch sind. So hatte der ungefähr 1910 auftretende Expressionismus zwar ein gespaltenes Verhältnis zur Großstadt – die negativen Seiten des großstädtischen Lebens wurden von den expressionistischen Dichtern durchaus gesehen und literarisch gestaltet –, doch ließ man sich von den Metropolen, in denen man schließlich auch lebte, vor allem künstlerisch inspirieren (→ KAPITEL 13). Die Heimatkunst wollte dagegen die Kunst des jeweilig besonderen ländlichen Raums sein, und von dort aus erschienen die ferne Stadt und die dort beheimateten avantgardistischen Strömungen als Inbegriff allen Übels.

Wie viele andere Fürsprecher der Heimatkunst kam auch Bartels zu der Auffassung, dass das deutsche Volk im Niedergang, in der „Decadence" (Bartels 1901f., S. 577), begriffen sei. Mit diesem Schlagwort griff man eine geläufige Zeitdiagnose auf, die nicht nur seitens der Heimatkunst gestellt wurde (→ KAPITEL 12). In seiner *Geschichte der deutschen Literatur* (2 Bde., 1901f.) schrieb Bartels, dass die Dichtung seit dem Naturalismus den „Eindruck eines schrecklichen Tohuwabohu" mache. Zwar sei das „germanische Urwesen" unzerstörbar, doch werde die deutsche Natur von den „Fäulnisstoffe[n]" der Industrialisierung zersetzt, woran das Judentum wiederum die Hauptschuld trage (Bartels 1901f., S. 667, 578, 601). Der Antisemitismus bestimmte auch die übrige Literaturgeschichtsschreibung von Bartels, was man am Beispiel Heinrich Heine sehen kann, dessen Rang als Dichter nur schwer bestritten werden konnte: Als Jude könne er gar kein *deutscher* Dichter sein, sondern eben nur ein jüdischer Dichter, „der sich der deutschen Sprache und der deutschen Bildung bedient" (Bartels 1901f., S. 311).

„Decadence"

Literaturgeschichtsschreibung

In diesem Sinne machte Bartels im Aufsatz *Staat, Volk und Rasse* (1916) die „Rasse" dann auch zur Basis allen Denkens und Handelns:

„Rasse"

„Das Ursprüngliche und Entscheidende ist überall die Rasse und dann das Volkstum, man bilde sich nicht ein, es durch irgend etwas anderes, Humanität, allgemeine Kultur, Zivilisation oder dergleichen ersetzen zu können." (Bartels 1916, S. 104)

Der im Verfall geglaubten Kultur setzte die Heimatkunst programmatisch den Kult der großen Persönlichkeit entgegen. Das geschah gänzlich unbeeindruckt von der Ich-Krise, wie sie zeitgleich in der modernen Kultur und der Literatur auftauchte (→ KAPITEL 8, 9), und mit scharfer Ablehnung der naturalistischen Milieu-Theorien, die den Charakter eines Menschen durch die Umstände determiniert sahen. Die Heimatkunstbewegung orientierte sich dagegen an Friedrich Nietzsches Verherrlichung des großen Individuums. Lienhard dekretierte 1894 in seinem Aufsatz *Persönlichkeit und Volkstum*: „Persönlichkeit und Volkstum, das sind die zwei erdfesten Realitäten, die Kernpunkte alles organisch wachsenden Kulturlebens" (Lienhard 1901, S. 7).

11.3 Der Heimatroman

Die Heimatliteratur ist keine vollständige Umsetzung der Heimatkunst-Programmatik. Bei weitem nicht alle Autoren teilten den extremen Rassismus, Antisemitismus und Nationalismus eines Adolf Bartels, manche von ihnen, etwa der 1903 gestorbene Wilhelm von Polenz, wurden durch die Nationalsozialisten vereinnahmt, andere, wie Clara Viebig (1860–1952), die mit einem Juden verheiratet war, wurden während der nationalsozialistischen Herrschaft kritisch betrachtet. Mit den Völkischen verbindet diese Autoren dennoch die Kritik an den unerwünschten Nebenfolgen der Moderne und das konservative Gegenbild, nämlich ein emphatischer Begriff von Heimat, Boden und landwirtschaftlicher Arbeit.

Die Autoren der Heimatliteratur waren häufig Bildungsaufsteiger, die sich aus dem wirtschaftenden Kleinbürgertum oder dem Handwerk zu Volksschullehrern, Journalisten oder Redakteuren hinaufgearbeitet hatten (vgl. Rossbacher 1975, S. 71f.). Nicht wenige stammten auch aus der Beamten- oder Angestelltenschicht. Bartels war der Sohn eines Schlossers, Lienhards Vater war Dorfschullehrer, derjenige von Hermann Löns Gymnasiallehrer. Viele von ihnen, wie z. B. Lienhard, verbrachten einige Zeit in einer Großstadt, um sich dann wieder dem ländlichen Raum oder der Kleinstadt zuzuwenden. Anders als viele Autoren um 1900 schlossen sie sich nicht zu Gruppen oder Vereinen zusammen. Obwohl der Bauer als das Vorbild eines ursprünglichen und der Heimat verbundenen Menschen galt, waren unter den Autoren der Heimatkunst kaum Bauern, allerdings stammte ungefähr ein Sechstel von ihnen aus einer Bauernfamilie.

Heimatliteratur besaß ein Massenpublikum. Bücher des Heimatdichters Gustav Frenssen (1863–1945) verkauften sich bis in 1930er-Jahre 2,5 Millionen Mal, *Der Wehrwolf* (1910) von Löns wurde bis 1937 500 000 Mal abgesetzt, im Zweiten Weltkrieg folgten weitere Massenauflagen. Damit ist die Heimatliteratur im ersten Drittel des 20. Jahrhunderts weit erfolgreicher als die meisten Bücher anderer Schriftsteller. Eine der Ausnahmen ist Thomas Manns Roman *Buddenbrooks* (1901), dessen Auflage in den frühen 1930er-Jahren ca. eine Million erreichte (→ ASB DELABAR).

Der Heimatroman, die wichtigste Gattung der Heimatliteratur, orientiert sich formal an der Erzählliteratur des Realismus, wie sie in der zweiten Hälfte des 19. Jahrhunderts entstand. Vorbilder waren beispielsweise Werke von Ludwig Anzengruber (*Der Sternsteinhof*, 1885) oder Romane und Novellen von Wilhelm Raabe, Theodor Storm und Gottfried Keller. Die zeitgleich zu beobachtenden Veränderungen des Erzählens, wie sie in der Literatur des Fin de Siècle oder des Expressionismus stattfanden, schlugen sich in der Heimatliteratur nicht nieder. Ebenso wenig gibt es bei diesen Autoren die für die Literatur um 1900 sonst so charakteristische Sprachkrise (→ KAPITEL 10). Die Erzähler wissen mehr als ihre Figuren, vertreten gültige Werte und haben einen souveränen Überblick über Zeit und Raum. Ziel des Autors ist es, erzählerisch eine Totalität zu erzeugen. Beispielhaft hierfür ist Hermann Löns *Der Wehrwolf*, dessen Anfang die biblische Schöpfungsgeschichte nacherzählt. Anschließend werden auf wenigen Seiten Jahrhunderte durchmessen, um schließlich während des Dreißigjährigen Krieges den Protagonisten Harm Wulf einzuführen, dessen Geschlechterfolge sich auf die ersten Siedler zurückführen lässt.

<small>Vorbilder</small>

<small>Allwissende Erzähler</small>

Vergleichbar ist der topografische Überblick, mit dem Clara Viebig ihren Roman *Das Kreuz im Venn* (1908), der in der Eifel spielt, beginnt: „In die Enge der Gassen war die Sonne noch nicht hinabgedrungen. Denn tief unten im Talspalt liegt die Stadt neben den Fluß gequetscht, ein Haufe altersgedunkelter Schieferdächer. Finster blickt ein verfallener Wachturm auf Kirche und Apotheke am Markt nieder. Und von der anderen Seite am jenseitigen Berghang schaut die alte Burg herunter in den Alltag der Bürgerhäuser und der klingenden Ladentürchen, der rauchenden Fabrikschlote und der gellenden Dampfpfeife, des gemütlichen Schwatzens der Skatbrüder beim Schoppen, des Weibergeträtsches und des Sporenklirrens der Herren vom Schießplatz, die ihre freie Zeit benützen zu einer Flasche Sekt und einem guten Diner bei der schönen Helene im ‚Weißen Schwan'." (Viebig 1986, S. 5)

<small>Topografischer Überblick in *Das Kreuz im Venn*</small>

Der Erzähler in diesem Textausschnitt beobachtet zunächst von weit oben, sieht auf die Stadt und die Dächer herab, um dann mit einem einzigen Satz den Blick auf ein bestimmtes Gasthaus zu verengen. Dabei kennt er sogar den Namen der Wirtin und weiß von ihrer Schönheit zu berichten. Schon die ersten Sätze des Romans führen in einer Totale den Gegensatz von oben (hell) und unten (dunkel) ein. Damit ist eine Wertung verbunden: Unten liegt im engen, dunklen Tal die Kleinstadt, in einer Mittellage das Dorf Heckenbroich und ganz oben die positiv bewertete raue Landschaft der Hohen Venn,

<small>Erzähler</small>

eines Hochmoors. Dieser Gegensatz wird in der anschließenden Personencharakteristik weitergeführt. Der Bauer und Bürgermeister des Dorfes, Bartholomäus Leykuhlen, ist positiv konnotiert und tief mit der Landschaft verbunden, während Josef Schmölder, Vetter des Fabrikbesitzers, ein nervöser und viel gereister Kaufmann ist, dessen sentimentales Heimatgefühl der rauen Landschaft nicht standhält (vgl. Rossbacher 1975, S. 236-242).

Im Einklang mit einer nicht nur, aber doch dezidiert völkischen Sichtweise, die die Rasse als zentral für einen Menschen ansieht, werden die Figuren im Heimatroman häufig über Rassemerkmale charakterisiert. Damit wurde die althergebrachte Physiognomik rassenbiologisch aktualisiert. Gustav Frenssen differenziert beispielsweise in seinem Erfolgsroman *Jörn Uhl* (1901) die Sippe der Uhlen von derjenigen der Kreien über den Gegensatz von Langschädeln und Rundschädeln. Das war eine verbreitete Unterscheidung, die Menschen nach Rassemerkmalen einteilte und die unter anderem auch von Bartels und Houston Stewart Chamberlain (1855-1927), einem rassistischen und deutschnationalen Kulturhistoriker, diskutiert wurde (vgl. z. B. Chamberlain 1899, Bd. 1, S. 360f.). Die rundschädligen und rothaarigen Kreien sollen unstet und verschlagen sein und haben, so erzählt man sich, Zigeunerblut. Die schmalschädligen germanischen Uhlen haben helle Gesichter, blonde Haare, edle Gesichtsformen und sind kräftig und willensstark (vgl. Frenssen 1902, S. 38f., 41f.).

Im Heimatroman spielen Hof (oder Dorf) und Boden eine entscheidende Rolle. Sie sind nicht nur häufig der Ort der Handlung, sondern der Lebensraum, in dem die Protagonisten durch Arbeit oder Kampf verwurzelt sind. Damit soll sich das Heimatgefühl von einer sentimentalen Hinwendung des Städters zur ländlichen Heimat unterscheiden. In Löns *Wehrwolf* ist dies besonders deutlich: Der Wulfshof, dessen Bestehen schon durch die Geschlechterfolge der Besitzer legitimiert ist, war schon immer gegen Wölfe und Bären verteidigt worden. Später wurden mit dem Pflug stets Speer und Armbrust mitgeführt, und im Dreißigjährigen Krieg wird eine regelrechte Jagd auf Herumziehende gemacht, was den hauptsächlichen Inhalt des Romans bildet. Einer der kämpfenden Bauern stirbt nach einem Gemetzel mit den Worten: „Kinder, war das ein Spaß!" (Löns 1981, S. 212). Eben wegen dieses grausamen Kampfes um die Heimat, der von den Bauern durchaus als lustvoll empfunden wird, wurde das Buch im Zweiten Weltkrieg in hohen Auflagen gedruckt.

Auch in Wilhelm von Polenz' Roman *Der Büttnerbauer* (1895), dessen Handlung um 1890 spielt, muss ein Hof verteidigt werden, aber nicht gegen marodierende Truppen, sondern gegen einen Bodenspekulanten. Der Büttnerbauer lässt sich auf undurchsichtige Finanzgeschäfte des Bodenspekulanten Sam Harrassowitz ein, was dazu führt, dass sein Hof zwangsversteigert wird. Zum Schluss ist er nur noch als Knecht geduldet und sieht zu, wie eine Ziegelfabrik auf seinem Grund errichtet wird: „Er glich einer Pflanze, die man schlecht versetzt hat, und die nun in verwahrlostem Zustande dahinsiecht." Die in organischer Metaphorik formulierte Verbindung des Bauern mit seinem Boden ist so eng, dass ihm zum Schluss nur der Selbstmord bleibt – die „kalte Hand des Kapitals" (Polenz 1909ff., Bd. 1, S. 381, 379) hat ihn im Griff. Der Roman schildert aber auch Menschen, die von ihren Höfen vertrieben wurden und nun als unheimlicher und heimatloser vierter Stand auf Suche nach Arbeit durchs Land ziehen – auch hier ist die organische Metaphorik dominant:

„Losgerissenen Blättern glichen sie, die verloren umhergewirbelt werden. Trümmerstücke der modernen Gesellschaft! Treibendes Holz auf den Wogen des Wirtschaftslebens! Entwurzelt, ausgerodet aus dem Heimatboden und nun unfähig, irgendwo neue Wurzeln zu treiben. [...] Allen war das eine gemeinsam: die Heimatlosigkeit. Von der Scholle waren sie getrennt, deren mütterlich nährende Kraft nichts ersetzen kann." (Polenz 1909ff., Bd. 1, S. 408f.)

Die Heimatlosigkeit ist bei Polenz eine Folge der modernen Industriegesellschaft sowie der unkontrollierten Herrschaft des Kapitals. Der Spekulant Harrassowitz ist Berliner, sodass auch hier die Stadt negativ konnotiert ist – und er ist Jude, sodass der Text zudem einen antisemitischen Einschlag erhält.

Heimatlosigkeit

Im Einklang mit der Neigung der Völkischen zum heidnischen Kult findet sich auch im Heimatroman die Rückbesinnung auf die vorchristliche Religiosität. So wird die urtümliche heidnische Religion des Büttnerbauern nur oberflächlich vom christlichen Glauben verdeckt. Nach dem Tod seiner Frau heißt es über den Büttnerbauern:

Heidentum

„Nun er nicht mehr zur Kirche ging, kam das Heidentum zum Vorschein, das tief in der Natur des deutschen Bauern steckt. Was kümmerten ihn die überirdischen Dinge; von denen wußte man nichts! Der Boden, auf dem er stand, die Pflanzen, die er hervorbrachte, die Tiere, die er nährte, der Himmel über ihm mit seinen Gestirnen, Wolken und Winden, das waren seine Götter. Jene anderen, morgenländischen, hatten doch etwas mehr oder weniger Fremdartiges für ihn." (Polenz 1909ff., Bd. 1, S. 373)

Wegen dieses Heidentums, aber auch wegen der Bodenideologie und des Antisemitismus konnte dieser Roman von radikalen völkischen

| Andere Lesarten | Zeitgenossen wie Bartels vereinnahmt werden. Dass auch andere Lesarten möglich sind, zeigte z. B. der kommunistische Politiker Lenin, der 1899 im Roman einen modellhaften Fortschritt abgebildet sah: Gustav, ein Sohn des Büttnerbauern, gerät in Berlin nämlich auf eine Massenkundgebung von Sozialdemokraten, sodass sich hier seiner Meinung nach ein neues Klassenbewusstsein der landlosen Bauernsöhne abzeichnet (vgl. Kaszynski 1987, S. 75).

11.4 Völkische Theaterreform und völkisches Drama

Die Völkischen reformierten auch Teile des Bühnenwesens. Der Gegner war auch hier die Großstadt mit ihren Bühnen und ihrem Repertoire. Man wendete sich gegen die überheizten städtischen Luxusbühnen und gegen die als trist und demoralisierend empfundene Milieuschilderung der Naturalisten. Das Ziel der Völkischen war dagegen eine volkstümlich-nationale Dramatik. Sie sollte auf deutsche Sagen und germanische Mythologie zurückgreifen und so im Zeichen germanisch-heidnischer Religiosität das Nationalgefühl befördern. Neben Vorschlägen mit eher marginaler Wirkung wie der Wiedereinführung von Wanderbühnen, mit denen man Berlin erobern wollte (vgl. Wachler 1918), traten zwei kulturpolitisch wichtige Reformvorhaben.

Weimarer Nationalfestspiele

Zum einen gründete Bartels die Weimarer Nationalfestspiele, die von 1909 bis 1945 „zum Heil des deutschen Volkes" (Bartels 1911 in: Neumann 1997, S. 101) stattfanden. Auch wenn die Spielpläne von Bartels nicht immer umgesetzt wurden – er leitete nur die Festspiele 1909 und 1911 –, so kam es doch zu einer völkisch-nationalen Klassikerrezeption. Insbesondere der Dramatiker Friedrich Hebbel (1813–63) wurde in dieser Weise vereinnahmt. Friedrich Schiller (1759–1805) wurde zwar häufig gespielt, ließ sich aber in Bartels' Augen nur schwer für die völkische Sache instrumentalisieren (vgl. Neumann 1997, S. 186).

Freilichttheaterbewegung

Zum anderen entstand unter der maßgeblichen Förderung von Wachler die Freilichttheaterbewegung (vgl. Puschner 1996). Wachler hatte wohl schon 1894 vorgeschlagen, die deutsche Dramatik zu erneuern, indem man auf germanische Stoffe zurückgreifen und nach heidnischem Vorbild Festspiele unter freiem Himmel veranstalten sollte (vgl. Wachler 1894). 1903 verwirklichte Wachler seine Pläne: Das Harzer Bergtheater in Thale wurde mit Wachlers *Walpurgis* (1903) eröffnet. Das Theater sollte wieder zu einer Kultstätte werden, in der völkisch-heidnische Dramen zur Aufführung kamen. Städtisch-nervöse Theaterstücke und hohles Pathos, so war man sich sicher, konnten inmitten deutscher Landschaft keine Wirkung entfalten. Auf dem Spielplan standen neben Schiller, Hans Sachs, Johann Wolfgang von Goethe oder William Shakespeare, den man als größten germanischen Dichter pries, ‚moderne' Werke wie Lienhards *Wieland der Schmied* (1905) oder Karl Schönherrs *Glaube und Heimat* (1910). 1911 gab es in Deutschland insgesamt 68 Freilichtbühnen, die allerdings nicht alle Wachlers Programm folgten, sondern vielfach als touristische Attraktionen geplant wurden und kommerziell erfolgreich waren.

Spielplan

Fragen und Anregungen

- Inwiefern verweisen die zentralen Merkmale der Heimatkunst-Programmatik auf völkisches Gedankengut?
- Welche formalen Gestaltungsmittel weist der Heimatroman auf und inwiefern unterscheidet sich dieses Erzählen vom Erzählen im Fin de Siècle oder im Expressionismus?
- Warum gründete man um 1900 Freilichttheater?
- Erläutern Sie, in welcher Beziehung die völkische Bewegung zur ästhetischen bzw. zivilisatorischen Moderne steht.

Lektüreempfehlungen

- Gustav Frenssen: Jörn Uhl. Roman [1901], Berlin 1902.
- Friedrich Lienhard: Wieland der Schmied. Dramatische Dichtung. Mit einer Einleitung über Wielandsage und Bergtheater [1905], 3. Auflage, Stuttgart 1913.
- Hermann Löns: Der Wehrwolf. Eine Bauernchronik [1910], Köln 1981.
- Wilhelm von Polenz: Der Büttnerbauer [1895], in: ders., Gesammelte Werke, 10 Bde., Berlin 1909–11, Bd. 1.
- Clara Viebig: Das Kreuz im Venn. Roman [1908], Düsseldorf 1986.

Quellen

- Ernst Wachler: Die Läuterung deutscher Dichtung im Volksgeiste. Eine Streitschrift, Berlin 1897. – Auszüge auch in: Erich Ruprecht/ Dieter Bänsch (Hg.), Jahrhundertwende. Manifeste und Dokumente zur deutschen Literatur 1890–1910, Stuttgart 1981, S. 326–329.

Forschung
- Uwe Puschner: Deutsche Reformbühne und völkische Kultstätte. Ernst Wachler und das Harzer Bergtheater, in: Uwe Puschner/ Walter Schmitz/Justus H. Ulbricht (Hg.), Handbuch zur „Völkischen Bewegung" 1871–1918, München u. a. 1996, S. 762–796. *Einer der wenigen Beiträge zur völkischen Theaterreform. Andere Artikel des Handbuchs informieren über die wichtigsten Vordenker und Institutionen der Völkischen, wobei der völkischen Kulturbewegung große Aufmerksamkeit geschenkt wird.*

- Uwe Puschner: Die völkische Bewegung im wilhelminischen Kaiserreich. Sprache – Rasse – Religion, Darmstadt 2001. *Neuere Arbeit zu den Völkischen mit den im Untertitel angezeigten Kapiteln.*

- Karlheinz Rossbacher: Heimatkunstbewegung und Heimatroman. Zu einer Literatursoziologie der Jahrhundertwende, Stuttgart 1975. *Älteres Standardwerk zur Programmatik der Heimatkunst und zum Heimatroman. Das Buch ist nach Merkmalen und Themen gegliedert (nicht nach Werken). Es verortet die Autoren auch soziologisch.*

- Fritz Stern: Kulturpessimismus als politische Gefahr. Eine Analyse nationaler Ideologie in Deutschland, Bern u. a. 1963. *Nicht ganz aktuelles, gleichwohl nur in Teilen ersetztes Buch zu Lagarde, Langbehn und zum nationalkonservativen Kulturkritiker Moeller van den Bruck.*

12 Degeneration und Décadence

Abbildung 12: Stanislaw: Przybyszewski: *Totenmesse*, Buchdeckel der Erstausgabe (1893)

DEGENERATION UND DÉCADENCE

Die Abbildung zeigt den schlichten und wie eine Totenanzeige gestalteten Buchdeckel der Erzählung „Die Totenmesse" (1893), die vom polnischen, auf Deutsch schreibenden Schriftsteller Stanislaw Przybyszewski stammt. In ihrem Vorwort heißt es über den Ich-Erzähler: „Er ist Einer von denen, die auf dem Wege hinknicken, wie kranke Blumen, – Einer von dem aristokratischen Geschlechte des neuen Geistes, die an übermässiger Verfeinerung und allzu üppiger Gehirnentwicklung zu Grunde gehen." Dieses Skandalbuch schildert ein verfallendes, degeneriertes Ich, das Visionen und Allmachtsfantasien hat. Seine Gedanken sind durchzogen von Grausamkeit, Wollust, Krankheit, Verbrechertum und Nekrophilie. Der eigene Verfall wird nicht nur lustvoll erlebt, sondern sehnsüchtig herbeigewünscht. So beschließt der Ich-Erzähler der „Totenmesse": „Ich will untergehen" (Przybyszewski 1893, S. 3, 17).

In der Literatur um 1900 gab es neben Fortschrittsvorstellungen auch Verfallsfantasien. Sie tauchten schon im Naturalismus auf, weiteten sich aber unter neuen Vorzeichen erst in den 1890er-Jahren zu einer – zumindest in der Literatur – weit verbreiteten Untergangsstimmung aus. Das Neue war dabei, dass man diese Verfallsstimmung lustvoll oder doch mit gemischten Gefühlen erlebte. In welchen Diskursen wurden diese Verfallskonzepte thematisiert? Was genau versteht man unter Degeneration und Décadence? Auf welche Weise wurden die für diese Diskurse prägenden Motivkomplexe Krankheit und Verfall, Künstlichkeit und Ästhetizismus sowie Erotik und Geschlechterrollen in der Literatur des Naturalismus und des Fin de Siècle gestaltet?

12.1 **Verhältnis von Degeneration und Décadence**
12.2 **Krankheit und Verfall**
12.3 **Künstlichkeit und Ästhetizismus**
12.4 **Erotik und Geschlechterrollen**

12.1 Verhältnis von Degeneration und Décadence

Die zweite Hälfte des 19. Jahrhunderts war im Wesentlichen von der Vorstellung beherrscht, dass sich die ganze Welt – Natur, Gesellschaft, Wissenschaften und Künste – im Fortschritt befindet. Nach dem Diktum des Biologen Ernst Haeckel war „Entwickelung" im Sinne des Fortschritts das „Zauberwort", das die Welt beschreibt und erklärt (Haeckel 1868, S. IV). Auch die Literatur blieb von dieser Fortschrittseuphorie nicht unberührt. Die Gedichtsammlung *Erlösungen* (1891) des Erfolgsdichters Richard Dehmel gestaltete beispielsweise die Entfaltung eines Individuums gemäß diesem fortschreitenden Entwicklungsgedanken. Allerdings gab es bereits seit den 1870er-Jahren, also schon in der Literatur des Realismus, auch Abstiegs- und Verfallsfantasien, etwa bei den Schriftstellern Ludwig Anzengruber (*Das vierte Gebot*, 1878), Gottfried Keller (*Martin Salander*, 1886) oder Theodor Storm (*Carsten Curator*, 1878). In diesen Texten wird jeweils anhand von mindestens zwei Generationen der kontinuierliche Verfall einer Familie gezeigt. Die Eltern vererben ihren Kindern jeweils problematische Eigenschaften oder haben „zu viel gelebt", wie der Vater im Drama *Das vierte Gebot* (Anzengruber 1979, S. 43), sodass dem Kind keine Kraft mehr zum Leben bleibt. Vererbung führt in diesen Texten in den Niedergang und ist nicht, wie bei Haeckel, das Mittel zur Höherentwicklung des Menschen. Hinter diesen Niedergangsvorstellungen standen alte Vererbungskonzeptionen, die sich beispielsweise aus der Abhandlung *Die Macht der Vererbung* (1882) des durchaus fortschrittsgläubigen Materialisten Ludwig Büchner rekonstruieren lassen. Ihnen zufolge können den Nachkommen beinahe alle körperlichen oder geistigen Eigenschaften weitergegeben werden; auch noch weitaus ältere Gedanken an die Erbsünde oder an eine abgemessene „Lebenskraft", mit der man haushalten müsse, finden sich hier.

Den biologisch-geistigen Verfall des Individuums und seiner Nachkommen nannte man Degeneration. Der französische Arzt Bénédict Augustin Morel (1809–73) hatte 1857 in seiner Schrift *Traité des dégénérescences physiques, intellectuelles et morales de l'espèce humaine* (Abhandlung über die physischen, intellektuellen und moralischen Entartungen des Menschengeschlechts) für eine weite Verbreitung des Begriffs der Degeneration gesorgt, der im Deutschen häufig mit „Entartung" übersetzt wird. Morel behauptete, der Verfall einer Familie ergebe sich durch eine Abfolge von nervöser Reizbarkeit in der ersten Generation, Hysterie und anderen Krankheiten in der zweiten und Geisteskrankheiten in der dritten Generation. Mit der

Zwischen Fortschritt ...

... und Niedergang

Morels Degenerationstheorie

vierten Generation sterbe die Familie schließlich wegen Unfruchtbarkeit aus. Diese Verfallsidee war bei Morel noch christlich grundiert. Die Abweichungen wurden als Veränderungen des ursprünglichen Menschen, des gottgewollten adamitischen Grundtyps, gedacht. Sie hätten nach der Vertreibung aus dem Paradies als Folge des Sündenfalls eingesetzt. Diese Degenerationstheorie wurde später vom französischen Psychiater Valentin Magnan (1835–1916) auf den neuesten wissenschaftlichen Stand gebracht, indem die theologischen Elemente durch evolutionstheoretische Ideen Charles Darwins ersetzt wurden. Diese und ähnliche Degenerationsvorstellungen kursierten im letzten Drittel des 19. Jahrhunderts auch in Deutschland und prägten Teile der Literatur um 1900.

Neben diesen vorwiegend biologisch begründeten Degenerationsvorstellungen verbreitete sich in den 1890er-Jahren eine Endzeitstimmung, eine Stimmung des Fin de Siècle, die in allen Bereichen des Lebens, insbesondere in der Literatur und der Kultur, Symptome des Niedergangs ausmachte. Das französische Schlagwort von der Décadence (Verfall) war in aller Munde, bestimmte das Selbstverständnis von Dichtern ebenso wie ihre Texte. Auch heute noch ist Décadence als Strömungsbezeichnung bestimmter Teile der Fin-de-Siècle-Literatur gängig, ohne dass damit allerdings eine Bewertung dieser Literatur impliziert wäre. Im Unterschied zum biologisch-degenerativen Verfall, wie er vor allem von den Naturalisten dargestellt wurde, wurde der kulturell-dekadente Verfall zumindest ambivalent, wenn nicht sogar positiv gewertet und lustvoll empfunden (vgl. Koppen 1973, S. 280).

Décadence

Der Begriff „Décadence" wurde ursprünglich in Frankreich verwendet und meinte in erster Linie den Niedergang des römischen Imperiums. Der Literaturhistoriker Désiré Nisard wandte das Wort 1834 in einem abschätzigen Sinne auf die verfallende spätlateinische Dichtung an und sah Parallelen zu der romantischen Dichtung seiner eigenen Zeit.

Begriff „Décadence"

Die Umwertung des Décadence-Begriffs von einer abwertenden Epochenbenennung zu einer positiv gemeinten Selbstbezeichnung moderner Dichter vollzog sich im Frankreich der 1850er- und 1860er-Jahre. Der Dichter Charles Baudelaire verwendete 1867 im Vorwort einer französischen Übersetzung des von ihm verehrten Schriftstellers Edgar Allan Poe (1809–49) das Wort *décadence* im Sinn einer Wertschätzung. Den üblichen Fortschrittsvorstellungen, wie sie auch in Frankreich gang und gäbe waren, setzte er die Kunst einer niedergehenden Zeit entgegen, die mit der Schönheit eines Sonnenuntergangs verglichen wurde – ein Bild, das in der Décadence-Literatur zu

Umwertung des Décadence-Begriffs

einem Topos wurde. Der Romantiker Théophile Gautier nannte seinen Freund Baudelaire anschließend einen Dichter der Décadence und verwendete diesen Begriff damit ebenfalls im positiven Sinn. Seitdem gilt Baudelaire als der Dichter der Décadence schlechthin (vgl. Koppen 1973, S. 19–32).

Obwohl Degeneration ursprünglich ein medizinischer Terminus war und Décadence sich auf den Niedergang von Kulturen bezog, lassen sich Degenerations- und Décadence-Diskurs nur schwer voneinander trennen, unter anderem, weil auch der Décadence-Diskurs seit seiner Entstehung in Frankreich eine biologisch-medizinische Komponente enthielt. Die Verquickung von biologischem und kulturellem Verfall galt erst recht für die Rezeption dieser Ideen in Deutschland. Das genaue Verhältnis von Degeneration und Décadence gilt wegen dieser Komplikation in der literaturwissenschaftlichen Forschung als nicht abschließend geklärt (vgl. Thomé 1993, S. 180). Stets muss berücksichtigt werden, dass nach der damals herrschenden Vererbungsvorstellung, nach der erworbene Eigenschaften der nachfolgenden Generation vererbt werden können (Lamarckismus), Kultur und Biologie schnell ineinander übergehen konnten. Was in der einen Generation eine kulturell eingeübte Sensibilität war, konnte laut populärem Wissen der Zeit in der nächsten Generation bereits eine angeborene Nervenschwäche sein.

Verhältnis von Décadence und Degeneration

Décadence- und Degenerationsvorstellungen sind typisch für die europäische Literatur um 1890. Der bereits erwähnte Baudelaire in Frankreich, Gabriele d'Annunzio in Italien oder Oscar Wilde in England greifen Décadencevorstellungen auf, deutschsprachige Autoren wie Thomas und Heinrich Mann, Arthur Schnitzler, Hugo von Hofmannsthal, Stefan George oder Przybyszewski nehmen ebenfalls an diesem Diskurs teil. Wichtige Multiplikatoren des Ideengemenges aus Décadence und Degeneration für den deutschsprachigen Raum waren Hermann Bahr (*Die Décadence*, 1891) und Friedrich Nietzsche (z. B. *Der Fall Wagner*, 1888).

Europäische Décadence

Es besteht weitgehender Forschungskonsens dahingehend, dass sich die Décadence-Literatur am besten inhaltlich, als Motivgeflecht, beschreiben lässt (vgl. Borchmeyer 1994, S. 73). Gegen diese Auffassung führte der Literaturwissenschaftler Dieter Kafitz ins Feld, dass im Décadence-Diskurs um 1890 Formfragen zentral waren (vgl. Kafitz 2004, S. 268–281). Insbesondere die große Bedeutung des einzelnen Worts gegenüber dem Satz- oder Textzusammenhang, die Musikalität der Sprache, die Verwendung von seltenen Vokabeln oder der Synästhesie sind als Charakteristika – allerdings zumeist in kritischer

Motivgeflecht

Bewertung – vermerkt worden. Da diese sprachlichen Phänomene nicht ausschließliche Kriterien der Décadence-Literatur sind und sie zudem in der Lyrik eine größere Rolle spielen als in der Prosa oder dem Drama, bleibt eine inhaltliche Charakterisierung der Décadence-Literatur weiterhin unverzichtbar.

12.2 Krankheit und Verfall

<small>Entartung als Krankheit der Moderne</small>

Den umfangreichsten Beitrag zum deutschsprachigen Degenerationsdiskurs leistete der Kulturkritiker Max Nordau, der allerdings dem Niedergang keine positive Seite abgewinnen konnte. In seiner voluminösen Schrift *Entartung* (2 Bde., 1892/93) schrieb Nordau gegen die Fin-de-Siècle-Kultur an, die er für ein entartetes Oberschichtenphänomen hielt. Kleidung und Haartracht, Einrichtungsstil und moderne Dichtung verfielen der Kritik. Nordau glaubte sowohl geistige als auch körperliche Degenerationsphänomene bei seinen Zeitgenossen zu erkennen (Willens- und Nervenschwäche, Emotivität, körperliche Missbildungen etc.) und führte sie auf den Konsum von Alkohol, Tabak und Opium, insbesondere aber auf das moderne, schnelllebige und von der Technik bestimmte Leben zurück. Nordau zufolge würden die Entarteten im Daseinskampf unterliegen und aussterben. Die Gesunden würden sich dagegen schon am Ende des 20. Jahrhunderts mit ihren Nerven an die modernen Lebensbedingungen angepasst haben. Wie Przybyszewski hielt also auch Nordau die Entartung für ein krankhaftes Übergangsphänomen und sah sie in einer schnell voranschreitenden Evolution als bald überwunden an.

<small>Drama einer kranken Familie</small>

Das Motiv des degenerativen Verfalls bestimmt ganz das naturalistische Drama *Der Vater* (1894) des stilistisch vielseitigen Dichters Wilhelm Weigand (1862–1949). Sowohl im Handlungsverlauf als auch in den Überzeugungen einiger Figuren finden sich Elemente des zeitgenössischen Degenerations-Diskurses. Das Drama handelt von der Familie von Babenhausen. Der lebensmüde und früh ergraute Freiherr Karl hat mit seiner Frau ein kränkelndes Kleinkind. Karl liest Broschüren über Vererbung und führt die Krankheit des Sohnes auf seine eigene, zu ausschweifende Jugend zurück. Er fühlt sich deshalb schuldig. Zu seinem jüngeren Bruder, der selbst ein städtisch-amüsierfreudiges Leben führt, sagt Karl einmal warnend: „Wie lange dauert denn eine solche Familie? Drei, vier, oder höchstens fünf Generationen; dann ist sie fertig, – auf dem Hund." (Weigand 1894, S. 25). In einem Gespräch zwischen Karl und dem Arzt Professor Pauly am

Ende des Stückes zeigt sich, dass der Arzt dem Freiherrn keine Schuld für die Krankheit seines Sohnes gibt. Zwar diagnostiziert er bei ihm „Erstes Stadium: – Unfähigkeit zu reagieren" (Weigand 1894, S. 36) und nimmt damit eine Willensschwäche (Abulie) seines Patienten an, die als typisch für Degenerierte galt. Doch diese degenerativen Erscheinungen und die Krankheit des Sohnes führt Pauly auf die nahe Verwandtschaft derjenigen Familien zurück, aus der Karl und seine Frau stammen. Karl jedoch glaubt weiterhin an seine Schuld im Sinne des Zuviel-gelebt-Habens; zum Schluss erschießt er sich und seinen kranken Sohn aufgrund seines schlechten Gewissens und seines fehlenden schwachen Willens.

Krankheit wurde in der Décadence-Literatur nicht nur negativ gesehen. Sie ist vielmehr ein komplexes Phänomen, das zugleich zerstörend und künstlerisch produktiv wirken kann. Das Künstlertum, das aus der Krankheit entsteht, wurde zwiespältig beurteilt. Es konnte ganz abgelehnt werden, etwa bei Nordau, der dem kranken Künstler beispielsweise das gesunde Schaffen eines Johann Wolfgang von Goethe entgegenstellte. Krankheit konnte nach zeitgenössischen Ansichten aber auch zu exzeptioneller Kreativität führen. Schon in den Texten von Baudelaire und Gautier wird der dekadente Künstler auch physiologisch charakterisiert. Er ist ein Schriftsteller der überfeinen Nerven, er hat Neurosen oder ist dem Wahnsinn nahe, wobei diese Eigenschaften alle positiv gemeint waren. Doch wie lässt sich einer Krankheit etwas Positives abgewinnen? Der italienische Arzt Cesare Lombroso (1835–1909) hatte in zahlreichen Aufsätzen und Büchern und unter Auswertung vieler Krankengeschichten einen Zusammenhang von Genie und Entartung hergestellt. Das Genie sei wie der Kriminelle oder der Wahnsinnige eine bestimmte Form der Degeneration. Sein 1864 veröffentlichtes Hauptwerk hieß entsprechend *Genio e follia* (*Genie und Irrsinn*, 1887). Lombrosos Thesen, die ihrerseits nicht neu waren, aber durch viel statistisches Material abgesichert erschienen und zudem brillant vorgetragen wurden, entfalteten bis weit ins 20. Jahrhundert eine große Wirkung auf Literatur und Wissenschaft.

Künstlertum und Krankheit

Lombrosos *Genie und Irrsinn*

Die Kritik des Philosophen Friedrich Nietzsche am Komponisten Richard Wagner (1813–83) ist vor dem Hintergrund des Zusammenhangs von Genie und Krankheit zu sehen, wie ihn Lombroso entfaltet hat. Nietzsches Analyse der Décadence, die er beispielsweise in der Streitschrift *Der Fall Wagner. Ein Musikanten-Problem* (1888) vorlegte, wurde prägend für viele Schriftsteller, etwa für Thomas Mann. In der besagten Streitschrift wird der ehemals bewunderte Wagner zum Degenerierten erklärt, der ein Fall für Ärzte sei: „Ist Wagner über-

Nietzsches Kritik an Wagner

haupt ein Mensch? Ist er nicht eher eine Krankheit? Er macht Alles krank, woran er rührt, – er hat die Musik krank gemacht –" (Nietzsche 1967ff., Bd. VI/3, S. 15). Zugleich übe seine Musik gerade wegen ihrer Krankheit eine ungeheure Verführungskraft aus. Diese Kraft beziehe die Musik nicht aus einem schöpferischen und natürlichen Instinkt Wagners, sondern sie sei bei ihm „Rhetorik". Wagners Musik sei nichts Ganzes, sondern berechnet und raffiniert zusammengesetzt, sodass sie die müden Nerven der Zeitgenossen überwältigen könne. Das Rhetorische und Gekünstelte sind für Nietzsche spezifisch moderne Züge, sodass er Wagner nach dem bekannten italienischen Hochstapler einen „Cagliostro der Modernität" (Nietzsche 1967ff., Bd. VI/3, S. 17) nennt. Damit war das moderne Künstlertum unter das Signum der raffinierten Künstlichkeit, aber auch unter dasjenige der Krankheit gestellt.

Thomas Mann wurde von Nietzsches Wagner-Kritik und dem allgegenwärtigen Décadence-Diskurs seiner Zeit stark beeinflusst. Das gilt sowohl für seine Selbstdeutung, beispielsweise in Briefen, als auch für seine literarischen Werke. Im Mai 1895 entwarf er in einem Brief an den Freund Otto Grautoff eine autobiografische Skizze, die als Fa-

Manns Buddenbrooks

milienroman später Manns Weltruhm begründen sollte: *Buddenbrooks. Verfall einer Familie* (1901). Die Geschichte der eigenen Familie, vom Vater, der Kaufmann war, bis zu den künstlerisch veranlagten Söhnen, fasst er im erwähnten Brief mit den Worten zusammen: „Das nennt man Degeneration. Aber ich finde es verteufelt nett. –" (Mann 2001ff., Bd. 21, S. 58). Auch unabhängig von Manns kleiner Skizze lässt sich über die vier Generationen, die in den *Buddenbrooks* porträtiert werden, also vom alten Buddenbrook über den Konsul und den Senator Thomas bis hin zu Hanno, eine fortschreitende Degeneration festmachen. Thomas übernimmt die Aufgaben des Vaters nur noch als Rolle, die er durch eine rigide Leistungsethik zu erfüllen sucht. Doch

Thomas' Willensschwäche

er wird immer willensschwächer, vernachlässigt seine Pflichten und liest schließlich im philosophischen Hauptwerk von Arthur Schopenhauer *Die Welt als Wille und Vorstellung* (1819). Ihm entnimmt er die Lehre von der Lebensentsagung, von der Aufhebung des Individuums im Tod und stirbt kurz darauf.

Hannos Krankheit

Der Sohn von Thomas, Hanno, schafft es nicht einmal mehr, in eine bürgerliche Rolle zu schlüpfen. Er ist physisch schwach (Blässe, schlechte Zähne, verschleierte Augen etc.) und stirbt früh an Typhus, zudem ist er schon als Kind lebensmüde, fürchtet sich und hat eine noch ausgeprägtere Willensschwäche als sein Vater: „Ich kann nichts wollen." (Mann 2001ff., Bd. 1/1, S. 819). Dabei verfügt der „Verfallsprinz" Hanno (Mann 1990, Bd. 11, S. 555) über ein übermäßiges und ausschweifendes Gefühlsleben, das er durch sein Klavierspiel zum Ausdruck bringt. Die Kunstmittel, die hierbei beschrieben werden, sind denjenigen ähnlich, die Nietzsche an Wagner beobachtete (vgl. Mann 2001ff., Bd. 1/2, S. 412). Hanno ist ein physisch geschwächter Décadent, der anders als sein Vater zu außerordentlichen Kunstleistungen fähig ist. Wie eine späte Interpretation der Hanno-Figur durch Thomas Mann aus dem Jahr 1949 nahelegt, soll gerade diese aus der Krankheit entstehende Kunst die Menschheit voranbringen, weil durch sie eine Kritik des Lebens und der Gesellschaft möglich ist (vgl. Mann 1990, Bd. 11, S. 555f.). Weitere Erzählungen Manns, die das Thema des verfallenden Lebens bei gleichzeitiger Steigerung der Künstlerschaft behandeln, sind z. B. *Tristan* (1903) und *Der Tod in Venedig* (1912).

12.3 Künstlichkeit und Ästhetizismus

Ein weiteres Motiv der Décadence-Literatur ist die Naturferne. Hierbei gilt eine bewusste Bevorzugung der Kunst vor der Natur, des Zimmers vor der Landschaft, der Schminke vor der natürlichen Haut. Dieses Motiv lässt sich bis in die französische Literatur zurückverfolgen. Schon für Baudelaire hatte die Natur das Potenzial verloren, durch ihre Göttlichkeit und schöpferische Kraft ein Gegenstand menschlicher Bewunderung zu sein. Er zog das Künstliche dem Natürlichen vor.

Bevorzugung des Künstlichen

Für die dichterische Gestaltung der Künstlichkeit wurde Baudelaires Gedicht *Rêve parisien* (*Pariser Traum*) aus *Les Fleurs du Mal* (1857, *Die Blumen des Bösen*) vorbildlich. Dieses Gedicht beschreibt eine im Traum gesehene künstliche Landschaft, in der die Natur durch kostbare Materialien oder Artefakte (Kristall, Gold, Diamant, Säulen) charakterisiert oder gar durch diese ersetzt wurde. „Künstliche Paradiese" – auch dies ein Ausdruck von Baudelaire – wurden in der europäischen Literatur des Fin de Siècle zu einem wichtigen Thema. Das gilt auch in hohem Maße für die ‚Bibel' der Décadence-Literatur, für *A rebours* (1884, *Gegen den Strich*) des französischen Dichters Joris-Karl Huysman. Der adlige Protagonist Jean des Esseintes ist der letzte, kränkelnde Nachkömmling einer einst großen Familie. Mit seinen leicht reizbaren Nerven ist er ein typischer Décadent. Er schottet sich in seinem Haus gegen die Außenwelt ab und lebt dort vorwiegend nachts bei künstlichem Licht ein Leben der aus-

Künstliche Paradiese bei Baudelaire ...

... und Huysman

gefallensten Sinnesfreuden. Die Fenster sind getönt und geben den Blick auf einen Garten frei, in dem die Wege mit Kohle bestäubt sind und das Brunnenbecken Tinte enthält. Im Haus ergötzt er sich an mechanischen Fischen, die in einem Aquarium schwimmen, und atmet dabei für ihn versprühten Teergeruch.

Stark wirkten die künstlichen Gegenwelten französischer Dichter auf Stefan George, der mit der französischen Literatur bestens vertraut war (vgl. David 1967, S. 76–81; Rasch 1986, S. 169–180). Sein früher Gedichtzyklus *Algabal* (1892) ist durch diese Naturferne geprägt. Algabal hat sich mit seinem unterirdischen Reich, das mit zahllosen kostbaren Metallen und Steinen geschmückt ist, eine künstliche Umwelt geschaffen, die einen Protest gegen eine als banal empfundene Wirklichkeit impliziert. Die seltenen oder veralteten Worte, die George in seinen Gedichten benutzt, tragen zu einem eigenen sprachlichen Klang bei, der ebenso wichtig ist wie die Bedeutung der Worte:

Naturferne in Georges Algabal

Stefan George: *Mein Garten bedarf nicht...* (1892)

Mein garten bedarf nicht luft und nicht wärme ·
Der garten den ich mir selber erbaut
Und seiner vögel leblose schwärme
Haben noch nie einen frühling geschaut.

Von kohle die stämme · von kohle die äste
Und düstere felder am düsteren rain ·
Der früchte nimmer gebrochene läste
Glänzen wie lava im pinien-hain.

Ein grauer schein aus verborgener höhle
Verrät nicht wann morgen wann abend naht
Und staubige dünste der mandel-öle
Schweben auf beeten und anger und saat.

Wie zeug ich dich aber im heiligtume
– So fragt ich wenn ich es sinnend durchmass
In kühnen gespinsten der sorge vergass –
Dunkle grosse schwarze blume?
(George 1982ff., Bd. 2, S. 63)

Formale Struktur

In kreuzgereimten Versen, deren unregelmäßige Doppelsenkungen keinem traditionellen Schema folgen, wird ein Garten geschildert, den sich Algabal, das lyrische Ich, selbst angelegt hat. Schwarz und grau sind die vorherrschenden Farben des zeitlosen Reichs. Eindringlich wird die Leblosigkeit des Gartens vor Augen gestellt: tote Vogelschwärme, Bäume aus Kohle und Früchte, die durch den Vergleich mit der Lava versteinert wirken. Luft und Wärme, die Grundlagen allen Lebens, sind hier nicht nötig. Doch die letzte Strophe hebt sich formal durch den Blockreim, die Fragestruktur und den streng alternierenden kürzeren letzten Vers vom Rest des Gedichts ab. Indem sich Algabal hier als jemand zu erkennen gibt, der über Produktionsbedingungen reflektiert, wird ein Problem markiert: Wie kann man in einem streng von der Wirklichkeit abgeschotteten „heiligtume", in dem alles leblos ist, fruchtbar sein und „zeug[en]"? Nimmt man noch hinzu, dass die „blume" seit der Antike, und erst recht seit der Romantik und Novalis' „blauer Blume" für Dichtung steht, dann wird deutlich, dass hier die Frage nach der Entstehung der Dichtung selbst aufgeworfen wird, das Gedicht mithin poetologisch ist.

<small>Poetische Selbstreflexion</small>

Anhand von Georges Gedicht *Mein garten bedarf nicht luft und nicht wärme* lässt sich ein weiteres Merkmal der Décadence-Dichtung festmachen, nämlich ihr Ästhetizismus. Ästhetizistisch nennt man eine Dichtungsauffassung, die Kunst bewusst aus allen Zweckbezügen löst und sie zu etwas Göttlichem erhebt. Das lyrische Ich bezeichnet seinen Garten als „heiligtume"; in ihm vergisst er alle „sorge". Traditionell wurde der Literatur (moralischer) Nutzen – das Horaz'sche *prodesse* – oder eine Erkenntnisfunktion zugesprochen. Lehnt man diese Zwecke ab, dann ist eine „kunst für die kunst" die Folge, so George zu Beginn der ersten Ausgabe (1892) seiner exklusiven Zeitschrift *Blätter für die Kunst*. Diese Formel, mit der der Ästhetizismus immer wieder erläutert wird, stammte aus Frankreich (*l'art pour l'art*). George schreibt mit dem Algabal-Zyklus absolute, zwecklose „kunst für die kunst" und reflektiert sie zugleich, beispielsweise im Symbol der „schwarze[n] blume".

<small>Ästhetizismus/ l'art pour l'art</small>

Neben dem Prinzip des *l'art pour l'art* kann mit Ästhetizismus auch eine bestimmte Einstellung zum Leben bezeichnet werden. Hierbei wird die Welt nicht als Ort des Wollens und Handelns, sondern als selbstgenügsames Kunstwerk aufgefasst, das angeschaut und genossen wird. Schopenhauer schrieb, dass die Welt in einer ästhetischen Betrachtungsweise, wie sie insbesondere Künstlern eigen sei, nicht in Beziehung zum eigenen Begehren, sondern als eine Vorstellung gesehen werden kann, die vom Willen losgelöst sei. Der Mensch reiße sich damit aus dem „Sklavendienste des Willens" (Schopenhauer 1977, Bd. 1, S. 252) heraus. Was bei Schopenhauer seltene und kurze Augenblicke sind, wurde um 1900 als Lebensgefühl ästhetisch gestaltet, aber auch problematisiert. Der Ästhetizismus korrespondierte dabei mühelos mit der um 1900 überall diagnostizierten Willensschwäche.

<small>Ästhetizismus als Lebenseinstellung</small>

12.4 Erotik und Geschlechterrollen

Eine bestimmte Art der Erotik wird ebenfalls zum Motivbestand der Décadence gerechnet. Ihre Darstellung in der Literatur der Décadence unterscheidet sich grundlegend von derjenigen im Realismus und Naturalismus (vgl. Wünsch 2002). Dort wurde Sexualität im Kontext von Ehe und Liebe gesehen und war primär an die Funktion der Fortpflanzung gebunden. Dem entsprach die viktorianisch strenge Sexualmoral des Bürgertums. Über Sexualität wurde nicht gesprochen, der Klapperstorch beherrschte die Kinderstuben. Im 19. Jahrhundert hatte sich zudem eine Doppelmoral etabliert: Frauen mussten ohne vorehelichen Geschlechtsverkehr in die Ehe gehen, die das allein akzeptierte Ziel der Frau war, Männer dagegen durften eine verborgene sexuelle Vorgeschichte haben. Sie unterhielten nicht selten ein Verhältnis mit einem Mädchen aus dem Kleinbürgertum oder gingen ins Bordell.

Viktorianische Sexualmoral

Um 1900 kam nun diese feste Rollenverteilung in Bewegung. Aufgrund der Emanzipation der Frau, der neuen Frauenbilder, wie sie beispielsweise in der Boheme gelebt oder in der Literatur vorgestellt wurden – man denke an das norwegische Drama *Nora* (*Et dukkehjem*, 1879) von Henrik Ibsen, in dem Nora zum Schluss Mann und Kinder verlässt –, pluralisierten sich die Frauenbilder (→ KAPITEL 1.1). Drei Frauenbilder wurden für die Literatur der Décadence besonders wichtig: die androgyne Kindfrau (französisch *femme enfant*), die kränkliche *femme fragile* und die sexuell selbstbewusste und Männern zum Verhängnis werdende *femme fatale*.

Pluralisierung der Frauenbilder

In radikaler Weise setzte sich Frank Wedekind in seinen Lulu-Dramen mit der herrschenden Geschlechterordnung (→ ASB SCHÖSSLER) auseinander. Unter den Lulu-Dramen werden die Einzeldramen *Der Erdgeist* (1895) und *Die Büchse der Pandora* (1902) zusammengefasst, die als ein einziges Drama 1894 entstanden waren, wegen der Zensur getrennt veröffentlicht wurden und schließlich vielfach umgearbeitet 1913 als *Lulu* wieder vereinigt erschienen. Im Zentrum steht Lulu, eine Frauenfigur, die sich als komplexe Zusammensetzung unterschiedlicher weiblicher Rollenbilder ohne eine durchgehende Figurenpsychologie erweist (vgl. Florack 1995, S. 82–101). Lulu, die während der Dramenhandlung unter verschiedenen Namen mehrere Ehemänner nacheinander hat, vereinigt in sich eine männermordende *femme fatale*, eine Kindfrau und eine Prostituierte. Sex ist für sie kein Mittel zur Fortpflanzung, wie es die Sexualmoral der Zeit vorsah, sondern Selbstzweck. Dabei sucht sie den Geschlechtsverkehr nicht

Geschlechterrollen bei Wedekind

um jeden Preis, sondern will gefallen und begehrt werden – nur das gewährt ihr, was sie sucht, nämlich Erfüllung im Augenblick. Im Prolog der Fassung von 1913 wird sie als Schlange vorgestellt, in der die „Urgestalt des Weibes" (Wedekind 1994ff., Bd. 3/1, S. 405) verborgen ist. Die Frage, was diese Urgestalt eigentlich ist, bleibt offen, doch reduzieren die Männer Lulu vorwiegend auf ihre Vagina, auf ihre „Büchse". Zum Schluss gerät Lulu an ihr „dramatische[s] Gegenstück" (Pankau 2005, S. 163), an den Lustmörder Jack (the Ripper), der sie aufschlitzt, ihr das Geschlechtsorgan entnimmt und sie tötet.

Die Dichtung der Décadence mit ihrer Lust an Krankheit und Untergang wurde von scharfen Kritikern wie Nordau begleitet und von anderen literarischen Strömungen bekämpft. Die Heimatliteratur versuchte, den drohenden Untergang – und die Décadence-Literatur galt ihr schon als Symptom des Verfalls – durch eine Besinnung auf Volk und Boden abzuwenden (→ KAPITEL 11). Noch die Gründung des expressionistischen Neuen Clubs in Berlin 1909 war von der Abwehrhaltung gegen die Décadence geprägt (→ KAPITEL 5.3).

_{Kritiker der Décadence}

Fragen und Anregungen

- Was ist der Unterschied zwischen Degenerations- und Décadence-Vorstellungen?

- Beschreiben Sie, wie Krankheit und Künstlertum in der Literatur der Décadence zusammenhängen.

- Was bedeutet *l'art pour l'art*?

- Wie änderte sich die Darstellung der Sexualität um 1900?

- Nennen Sie die wichtigsten Motive der Décadence-Literatur und erläutern Sie sie anhand von Stefan Georges *Algabal*-Zyklus (1892) und Thomas Manns Erzählung *Tristan* (1903).

Lektüreempfehlungen

- **Hermann Bahr: Die Décadence** [1891], in: ders., Studien zur Kritik der Moderne, hg. v. Claus Pias, Weimar 2005, S. 24–30. – Auch in: Gotthart Wunberg (Hg.), Die Wiener Moderne. Literatur, Kunst und Musik zwischen 1890 und 1910, Stuttgart 2000, S. 225–232 (gekürzt).

Quellen

- Stefan George: Algabal [1892], in: ders., Sämtliche Werke in 18 Bänden, Bd. 2, Stuttgart 1987, S. 55–85.
- Thomas Mann: Tristan [1903], Stuttgart 1986.
- Frank Wedekind: Lulu. Erdgeist. Die Büchse der Pandora [Fassungen v. 1905 (Erdgeist) und 1913 (Büchse der Pandora)], hg. v. Erhard Weidl, Stuttgart 1989.
- Wilhelm Weigand: Der Vater [1894], in: Wolfgang Rothe (Hg.), Einakter des Naturalismus, Stuttgart 1973, S. 83–110.

Forschung
- Dieter Kafitz: Décadence in Deutschland. Studien zu einem versunkenen Diskurs der 90er Jahre des 19. Jahrhunderts, Heidelberg 2004. *Diskursanalytische Studie, die einen synchronen bzw. diachronen Schnitt durch den Diskurs der Décadence macht und anschließend exemplarische Autoren (u. a. Thomas und Heinrich Mann, Hofmannsthal, George) behandelt.*
- Erwin Koppen: Dekadenter Wagnerismus. Studien zur europäischen Literatur des Fin de siècle, Berlin/New York 1973. *Klassische Studie zur Décadence-Literatur in Frankreich, England, Italien und Deutschland. Enthält einen begriffsgeschichtlichen Teil des Terminus „Décadence" (S. 7–69).*
- Johannes Pankau: Sexualität und Modernität. Studien zum deutschen Drama des Fin de Siècle, Würzburg 2005. *Arbeit auf neuem Forschungsstand u. a. zu Wedekinds Lulu-Dramen und zu Przybyszewski.*
- Wolfdietrich Rasch: Die literarische Décadence um 1900, München 1986. *Gibt einen guten Überblick über die Motive der Décadence-Literatur und analysiert einige Autoren (u. a. Thomas und Heinrich Mann, George, Hofmannsthal, Schnitzler) exemplarisch.*

13 Wahrnehmung und neuer Mensch im Expressionismus

Abbildung 13: George Grosz: *Friedrichstraße* (1918), Feder und Tusche

*Die mit Feder und Tusche angefertigte Zeichnung „Friedrichstraße"
(1918) von George Grosz stellt mit ihrer dichten und multiperspekti-
vischen Darstellung von Menschen und Gebäuden hohe Anforderun-
gen an den Betrachter: Zahlreiche Menschen aus unterschiedlichsten
sozialen Schichten stehen, sitzen und gehen kreuz und quer in den
Straßen, die von mehrgeschossigen Häusern so gesäumt werden, dass
kaum etwas vom Himmel zu erkennen ist. Vieles passiert gleichzeitig:
Auf den Straßen wird gebettelt, in den Häusern, wie Einblicke in die
Fenster zeigen, getrunken und kopuliert. Eine stark verkürzt gezeich-
nete Straßenbahn rast heran, große Reklameschriften und Straßenla-
ternen lenken die Aufmerksamkeit auf sich.*

Die großen Metropolen boten zur Jahrhundertwende eine Fülle von
neuen Eindrücken: zahllose anonyme Menschen, schnelle Fahrzeuge,
Warenhäuser und Hotels, nächtlich beleuchtete Straßen, Massenmedien, spektakuläre Kinos und vieles weitere. Um die neuen Lebens-
und Wahrnehmungsbedingungen künstlerisch zu gestalten, reichten
althergebrachte Ausdrucksmittel kaum noch aus. Dies galt umso
mehr, da das neue Leben zwar einerseits begrüßt, andererseits aber
als bedrohlich und entfremdend empfunden und im Wissen um er-
kenntnis- und subjektskeptische Positionen gestaltet wurde. Wie wirkte sich die Erfahrung der Großstadt auf das Schreiben aus? Wie veränderte das Kino die Wahrnehmung? Mit welchen erzählerischen
Verfahren reagierten die Expressionisten auf die Verunsicherung des
Ich und wie gestaltete das expressionistische Drama die Forderung
nach einem neuen Menschen?

13.1 **Dissoziierte Wahrnehmung in der Großstadt**
13.2 **Kinodebatte und Kinostil**
13.3 **Experimentelle Reflexionsprosa**
13.4 **Utopie, Wandlung und neuer Mensch**

13.1 Dissoziierte Wahrnehmung in der Großstadt

Die Jahrzehnte um 1900 waren im Deutschen Reich von der Verstädterung geprägt. Wohnten 1871 noch beinahe zwei Drittel der Bevölkerung auf dem Land und nur knapp fünf Prozent in den wenigen deutschen Großstädten, so hatte sich die Lage um 1910 drastisch geändert: Nun wohnten fast 20 Prozent in einer von 48 Großstädten, also in Städten mit über 100 000 Einwohnern. Berlin nahm mit über zwei Millionen Einwohnern im Jahr 1910 eine Sonderstellung ein.

Verstädterung

Dem städtischen Leben schrieb man damals bestimmte Auswirkungen auf das „Nervenleben" zu. Der Philosoph und Soziologe Georg Simmel schrieb 1903 in seinem Aufsatz *Die Großstädte und das Geistesleben*:

„Die psychologische Grundlage, auf der der Typus großstädtischer Individualitäten sich erhebt, ist die *Steigerung des Nervenlebens*, die aus dem raschen und ununterbrochenen Wechsel äußerer und innerer Eindrücke hervorgeht." (Simmel 1989ff., Bd. 7, S. 116)

„Steigerung des Nervenlebens"

Die „rasche Zusammendrängung wechselnder Bilder, der schroffe Abstand innerhalb dessen, was man mit einem Blick umfaßt, die Unerwartetheit sich aufdrängender Impressionen" (Simmel 1989ff., Bd. 7, S. 117) schaffen nach Simmel eine großstädtische Bewusstseinslage, die von derjenigen des Landlebens oder des kleinstädtischen Daseins scharf geschieden ist.

Großstadtbewusstsein

Eben diese Bewusstseinslage ist nach der weithin akzeptierten Ansicht der Literaturwissenschaftler Silvio Vietta und Hans-Georg Kemper die Voraussetzung für einige wichtige und damals gefeierte frühexpressionistische Gedichte, die sich durch den „Reihungsstil" auszeichnen (vgl. Vietta/Kemper 1997, S. 30–40). Der Prototyp dieser Art von Lyrik ist Jakob van Hoddis' Gedicht *Weltende* (1911), das die wichtigste Sammlung expressionistischer Lyrik eröffnete, die von Kurt Pinthus herausgegebene *Menschheitsdämmerung* (1920). Es karikiert die Weltuntergangsstimmung des Jahres 1910, die durch das Erscheinen des Halleyschen Kometen verbreitet wurde:

Reihungsstil

Jakob van Hoddis: *Weltende* (1911)

Dem Bürger fliegt vom spitzen Kopf der Hut,
In allen Lüften hallt es wie Geschrei.
Dachdecker stürzen ab und gehn entzwei
Und an den Küsten – liest man – steigt die Flut.

Der Sturm ist da, die wilden Meere hupfen
An Land, um dicke Dämme zu zerdrücken.

Die meisten Menschen haben einen Schnupfen.
Die Eisenbahnen fallen von den Brücken.
(Hoddis 1987, S. 15)

Kennzeichnend für den Reihungsstil ist das Nebeneinander unverbundener und disparater Vorstellungen, also genau das, was Simmel als „rasche Zusammendrängung wechselnder Bilder" bezeichnet und als typisch für die Großstadt beschrieben hatte – und van Hoddis lebte in Berlin. Diese Schreibart ist in *Weltende* zudem im Zeilenstil verwirklicht, das heißt, dass Vers und Satzeinheit – bis auf das Enjambement in Vers 5/6 – zusammenfallen. Da der Reihungsstil den Eindruck der Gleichzeitigkeit und der Gleichartigkeit hervorruft, spricht man auch vom „Simultangedicht" (vgl. Kemper 1974, S. 26–148.).

Wahrnehmung

Dem Gedicht *Weltende* von van Hoddis kann man aufgrund seines ironisch-distanzierten Tons nicht entnehmen, dass die Fülle neuer, disparater und gleichzeitiger Sinneseindrücke den Wahrnehmenden auch überfordern kann. Sichtbar wird dies an Gedichten des Berliners Alfred Lichtenstein. In ihnen ordnet und bewertet kein Beobachter die disparaten Sinneseindrücke. In *Die Dämmerung* (1911), das durch den Reihungsstil in der Nachfolge von *Weltende* steht, heißt

Metonymien

ein Vers: „Ein Kinderwagen schreit und Hunde fluchen." Diese Metonymien geben die optischen und akustischen Signale so wieder, wie sie den Betrachter erreichen: Von einem schreienden Kleinkind in einem Kinderwagen sieht das lyrische Ich nur den Kinderwagen, hört jedoch gleichzeitig das Kind. Nun unterbleibt bei Lichtenstein aber der spontane Schluss vom Geschrei auf das verdeckte Kind im Wagen – visueller und auditiver Eindruck werden in grotesker Weise kombiniert und erscheinen aufgrund der zufälligen Kombinierbarkeit als unzusammenhängend. Ist dies bereits befremdend, so wird im Gedicht *Punkt* (1914) die zerstörerische Auswirkung großstädtischer Eindrücke auf den Betrachter reflektiert, indem die Wahrnehmungen selbst zum Subjekt werden und durch den Betrachter geradezu hindurchgehen: „Die wüsten Straßen fließen lichterloh / Durch den erloschnen Kopf. Und tun mir weh." Das Gedicht endet mit Worten, die beinahe programmatischen Charakter haben: „Die Welt fällt um. Die Augen stürzen ein." (Lichtenstein 1989, S. 80) Ganz ähnliche Erfahrungen machte Rainer Maria Rilke in Paris – die ersten Abschnitte der *Aufzeichnungen des Malte Laurids Brigge* (1910) legen von entsprechenden Höreindrücken Zeugnis ab: „Daß ich es nicht lassen kann, bei offenem Fenster zu schlafen. Elektrische Bahnen rasen läutend durch meine Stube. Automobile gehen über mich hin." (Rilke 1996, Bd. 3, S. 455). An diesen Beispielen sieht man, dass die neuen

Sinneseindrücke, die die Großstadt bot, als Ich-dissoziierend, also Ich-auflösend, erfahren und gestaltet wurden (→ ASB DELABAR).

Ich-Dissoziation

13.2 Kinodebatte und Kinostil

Paradigmatisch für die neue Wahrnehmungswelt der Großstadt war das Kino, oder, wie man damals insbesondere in Berlin sagte, der Kintopp. Ins Kino zu gehen, das bedeutete in der Anfangszeit, nacheinander mehrere einminütige schwarzweiße und tonlose „lebende Photographien" anzusehen, die als Bestandteil einer Varieté-Vorstellung oder in provisorischen Ladenkinos dargeboten wurden. Gezeigt wurden häufig Streifen aus dem Vorrat der Brüder Lumière, die 1895 mit ihrem „Cinématographe" in Paris die erste Filmvorführung vor Publikum abhielten. Diese Filme hatten dokumentarischen Charakter und hielten beispielsweise fest, wie ein Zug in einen Bahnhof einfährt, wie Arbeiter eine Fabrik verlassen oder wie die Ladung eines Schiffs gelöscht wird – bildeten also häufig großstädtische Themen ab. Mit den Worten der *Kölnischen Zeitung* aus dem Jahr 1896 ist es
„bei dem Kinematographen Lumière, als wenn wir an einem weit geöffneten Fenster ständen und hinausblickten, bald auf einen Fabrikhof, bald auf das weite Meer, bald auf einen großstädtischen Bahnhof. Alles erscheint vor den Augen des Publicums mit solcher Natürlichkeit, daß dieses Ausrufe des Erstaunens nicht unterdrücken kann." (*Kölnische Zeitung* 1896 in: Müller 1996, S. 306)
Vielfältige Kameraperspektiven, Zeitraffer, Großaufnahmen und der Rückwärtslauf gehörten beinahe von Beginn an zu bewusst eingesetzten Gestaltungsmitteln des Films. Nach 1900 ersetzten zunehmend mehrminütige Spielfilme, die mit exotischen Schauplätzen oder Trickeffekten aufwarteten, die frühen dokumentarischen Filme. Ab 1905 wurden in den Großstädten immer mehr Filmtheater errichtet, 1913 wurde das Marmorhaus in Berlin eröffnet, im gleichen Jahr ein freistehendes Kino in Dresden, das 1 000 Zuschauer fassen konnte.

„Lebende Photographien"

Dokumentarischer Charakter

Trickeffekte

Schon der Begriff „Filmtheater" zeigt, dass sich das Kino als Konkurrenz zum herkömmlichen Theater sah. Die Kinodebatte, die ab 1909 von Schriftstellern und Kritikern geführt wurde, drehte sich insbesondere um mögliche Gefahren, die dem herkömmlichen Literatur- und Theaterbetrieb durch Romanverfilmungen, aber auch durch Abwerbung von Schauspielern und Publikum drohten. In dieser Debatte kam es zu einer „soziologisch und ästhetisch folgenreiche[n] Selbstreflexion der herrschenden Literatur" (Kaes 1978, S. 1). Um nur drei

Kinodebatte

Stimmen wiederzugeben: Alfred Lichtenstein erhoffte sich 1913, dass das Kino zum „Retter des Theaters" würde, indem die Theater, gezwungen durch die neue Konkurrenz, bedingungslos auf Anspruch setzten und es dann zwar weniger, aber qualitativ bessere Theater gäbe – währenddessen sollte das Kino das Publikum mit trivialen Stoffen versorgen (vgl. Lichtenstein 1989, S. 228f.). Auf ein ähnliches Ergebnis zielend, wollte der Naturalist Julius Hart das Kino auf die Wiedergabe des Äußeren beschränken, während er das wichtigere Seelische und Geistige für den Film als unerreichbar ansah: „Je höher das poetische Kunstwerk dasteht, um so weniger läßt es sich verfilmen." (J. Hart 1913 in: Kaes 1978, S. 105). Hans Heinz Ewers, der für die Regisseure Paul Wegener und Stellan Rye das Drehbuch des ersten deutschen Films mit Kunstanspruch, *Der Student von Prag* (1913), schrieb, war natürlich ganz anderer Meinung: Er wollte beweisen, dass „der Rollfilm – so gut wie die Bühne, große und gute Kunst bergen kann" (Ewers 1913 in: Kaes 1978, S. 104).

Kino und Theater

Neben diesen Diskussionen um das Kino reflektierten die Zeitgenossen aber auch die kinospezifischen sinnlichen Eindrücke und beurteilten ihre Folgen für die Psyche. Die Wirkung des Kinos auf den Betrachter wurde dabei häufig mit derjenigen der Großstadt verglichen. Die Seelenlehre des Kinos sei die „Großstadt-Psychologie", so urteilte der 1865 geborene Journalist Hermann Kienzl, „weil die Großstadtseele, diese ewig gehetzte, von flüchtigem Eindruck zu flüchtigem Eindruck taumelnde, neugierige und unergründliche Seele so recht die Kinematographenseele ist!" (Kienzl 1911 in: Schweinitz 1992, S. 231). Umgekehrt konnte das ganze Leben für den Wiener Dichter Peter Altenberg, seinem impressionistischen und aphoristischen Stil entsprechend (→ KAPITEL 8.2), selbst zum Kino werden. In einem Brief heißt es:

„*Kinematographenseele*"

> „Die Welt ist zu reich, um bei irgend Etwas zu verweilen! Ich habe einen ‚beschleunigten Stoffwechsel'! [...] Ich kann mich nirgends ‚ergehen'. Das Leben ist ein ideales ‚Kino'" (Altenberg o. J. in: Köwer 1987, S. 59).

Die Expressionisten ließen sich von den „lebenden Photographien" des Kinos zu einen neuen Ästhetik anregen, die sich um die Schnelligkeit und Disparatheit der Bilder drehte. Van Hoddis nutze den Reihungsstil, um die wechselnden Bilder in Verse zu bringen, beispielsweise in seinem Gedicht *Schluß: Kinematograph* aus dem Zyklus *Varieté* (1911). Der Dichter Iwan Goll postulierte in dem Manifest *Das Kinodram* (1920): „Basis für alle neue kommende Kunst ist das Kino" (Goll 1982, S. 223). Im filmischen Sehen fand er die angemessene Antwort auf die Beschleunigung des modernen Lebens. Einen gedrängten und präzisen „Kinostil" (Döblin 1989, S. 121) hatte Alfred Döblin schon zuvor in seinem *Berliner Programm* (1913) gefordert. Im Roman sollte ein parataktisches Nebeneinander von suggestiven Worten und kurzen Wendungen dem Leser die Schnelligkeit, Komplexität und irritierende Neuheit des modernen und technisierten Lebens vor Augen führen. Figurenpsychologie und eine kausale Abfolge der Geschehnisse wurden von ihm dagegen abgelehnt.

Döblins Kinostil

Parataktisches Nebeneinander

Exemplarisch hat Döblin den Zusammenhang von moderner (großstädtischer) Wahrnehmung, Schreibprozess und Kinostil an der „Zueignung" des Romans *Die drei Sprünge des Wang-lun. Chinesischer Roman* (1915) verdeutlicht:

„Daß ich nicht vergesse –.
Ein sanfter Pfiff von der Straße herauf. Metallisches Anlaufen, Schnurren, Knistern. Ein Schlag gegen meinen knöchernen Federhalter.
Daß ich nicht vergesse –.
Was denn?
Ich will das Fenster schließen.
Die Straßen haben sonderbare Stimmen in den letzten Jahren bekommen. Ein Rost ist unter die Steine gespannt; an jeder Stange baumeln meterdicke Glasscherben, grollende Eisenplatten, echokäuende Mannesmannröhren. Ein Bummern, Ducheinanderpoltern aus Holz, Mammutschlünden, gepreßter Luft, Geröll. Ein elektrisches Flöten schienenentlang. Motorkeuchende Wagen segeln auf die Seite gelegt über das Asphalt; meine Türen schüttern. [...]
Ich tadle das verwirrende Vibrieren nicht. Nur finde ich mich nicht zurecht."
(Döblin 2007, S. 7)

Döblin stellt mit diesen Zeilen die Schreibsituation seines Ich-Erzählers dar. Dieser befindet sich in einer Großstadtwohnung mit geöffnetem Fenster. Er nimmt Geräusche und Erschütterungen wahr, die ihn irritieren und ohne Orientierung zurücklassen. Diese Erfahrungen haben Konsequenzen für die Form des Erzählten: Im Kinostil werden syntaktisch verknappte Sätze, ohne Konjunktion verbundene Aufzählungen und Neologismen, die aus zwei Wörtern zusammengesetzt wurden („schienenentlang", „echokäuend[ ]"), dicht aneinandergereiht. Damit wollte Döblin dem *Berliner Programm* zufolge „die höchste Exaktheit in suggestiven Wendungen" (Döblin 1989, S. 122) erreichen.

Schreibsituation des Ich-Erzählers

13.3 Experimentelle Reflexionsprosa

Die Infragestellung von Erkenntnis- und Wahrnehmungsbedingungen und die Verunsicherung des Ich bestimmen die Problemlage expressionistischer Prosa wie der von Gottfried Benn, Carl Einstein, Georg Heym und Franz Kafka. Silvio Vietta prägte für diese Texte den Ausdruck „erkenntnistheoretische Reflexionsprosa" (Vietta/Kemper 1997, S. 151). Weil diese literarischen Texte keine ausformulierte „Theorie" des Erkennens enthalten, wurde der Begriff inzwischen durch den Terminus „experimentelle Reflexionsprosa" ersetzt (Oehm 1993, S. 194f.). Es handelt sich bei diesen Texten in der Regel um kurze Prosastücke, die nicht den tradierten Gattungskonventionen entsprechen, insofern sie sich beispielsweise der logischen, kausalen und psychologischen Erzählweise des Realismus oder des Naturalismus entziehen. Häufig verzichten sie auf kontinuierliche oder nachvollziehbare Ereignisfolgen und lassen durch ihre wechselnden oder befremdenden Erzählperspektiven die Verunsicherung der Figuren zu einer Verunsicherung des Lesers werden. Entsprechend schwer sind diese Texte zu lesen und zu deuten.

Gottfried Benns fünf kurze Prosastücke, die er 1916 unter dem Titel *Gehirne* (entstanden seit 1914) zusammenstellte und erscheinen ließ, handeln von dem Arzt Werff Rönne, der, seinem Autor Benn ähnlich, durch standardisierte Arbeit und Gerätemedizin „in einer merkwürdigen und ungeklärten Weise erschöpft" ist (Benn 1986ff., Bd. 3, S. 29). Dass Wahrnehmung und Erkennen, aber auch Empfinden, durch Begriffe, Vorstellungen und Interessen geleitet sind, wird gleich zu Beginn der Titelerzählung *Gehirne* deutlich gemacht: Das Leben im Krankenhaus ist strukturiert von den Vorstellungen „Helfer, Heiler, guter Arzt", Patienten glauben, „unter den Begriff der Erneuerung" zu fallen, während sie offenbar im Sterben liegen – und für den Arzt gibt es keine Patienten, sondern bloß „Rücken", „ein Ohr" oder den „Inhaber des Ohrs" (Benn 1986ff., Bd. 3, S. 30f.). Diese rhetorische Technik, Menschen durch ein (für den Betrachter) relevantes Körperteil, deren Krankheit oder deren soziale Funktion zu benennen, also die Verfahrensweise der Synekdoche oder der Metonymie, bestimmt auch die bekannten expressionistischen Gedichte Benns, etwa *Mann und Frau gehn durch die Krebsbaracke* (1912) oder *Nachtcafé* (1912). Diese rhetorischen Stilmittel, auch Tropen genannt (→ ASB FELSNER/HELBIG/MANZ), führen in den Gedichten wie in der Prosa der *Gehirne* zur Depersonalisierung, also zur Auflösung der Person in ihre Körperteile oder Funktionen.

Für den Arzt Rönne bedeuten sie aber zugleich Orientierung und Sicherheit – selbst wenn sie die Wirklichkeit deformieren –, weil die Welt auf diese Weise strukturiert und berechenbar wird. Diese Orientierung geht Rönne plötzlich verloren. Ins Physiologische gewendet bedeutet das, dass die Großhirnrinde die normale Tätigkeit versagt. In diesem jüngsten Teil des Gehirns ist nach Benns Essay *Der Aufbau der Persönlichkeit* (1930) die „intellektuelle Geistestätigkeit" (Benn 1986ff., Bd. 3, S. 266) angesiedelt. Rönne stellt darum fest: „Zerfallen ist die Rinde, die mich trug." (Benn 1986ff., Bd. 3, S. 32) Der daraus resultierenden Verunsicherung versucht Rönne beispielsweise dadurch zu begegnen, dass er sich in die soziale Ordnung eines Cafés (so im Teil *Die Eroberung*) oder einer Gesprächsrunde (*Die Reise*) einbringt oder dass er versucht, Begriffe wie z. B. Reiz und Reaktion an der Wirklichkeit zu überprüfen (*Die Insel*).

Orientierungsverlust

Doch immer wenn ihn die Fähigkeit zur rationalen Betrachtung verlässt, steigen aus den entwicklungsgeschichtlich älteren Gehirnregionen rauschhafte Assoziationen und Erlebnisse auf, die normale, also konventionelle und zweckgebundene Wahrnehmung und damit eine Teilnahme am sozialen Leben verhindern. Diese Ganzheitserfahrungen sind dem „anderen Zustand", den Robert Musil vom alltäglichen Bewusstsein unterschied, durchaus ähnlich (→ KAPITEL 9.3). Bei Benn wird der rauschhafte Zustand unter Rückgriff auf den Vitalismus, bei dem eine besondere Lebenskraft angenommen wird (→ KAPITEL 5.3), formuliert und als parataktische Reihung von Assoziationen gestaltet (vgl. Preiß 1999, S. 167–173). Nicht zufällig sucht Rönne den Rausch auch im Kino. Hier muss die zweckenthobene und unkonventionelle Wahrnehmung nicht verunsichern, sondern kann als rauschhaftes und Subjektivität auflösendes Erlebnis im Projektorlicht genossen werden: „Rönne, ein Gebilde, ein heller Zusammentritt, zerfallend, von blauen Buchten benagt, über den Lidern kichernd das Licht." (Benn 1986ff., Bd. 3, S. 49).

Rauschhafte Erlebnisse

Rausch und Kino

Die Zuordnung des Pragers Franz Kafka zum Expressionismus ist umstritten. Während der Germanist Paul Raabe auf die Unterschiede hingewiesen hat – Kafkas nüchterner Stil sei der überschwänglichen Rhetorik der Expressionisten, sein Glaube an das unentrinnbare Schicksal dem expressionistischen Aktivismus entgegengesetzt (vgl. Raabe 1967) –, so stellten andere Wissenschaftler die Gemeinsamkeiten heraus: Thematisch sei Kafka durch den Vater-Sohn-Konflikt Expressionisten wie Walter Hasenclever (→ KAPITEL 6.4) verbunden, auf typisch expressionistische Texte wie Carl Einsteins *Bebuquin oder die Dilettanten des Wunders* (1912) oder Benns *Gehirne* ver-

Ist Kafka ein Expressionist?

weise das erkenntnistheoretische Reflexionsniveau (vgl. Vietta/Kemper 1997, S. 68f.).

Grundsituation Kafka'scher Helden

Die Grundsituation Kafka'scher Helden ist nach der Ansicht von Beda Allemann durch das Geschichtsbild Kafkas geprägt, demzufolge Geschichte nicht auf ein Ziel zulaufe – man denke etwa an den Jüngsten Tag in der christlichen Vorstellung oder die klassenlose Gesellschaft der Marxisten –, sondern sich als immerwährender Augenblick ereigne, oder, um einen paradoxen Bewegungsbegriff aus Kafkas Tagebuch zu gebrauchen, ein „stehender Sturmlauf" sei (Kafka 1990, S. 259f.; vgl. Allemann 1998). Zielgerichtete Entwicklungen gibt es in Kafkas erzählten Welten nicht, die Protagonisten sind darum in zirkulären Zusammenhängen und Prozessen befangen und versuchen häufig, dieses Geschehen zu deuten.

Kafkas erkenntniskritisches Reflexionsniveau ist unter anderem dadurch bestimmt, dass es in seinen Texten trotz des nüchternen Tons kaum eine objektive, sondern nur eine perspektivisch gebrochene Wahrnehmung der Welt gibt. Ermöglicht wird dies durch das Fehlen eines allwissenden und wertenden Erzählers sowie der Verwendung von Gedankenberichten und erlebter Rede. Friedrich Beissner sprach zunächst davon, dass Kafka „einsinnig" (Beissner 1958, S. 26) aus der Perspektive einer Figur erzähle, ganz gleich ob er die Ich-Form oder die Er-Form verwende. Diese Ansicht konnte aber inzwischen dahingehend differenziert werden, dass Kafka die Perspektiven von Erzähler und Figur miteinander verschränke und zwischen Übersicht und Mitsicht wechsle. Diese „Doppelsinnigkeit" (Scheffel 2002, S. 67) kann man am Beginn der Erzählung *Das Urteil* (1913) studieren:

Doppelsinniges Erzählens

„Es war an einem Sonntagvormittag im schönsten Frühjahr. Georg Bendemann, ein junger Kaufmann, saß in seinem Privatzimmer im ersten Stock eines der niedrigen, leichtgebauten Häuser, die entlang des Flusses in einer langen Reihe, fast nur in der Höhe und Färbung unterschieden, sich hinzogen. Er hatte gerade einen Brief an einen sich im Ausland befindenden Jugendfreund beendet, verschloß ihn in spielerischer Langsamkeit und sah dann, den Ellbogen auf den Schreibtisch gestützt, aus dem Fenster auf den Fluß, die Brücke und die Anhöhen am anderen Ufer mit ihrem schwachen Grün.

Er dachte darüber nach, wie dieser Freund, mit seinem Fortkommen zu Hause unzufrieden, vor Jahren schon nach Rußland sich förmlich geflüchtet hatte. Nun betrieb er ein Geschäft in Petersburg […]." (Kafka 1994, S. 43)

Die ersten beiden Sätze lassen mit ihrer Zeit- und Wetterangabe sowie der Nennung von Namen und Beruf des Protagonisten Georg Bendemann das erzählerische Mittel der Übersicht erkennen, während der Leser die letzte Hälfte des dritten Satzes – der Protagonist sieht aus dem Fenster – schon aus der Perspektive der Mitsicht erlebt. Diese Mitsicht wird in den folgenden Absätzen durch Gedankenbericht und erlebte Rede noch verstärkt.

Kafkas Erzählung *Das Urteil*, die dieser in nur einer einzigen Nacht in sein Tagebuch niedergeschrieben hat, handelt von einem Konflikt zwischen Vater und Sohn. Zwar beginnt der Text beschaulich, er scheint jedoch in einer Katastrophe zu enden: Der realistische Erzähleingang kontrastiert mit dem höchst ungewöhnlichen Ende, an dem sich Bendemann in einen Fluss fallen lässt, offenbar weil er das väterliche Urteil des Ertrinkens, das der Vater über seinen Sohn nach einer Konfrontation verhängt hatte, selbst vollstrecken will. Zwischen Anfang und Ende gibt es Handlungselemente, die sich der Wahrscheinlichkeit und der Alltagspsychologie entziehen. Erwähnt sei insbesondere die Tatsache, dass der Vater die Existenz des Petersburger Freundes leugnet, mit diesem aber Briefverkehr unterhalten will und sich schließlich gar als sein „Vertreter" (Kafka 1994, S. 57) bezeichnet. Ferner gehört dazu der Versuch des Sohnes, seinen Vater mit einer Decke zuzudecken, was dieser jedoch metaphorisch als Angriff versteht, und endlich auch das überraschende Urteil des Vaters sowie dessen Vollstreckung, deren Schilderung in ihrer starken zeitlichen Raffung an das filmische Erzähltempo erinnert.

Kafkas Das Urteil

Die literaturwissenschaftliche Forschung hat diesen Text von Kafkas als seinen „Durchbruch" zur Literatur bezeichnet, weil

„sich hier zum erstenmal die Redesituation zwischen Vater und Sohn als paradigmatisch für den Versuch des Subjekts zeigt, sich in Sprechakten, das heißt durch Rede und Schrift, zu emanzipieren, sich gewissermaßen ‚freizusprechen' und seine Identität gegen die normierende Macht der anderen durchzusetzen." (Neumann 1981, S. 166).

Emanzipation des Subjekts

Bei Bendemann wird die Identitätskrise zudem dadurch verschärft, dass er durch eine sich abzeichnende Familiengründung und eine zunehmende ökonomische Selbstständigkeit am Übergang in eine neue Lebensphase steht, die der sozialen und familiären Legitimierung besonders bedarf. Ein neuralgischer Punkt im *Urteil* wie in anderen Texten Kafkas ist dabei die Frage, mit welchem Recht und durch welche Weise Identität legitimiert oder verworfen wird.

13.4 Utopie, Wandlung und neuer Mensch

Eine Gruppe von Texten, die euphorisch zum Wandel des Menschen aufruft oder eine ideale Gemeinschaft beschwört, scheint zunächst im Gegensatz zum Ich-kritischen Potenzial der experimentellen Reflexionsprosa des Expressionismus zu stehen. Hierfür wurde der Begriff „messianischer Expressionismus" in Umlauf gebracht, weil die Erneuerungs- und Aufbruchsthematik religiös grundiert und mit einem Sendungsbewusstsein verbunden ist (vgl. Vietta/Kemper 1997, S. 186). Weil der Mensch zur zentralen Kategorie der Texte wird und diese häufig in einem feierlichen Ton abgefasst sind, spricht man auch vom O-Mensch-Pathos. Dieser Zusammenhang zeigt sich beispielsweise in Pinthus' Lyrik-Anthologie *Menschheitsdämmerung*, deren Kapitelfolge vom pessimistischen „Sturz und Schrei" bis zum utopischen „Liebe den Menschen" selbst eine Figur des Wandels beschreibt. Das letztgenannte Kapitel wird mit dem Gedicht *An den Leser* von Franz Werfel eröffnet, dessen erster Vers gleich die genannten Signalwörter enthält: „Mein einziger Wunsch ist, dir, o Mensch verwandt zu sein!" (Werfel 1920 in: Pinthus 1996, S. 279).

Messianischer Expressionismus

Dass die Berufung auf das Menschsein auch eine Kampfformel gegen den menschenverachtenden und von nationalistischen Vorstellungen beherrschten Krieg war, zeigt eine Szene in Ernst Tollers stark stilisierter Autobiografie *Eine Jugend in Deutschland* (1933). Geradezu als Bekehrungserlebnis ist gestaltet, wie Toller in einem Schützengraben des Ersten Weltkriegs nächtelang Schreie eines sterbenden Soldaten hören muss und beim weiteren Ausheben des Grabens auf Gedärme eines vergrabenen Toten stößt. Ihm wird plötzlich klar, dass es sich hier um einen Menschen, ein verwandtes Wesen, handelt:

„Ein – toter – Mensch –
Und plötzlich, als teile sich die Finsternis vom Licht, das Wort vom Sinn, erfasse ich die einfache Wahrheit Mensch, die ich vergessen hatte, die vergraben und verschüttet lag, die Gemeinsamkeit, das Eine und Einende.
Ein toter Mensch.
Nicht: ein toter Franzose.
Nicht: ein toter Deutscher.
Ein toter Mensch."
(Toller 1978, Bd. 4, S. 70)

Neuer Mensch

Der Begriff des neuen Menschen nahm in der Zeit des Expressionismus so viele heterogene Bedeutungen an, dass man ihn zu Recht als „Leerformel" (Anz 2002, S. 44) bezeichnet hat. Gleichwohl ist er als ein Gegenmodell zur damaligen Gesellschaft zu begreifen, das mit seinem Verweis auf eine bessere Zukunft auch einen vagen utopischen Gehalt besitzt. Doch er sollte nicht bloß Utopie bleiben, sondern als säkularisiertes Paradies auf Erden verwirklicht werden: „Wir wollen, bei lebendigem Leibe, ins Paradies", schreibt der Schriftsteller Kurt Hiller (Hiller 1916, S. 196). In der Idee des neuen Menschen, wie sie den Expressionisten vorschwebte, verbanden sich Elemente des Aktivismus mit Friedrich Nietzsches Idee vom Übermenschen, wobei das Verlaufsschema von der Wandlung zum neuen Menschen aus dem religiösen Bereich stammte – insbesondere der Passionsweg Christi war hier vorbildlich (→ KAPITEL 6.4). Allerdings, und das ist ein grundlegender Unterschied zur christlichen Theologie, muss sich der Mensch im Expressionismus zumeist selbst erlösen, während er im christlichen Verständnis auf das göttlich bewirkte Heilsgeschehen angewiesen ist.

Das Drama wurde die wohl wichtigste Gattung für den messianischen Expressionismus. Dramen wie Georg Kaisers *Die Bürger von Calais* (1914) oder Tollers *Die Wandlung* (1919) bezeichnet man als Wandlungsdramen oder als Verkündigungsdramen. Formal betrachtet nennt man sie auch Stationendramen, und zwar deswegen, weil in ihnen die Einteilung nach Akten meist durch eine Abfolge von einzelnen Stationen oder Bildern ersetzt ist. Die Einheit von Ort, Zeit und Handlung ist in der Regel aufgehoben, dagegen haben einzelne Bilder häufig einen traumhaft-unwirklichen Charakter. Die Stationentechnik wurde erstmals von dem schwedischen Dramatiker August Strindberg in seinem dreiteiligen Bühnenwerk *Nach Damaskus* (*Till Damaskus*, 1898–1904) verwendet. Im Zentrum der Stationendramen steht ein Protagonist, der ausgehend von einer Sinnkrise im Laufe der einzelnen Bilder eine Wandlung vollzieht.

Stationendrama

Im Gegensatz zum Drama des Naturalismus sind die Figuren häufig als Typen gezeichnet und nicht individualisiert, sie heißen beispielsweise Direktor, Kassierer, Mutter oder Verwundeter. Die Protagonisten werden als „Ideenträger" bezeichnet, weil sie vor allem für die gesellschaftliche Position stehen, die sie verkörpern. Georg Kaiser schrieb in seinem Aufsatz *Vision und Figur* (1918), dass Figuren „Träger der Vision" seien. Vision könne es aber nur eine geben: „die von der Erneuerung des Menschen." (Kaiser 1970ff., Bd. 4, S. 548f.)

Figuren als Ideenträger

In Kaisers Bühnenspiel *Die Bürger von Calais* (1914; Uraufführung 1917), das sich auf die Belagerung von Calais im Jahre 1347 bezieht, ist es der Protagonist Eustache de Saint-Pierre, der auf den Spuren Christi in die Rolle des Erlösers schlüpft. Er meldet sich als erster, um sich dem englischen König auszuliefern und damit die

Kaisers *Die Bürger von Calais*

Stadt zu retten. Als sich aber freiwillig insgesamt sieben Bürger statt, wie gefordert, sechs melden, wird Eustache zu einer Art Spielleiter. In den folgenden Spielen geht es ihm allerdings nicht darum, dem siebten die Selbstopferung zu ersparen, sondern um eine Läuterung aller Opferwilligen.

Die „Tat" Der zentrale Begriff in dem Stück ist die „Tat", hier gleichbedeutend mit der Aufopferung. Die Bürger sollen sich dieser Tat ganz verschreiben, sodass ihr Leben ein Ziel bekommt. Die verwandelnde Kraft der Tat soll aus den Bürgern „Täter" und damit neue Menschen machen: „Sie [die Tat; Anm. d. Verf.] fordert euch nackt und neu." (Kaiser 1970ff., Bd. 1, S. 562) Mit der Forderung nach der Tat, nach der Veränderung des einzelnen Menschen und dadurch schließlich der Gesellschaft, wird ein Grundwort des Expressionismus aufgegriffen, das sich beispielsweise in Heinrich Manns Essay *Geist und Tat* (1910) findet und das auch zu den Zentralwörtern des Aktivismus gehört (→ KAPITEL 6.4).

Nach dem zweiten Läuterungsspiel tritt der Vater von Eustache auf und berichtet wie ein Seher vom Freitod seines Sohnes: „ich habe den neuen Menschen gesehen – in dieser Nacht ist er geboren!"
Bezüge zum Heilsgeschehen (Kaiser 1970ff., Bd. 1, S. 577) Zum christlichen Heilsgeschehen gibt es deutliche Bezüge: Der zweite Akt ist als Abendmahlsszene gestaltet und zum Schluss erhellt das Bühnenlicht das Giebelfeld eines Kirchenportals. Es zeigt eine Grablegung und eine Himmelfahrt, wobei die Anwesenheit von jeweils sechs umstehenden Figuren auf Eustache und die sechs Freiwilligen schließen lässt. Die heilsgeschichtliche Perspektive wird zusätzlich dadurch unterstrichen, dass dem englischen König in der Nacht ein Sohn geboren wird, weshalb die sechs Opferwilligen verschont werden.

In der jüngeren Forschungsliteratur wurde dieses gewandelte Ich-Verständnis kontextualisiert, indem auf den Einfluss der Philosophen Friedrich Nietzsche und Sören Kierkegaard hingewiesen wurde. Das
Neue Subjektivitäts- entwürfe Stationendrama sei der formale Niederschlag nachidealistischer Subjektivitätsentwürfe und trage beispielsweise deutliche Züge von Nietzsches radikalem Subjektivismus, wie er sich in der Konzeption des schaffenden und sich selbst überwindenden Menschen in *Also sprach Zarathustra* zeige (1883–85; vgl. Oehm 1993, S. 128). So betrachtet, antwortet die Stationendramatik auf dieselbe umfassende Krise des Ich, die auch die experimentelle Reflexionsprosa bestimmt.

Fragen und Anregungen

- Was ist der Reihungsstil und wie wird sein häufiges Auftreten um 1910 erklärt?
- Welche Bedeutung gewinnt das Kino für Schriftsteller in der Zeit des Expressionismus?
- Welche Merkmale hat die experimentelle Reflexionsprosa des Expressionismus?
- Wie lässt sich die expressionistische Vorstellung vom neuen Menschen bestimmen?

Lektüreempfehlungen

- Carl Einstein: Bebuquin [1912], hg. v. Erich Kleinschmidt, Stuttgart 2005. — Quellen
- Jakob van Hoddis: *Variété* [1911], in: ders., Dichtungen und Briefe, hg. v. Regina Nörtemann, Zürich 1987, S. 16–26.
- Franz Kafka: Das Urteil und andere Prosa, hg. v. Michael Müller, Stuttgart 1995.
- Georg Kaiser: Von morgens bis mitternachts. Stück in zwei Teilen. Fassung letzter Hand [1916], hg. v. Walther Huder, Stuttgart 1994.
- Georg Lukács: Gedanken zu einer Ästhetik des Kino [1911], in: Jörg Schweinitz (Hg.), Prolog vor dem Film. Nachdenken über ein neues Medium 1909–1914, Leipzig 1992, S. 300–305.
- Georg Simmel: Die Großstädte und das Geistesleben [1903], in: ders., Gesamtausgabe, hg. v. Otthein Rammstedt, Frankfurt a. M. 1989ff., Bd. 7, S. 116–131. – Auch in: Jürgen Schutte/Peter Sprengel (Hg.), Die Berliner Moderne 1885–1914, Stuttgart 1987, S. 124–130 (gekürzt).

- Walter Fähnders (Hg.): Expressionistische Prosa, Bielefeld 2001. — Forschung
  Neuere Aufsatzsammlung mit Interpretationen zu zentralen expressionistischen Prosatexten, u. a. zu Gottfried Benns Rönne-Novellen, zu Alfred Döblin, Kasimir Edschmid, Albert Ehrenstein und Carl Einsteins „Bebuquin".

- Oliver Jahraus / Stefan Neuhaus (Hg.): Kafkas „Urteil" und die Literaturtheorie. Zehn Modellanalysen, Stuttgart 2002. *Der Band enthält Kafkas Text und spiegelt in den Interpretationen den Methodenpluralismus der germanistischen Literaturwissenschaft wider.*

- Hans-Georg Kemper: Vom Expressionismus zum Dadaismus. Eine Einführung in die dadaistische Literatur, Kronberg / Ts. 1974. *Grundlegende Darstellung zum Simultangedicht (Reihungsstil) und seiner Kontexte.*

- Heidemarie Oehm: Subjektivität und Gattungsform im Expressionismus, München 1993. *Einflussreiche Interpretationen zum Stationendrama und zur experimentellen Reflexionsprosa des Expressionismus.*

- Harro Segeberg (Hg.): Die Mobilisierung des Sehens. Zur Vor- und Frühgeschichte des Films in Literatur und Kunst, München 1996. *Insbesondere die Beiträge von Corinna Müller und Harro Segeberg sind für das Thema Kino und Literatur um 1900 einschlägig.*

- Klaus Siebenhaar: Klänge aus Utopia. Zeitkritik, Wandlung und Utopie im expressionistischen Drama, Berlin / Darmstadt 1982, S. 190–216. *Das Kapitel behandelt die utopistischen Entwürfe des Expressionismus.*

14 Wirkungsgeschichten

Abbildung 14: Anthony Perkins als Josef K. in Orson Welles' Film *Le procès* (*Der Prozess*, 1962), Filmstill

Das Filmstill aus Orson Welles' Verfilmung von Kafkas Romanfragment „Der Prozess" (1925; entstanden ab 1914) zeigt einen streng geometrischen Raum mit hohen Aktenschränken, die rechteckige, verschlossene Fächer haben. Die niedrige Decke ist in quadratische Segmente unterteilt. In der Mitte steht Josef K., gespielt von Anthony Perkins, und hält rechteckige Bilderrahmen in der Hand. Verstörend an diesem Bild ist nicht so sehr, dass hier und da ein Bündel mit Akten aus den Fächern herausragt, dass der Mann offenbar Angst hat oder dass ihm die Bilderrahmen zu entgleiten scheinen. Irritierend ist die Perspektive: Schräg von rechts unten nimmt das Weitwinkelobjektiv der Kamera den Raum in den Blick, sodass es zu stürzenden Linien kommt und der Mann haltlos nach links vorne zu kippen scheint. Die verunsichernde Erzählperspektive von Kafkas Texten setzte der US-amerikanische Regisseur Welles in die Kameraführung um.

Welles Film ist ein exponiertes Beispiel dafür, wie produktiv die deutschsprachige Literatur um 1900 in verschiedenen Ländern und in den unterschiedlichsten Medien rezipiert wurde. Da eine so heterogene Literatur wie die um 1900 keine gemeinsame Wirkungsgeschichte hatte, geht es im Folgenden um einzelne ausgewählte Wirkungsgeschichten. Die Rezeption Stefan Georges wird zunächst von seiner sakralisierten Autorrolle und den Mitgliedern seines Kreises bestimmt, gerät dann aber in ideologische Grabenkämpfe. In einer kulturpolitischen Debatte wurde diskutiert, ob der Expressionismus ein Vorläufer des Nationalsozialismus sei. Der Weltruhm des Schriftstellers Franz Kafkas war eine Wirkung wider Willen. Für alle diese Beispiele gilt, dass sie von bestimmten sozialen und politischen Rahmenbedingungen abhängig waren. Am sinnfälligsten wird dies an dem Jahr 1933 – eine Zäsur für alle diese Wirkungsgeschichten.

14.1 **1933 – Eine historische Zäsur**
14.2 **George: Verehrung, Vereinnahmung, Parodie**
14.3 **Die Expressionismusdebatte**
14.4 **Kafkas Popularität**

14.1 1933 – Eine historische Zäsur

Für die Literaturwissenschaft ist die Wirkungsgeschichte der Literatur um 1900 vorwiegend die Rezeptionsgeschichte einzelner Autoren. Die Gemeinsamkeiten scheinen sich darauf zu beschränken, dass die Machtübergabe an die Nationalsozialisten 1933 und die darauf folgende Kulturpolitik gravierende Auswirkungen auf die Mehrzahl der Autoren und Werke und damit auch auf ihre Rezeptionsbedingungen hatten. Vor 1933 genossen Autoren der literarischen Moderne zum Teil ein großes Ansehen und sogar eine gewisse Popularität (→ ASB DE-LABAR). Heinrich Mann, der ältere Bruder von Thomas, konnte seinen Roman *Der Untertan* erstmals 1918 in höherer Auflage veröffentlichen; er hatte damit, obwohl heftig umstritten, einen großen Erfolg. 1929 wurde Robert Musil mit dem Gerhart-Hauptmann-Preis geehrt, der erste Band seines Romans *Der Mann ohne Eigenschaften* (1930) verschaffte ihm zusätzliche Reputation. Thomas Mann erhielt 1929 den Literaturnobelpreis für den Roman *Buddenbrooks* (1901) – seine Bücher erreichten in diesen Jahren hohe Auflagen. Zu einer volkstümlichen Popularität hatte Hugo von Hofmannsthal mit seinem Mysterienspiel *Jedermann* (1911) gefunden. Mit diesem Stück wurden 1920 in einer Freilichtaufführung die Salzburger Festspiele eröffnet. Das wiederholte sich von 1926 bis 1937 jährlich. Alle diese Erfolgsgeschichten und Traditionen wurden nach 1933 unterbrochen.

Wirkung vor 1933

Nach der Machtübergabe an die Nationalsozialisten mussten viele Dichter und Intellektuelle ins Exil flüchten oder sich den neuen politischen Verhältnissen anpassen. Große Teile gerade der modernen und avantgardistischen Literatur wurden aus dem Buchhandel und den Bibliotheken entfernt sowie von den Bühnen verbannt. Im Zuge der Aktion „Wider den undeutschen Geist", die schon im April 1933 begann, also wenige Monate nach dem Machtwechsel, wurden am 10. Mai 1933 Bücher von Sigmund Freud, Erich Kästner, Kurt Tucholsky, Heinrich Mann und vielen anderen verbrannt. Diese Autoren waren in den kommenden zwölf Jahren verboten, ebenso wie beispielsweise Johannes R. Becher, Walter Benjamin, Ernst Bloch, Bertolt Brecht, Franz Kafka, Karl Kraus, Else Lasker-Schüler, Thomas Mann, Erich Mühsam, Robert Musil, Kurt Pinthus, Joachim Ringelnatz, Arthur Schnitzler, Carl Sternheim, Ernst Toller oder Stefan Zweig. Von einer kontinuierlichen Wirkungsgeschichte der Literatur um 1900 kann schon deshalb nicht die Rede sein. Die Wirkungsgeschichten von Stefan George und Franz Kafka sowie die Expressionismus-

Kulturpolitik nach 1933

debatte zeigen jeweils auf ihre Weise, inwiefern der Nationalsozialismus die Rezeptionsbedingungen von Literatur veränderte.

14.2 George: Verehrung, Vereinnahmung, Parodie

Der Lyriker Stefan George entfaltete um die Jahrhundertwende durch den Rang seiner Dichtungen, durch seine Zeitschrift *Blätter für die Kunst* sowie durch die Mitglieder seines Dichterkreises eine große und vielschichtige Wirkung. Seine vehement betriebene Selbstinszenierung als Priester und Seher (→ KAPITEL 4.3) steuerte natürlich die Rezeption seiner Texte. Allerdings konnte auch eine so ‚starke' Autorrolle wie diejenige Georges Fehllektüren nicht verhindern – dies zeigt ein Blick in die Wirkungsgeschichte. Zu seinem Ruhm trugen zunächst seine Anhänger, die Georgianer, mit Gedichten im Stil des Meisters und später mit Erinnerungsbüchern und Werkexegesen bei, die ihr Bild von George und seiner Dichtung in die Gesellschaft trugen.

Nach dem Ersten Weltkrieg und zum 60. Geburtstag 1928 war George auf dem Gipfel seines Erfolges. Die Auflagenzahlen erreichten in jenen Jahren mit 11 500 bis 20 000 Exemplaren pro Werk ihr Maximum (vgl. Petrow 1995, S. 14). Dabei ist die Rezeption Georges in den 1920er-Jahren komplex und uneinheitlich, sie ist zudem stark ideologisch gefärbt und wird seinen Texten darum nicht immer gerecht. Von vielen Dichtern, insbesondere von den jüngeren, wurde er nicht nur als Erneuerer der deutschen Sprache gepriesen, sondern als Prophet verehrt, der umfassende Lebensorientierung zu geben versprach. Der 22-jährige Schriftsteller Klaus Mann, ein Sohn von Thomas Mann, pries George so in einer Rede zu dessen 60. Geburtstag als *Führer der Jugend* (1928), der diese in eine „Zukunft des reineren Lichtes, des strengen Glücks" leite (Klaus Mann 1928 in: Wuthenow 1980, S. 237). Allerdings glaubte Klaus Mann, dass einzig die Orientierung an der strengen Dichtung Georges nicht ausreiche, um eine zukünftige Gesellschaft zu gestalten. Er konnte sich deshalb vorstellen, dass man gleichzeitig Karl Marx lesen und George-Anhänger sein könne. Auch andere politisch Linke wie der Dichter und Anarchist Erich Mühsam (1878–1934) oder die Politikerin Rosa Luxemburg (1871–1919) lasen George mit großer Zustimmung (vgl. Petrow 1995, S. 13f.).

Natürlich berufen sich auch konservativ-nationale Kreise auf George. Sie konnten sich durch den Georgianer Friedrich Wolters bestätigt fühlen, der in seinem Buch *Stefan George und die Blätter für*

George-Rezeption in den 1920er-Jahren

Wolters' George-Bild

die Kunst. Deutsche Geistesgeschichte seit 1890 (1930) den George-Kreis von Beginn an als eine deutschnationale Institution mit erzieherischer und staatsbildender Absicht zeichnete. Damit marginalisierte Wolters nicht nur die große jüdische Prägung des Kreises – Georgianer wie Friedrich Gundolf und Karl Wolfskehl waren Juden –, sondern ebenso die ästhetizistischen Anfänge Georges, die es unwahrscheinlich erscheinen lassen, dass er von Beginn an ein „zutiefst [...] staatlicher Mensch" (Wolters 1930, S. 545) gewesen war. George selbst begleitete die Entstehung des Buches, das aufgrund seines heilsgeschichtlichen Tons und seiner völkisch-antisemitischen Untertöne selbst bei Georgianern aus der ersten Reihe, wie Gundolf, auf heftige Kritik stieß und erst recht von der Öffentlichkeit entrüstet aufgenommen wurde (vgl. Karlauf 2007, S. 596–601).

1933 war für die George-Rezeption in mehrfacher Hinsicht ein entscheidendes Datum. Es war der 65. Geburtstag des Dichters, es war das Jahr von Hitlers Regierungsantritt und es war das Jahr, in dem George starb. Zu seinem Geburtstag dominierte in der Presse ein national-konservatives George-Bild: George wurde als vorbildlicher deutscher Dichter gepriesen. Die nationalsozialistische Propaganda strebte dagegen an, ihn zu einem Vorläufer der eigenen Ideologie zu stilisieren – der Titel von Georges Gedichtsammlung *Das neue Reich* (1928) bot hierfür einen beispielhaften Anknüpfungspunkt. Die Nationalsozialisten versuchten, dem Meister ein Zeichen der Verbundenheit mit dem ‚Dritten Reich' zu entlocken, aber dieser schwieg mit einer „bedrückenden Wucht". Dies notierte der inzwischen aus Deutschland geflohene Klaus Mann über George und wertete es als Zeichen dafür, dass der verehrte Dichter mit den Zielen der Nationalsozialisten nicht übereinstimmte (Klaus Mann 1933 in: Wuthenow 1981, S. 8). Georges Stellung zu den neuen Machthabern war dabei wohl ablehnend oder zumindest zwiespältig. Um Ehrungen zu vermeiden, trat er an seinem Geburtstag am 12. Juli nicht öffentlich auf. Noch im selben Monat brach er früher als üblich zu seinem Schweiz-Urlaub auf, wo er nur wenige Monate später am 4. Dezember 1933 verstarb. Kurze Zeit darauf ließ das Interesse der Nationalsozialisten an George nach. Aus dem George-Kreis stammten sowohl Anhänger der Nationalsozialsten wie auch Gegner. So war etwa Claus von Stauffenberg, der das Hitler-Attentat am 20. Juli 1944 ausführte, ein Mitglied des George-Kreises (vgl. Petrow 1995, S. 21–45, 61–88).

Die exklusive Ästhetik von Georges Dichtungen und sein eigenständiger Stil trugen ihm nicht nur Verehrer ein, sondern reizten schon zu Lebzeiten zu parodistischer Nachahmung. Natürlich traf es

> George im Jahr 1933

> Parodistische Nachahmung

nicht nur George allein. Auch den Schriftstellern Max Dauthendey, Richard Dehmel, Rainer Maria Rilke oder dem dichtenden Philosophen Friedrich Nietzsche wurde diese Ehre zuteil. 1918, zu Georges 50. Geburtstag, veröffentlichten die Dichter Albrecht Schaeffer und Ludwig Strauss ihr Buch *Die Opfer des Kaisers, Kremserfahrten und die Abgesänge der hallenden Korridore*. Der Titel spielte u. a. auf Georges *Pilgerfahrten* (1891) und *Das Buch der hängenden Gärten* (1895) an. Schaeffer und Strauss imitierten die buchkünstlerische Gestaltung George'scher Werke: Die Ausstattung des Buchs, die typografische Gestaltung samt Kleinschreibung und eigenwilliger Interpunktion sowie der Aufbau des Bandes ähneln dem Stil von Georges Publikationen. Aus der beigefügten „NACHREDE" spricht dabei durchaus Respekt für den Dichter. Die Parodie sollte als besondere Form der Huldigung verstanden werden, die das Wesentliche an Georges Werk trifft, während den Journalisten und Epigonen vorgeworfen wurde, Georges Kunst zu verfehlen. George und sein Kreis konnten sich dieser Einschätzung nicht anschließen und verhinderten, dass die Parodien in den Buchhandel kamen – ein Zeichen nicht nur für den Einfluss des Kreises, sondern auch dafür, wie bedacht man auf die Außenwirkung war (vgl. Hubert 1982, S. 319).

Viele Gedichte parodieren Stil und Inhalt von Georges Gedichtsammlung *Algabal* (1892). In diesem Gedichtzyklus werden u. a. die unterirdischen Hallen beschrieben, in denen der Kaiser Algabal lebt. Sie stellen ein künstliches Reich dar, das sich durch die hermetische Abgeschlossenheit zur banalen Wirklichkeit und zur Natur auszeichnet (→ KAPITEL 12.3). In der Parodie heißt es über einen solchen Saal und seine Errichtung:

„Und drei mal tausend adler in den fängen
Tragen der zimmrer und der maurer schar
Hinauf ins lohe gelb an silbersträngen
Den saal zu richten wie noch keiner war :

Wo keine wolke je mit güssen drohe
Die halle ohne boden ohne dach
Die mauerlose und die törig frohe
Aus eitel goldnem glast ein einzig fach .

Und fünfzigtausend bogenfenster klaffen
Im kreis wenn ER hält einsam gasterei .
Der kaiser behrt beim male nicht der waffen :
Ihm dient der messer- und der gabelweih ."
(Schaeffer/Strauss 1918, S. 12)

Schon auf den ersten Blick erinnern die fünfhebigen Jamben, die im Kreuzreim zu vierversigen Strophen zusammengefasst sind, an einige Gedichte aus *Algabal* (z. B. *Daneben war der raum der blassen helle...*), die ebenfalls Räume und Hallen beschreiben. Desgleichen verweisen die veralteten Worte „törig", eine Nebenform von töricht, und „glast", was soviel wie Schein oder Schimmer bedeutet, auf George – sie finden sich beide in Gedichten von Georges *Das Jahr der Seele* (1897). Schaeffer und Strauss parodieren die Beschreibung von Algabals künstlichem Unterreich, indem sie es in den Himmel verlegen und es als unmögliches Luftschloss darstellen. Die Autarkie von Algabals Reich wird dadurch infrage gestellt, dass hier Maurer und Zimmerer den Saal erst erbauen müssen. Dessen unmögliche Gestalt ohne Boden, Mauern und Dach, aber – Georges Zahlensymbolik hyperbolisch aufgreifend – mit „fünfzigtausend" Fenstern, erinnert an die Nonsensdichtung von Christian Morgenstern (1871–1914; → KAPITEL 10.3). Schließlich wird der Kaiser bei einer der gewöhnlichsten Tätigkeiten, nämlich beim Essen gezeigt, womit die banale Wirklichkeit, die doch eigentlich aus Algabals Reich ausgeschlossen sein sollte, wieder Einzug in die Dichtung hält (vgl. Hubert 1982, S. 295–396).

Formale Struktur

Nach dem Zweiten Weltkrieg war George weiterhin ideologisch umstritten. Der Philosoph und Soziologe Theodor W. Adorno würdigte George zwar in seiner *Rede über Lyrik und Gesellschaft* (1957) als einen Dichter, der Verse gemacht habe, die „ich zu dem Unwiderstehlichsten zähle, was jemals der deutschen Lyrik beschieden war" (Adorno 1957 in: Wuthenow 1981, S. 224). Jedoch war George für ihn kein Prophet mit einer heiligen Botschaft, sondern ein Dichter, dessen Werk der eigenen bürgerlichen Gesellschaft gerade dadurch verhaftet war, dass es sich gegen sie sperrte. Georges Dichtung konnte aber auch ganz unabhängig von Ideologien zum Vorbild für so unterschiedliche Autoren wie dem Essayisten Helmut Heißenbüttel (1921–96) oder Eugen Gomringer (*1925), dem Begründer der Konkreten Poesie, werden (vgl. Heintz 1986, S. 346–367).

Wirkung nach 1945

14.3 Die Expressionismusdebatte

Die Wirkungsgeschichte des Expressionismus ist eng mit einer bedeutenden Debatte um den Expressionismus verbunden, die in der Moskauer Zeitschrift *Das Wort* von nicht weniger als 15 deutschsprachigen Exilanten geführt wurde. Die Debatte wurde 1937 vom Schriftsteller und Kulturpolitiker Alfred Kurella (1895–1975) begonnen und ein

Ablauf der Debatte

Jahr später durch sein *Schlußwort* (1938) beendet. Sie drehte sich um die Frage, ob der Expressionismus den Nationalsozialismus vorbereitet habe, weitete sich aber zu einer Diskussion um den (marxistischen) Realismus aus. Als Vorspiel können die Auseinandersetzung des Exilanten Klaus Mann mit Gottfried Benn, der sich für einige Zeit der faschistischen Ideologie angeschlossen hatte, sowie der Aufsatz *Größe und Verfall des Expressionismus* (1934) des Marxisten Georg Lukács gelten.

Lukács' Kritik am Expressionismus

Lukács hatte in diesem Aufsatz den expressionistischen Autoren vorgeworfen, dass mit ihrem Schreiben kein echtes politisches Engagement verbunden gewesen sei. Es habe sich vielmehr lediglich aus einer vagen Antibürgerlichkeit gespeist. Mit dieser bohemehaften Attitüde seien die Expressionisten in ihren Texten nicht zu einer Analyse der Gesellschaft und ihrer ökonomischen Bedingungen vorgedrungen, sondern hätten vielmehr den Boden für eine gegenbürgerliche Revolution bereitet, wie sie dann der Faschismus ausgeführt habe. Als Beleg für seine These konnte Lukács auf die anfängliche Befürwortung des Expressionismus durch Hitlers Propagandaminister Joseph Goebbels verweisen, aber auch auf einige expressionistische Dichter, die sich zum Nationalsozialismus bekannt hatten (vgl. Lukács 1962ff., Bd. 4, S. 109–149).

Benns Stellung zum Nationalsozialismus

Einer dieser Dichter war Gottfried Benn. Klaus Mann hatte dem ehemals verehrten Benn am 9. Mai 1933 einen Brief geschrieben, in dem er ihn aufforderte, sich von der faschistischen Ideologie zu distanzieren. Benn reagierte mit der öffentlichen *Antwort an die literarischen Emigranten* (1933), die er im Rundfunk verlas und die in einer Zeitung abgedruckt wurde. Darin verteidigte er emphatisch die nationalsozialistische Idee von der Züchtung eines neuen Volkes. Es gehe „um eine neue Vision von der Geburt des Menschen, vielleicht um die letzte großartige Konzeption der weißen Rasse" (Benn 1986ff., Bd. 4, S. 27).

Debatte in *Das Wort* (1937/38)

1937 erschienen dann in der Zeitschrift *Das Wort* zwei Beiträge, die um das Thema Nationalsozialismus und Expressionismus kreisten. Klaus Mann deutete in seinem Aufsatz Benns Weg in den Nationalsozialismus als *Die Geschichte einer Verirrung* (1937). Der zweite Essay „*Nun ist dies Erbe zuende ...*" stammte von Kurella. Er beurteilte Benns Bekenntnis zu Hitler nicht als bloße „Verirrung", sondern als notwendigen Weg eines typischen Expressionisten, offenbar ohne Lukács Beurteilung des Expressionismus zu kennen. Von der „Selbstzersetzung des bürgerlichen Denkens" (Kurella 1937 in: Schmitt 1973, S. 57), die Kurella insbesondere an den Rönne-Novel-

len (→ KAPITEL 13.3) nachzuweisen glaubte, führe eine vitalistische Erneuerungshoffnung in den Nationalsozialismus:
„Es blieb ihm [Benn; Anm. d. Verf.] nur eins: der Salto ins Lager Hitlers – Salto vitale, meint er, und ist doch auch nur ein Salto mortale und dazu noch ein häßlicher und kläglicher.
Dieses Ende ist gesetzmäßig." (Kurella 1937 in: Schmitt 1973, S. 59)
Etwa zeitgleich mit Kurellas Beitrag hatte Hitler in Berlin in seiner Kulturrede am 19. Juli 1937 zum Kampf gegen ‚undeutsche Kunst' aufgerufen. Zu dieser ‚entarteten Kunst' wurde neben anderen modernen Strömungen aller Kunstarten wie der Kubismus auch der Expressionismus gerechnet. Die Ausstellung „Entartete Kunst" wurde mit dem Ziel eröffnet, diese Kunst als geisteskranken Pfusch zu diffamieren.

Hitlers Kampf gegen ‚undeutsche Kunst'

In diesem Kontext wurde der Streit deutscher Exilanten um den Expressionismus weitergeführt. Unter den zahlreichen Beiträgen sei eine Streitschrift für den Expressionismus von Herwarth Walden genannt, dem ehemaligen Herausgeber der expressionistischen Zeitschrift *Der Sturm*. Walden zieht den Kampf der Nationalsozialisten gegen den Expressionismus als Argument heran, um zu zeigen, dass die Kunstrichtung nicht faschistisch sei, wie Kurella behauptet hatte:

Waldens Verteidigung des Expressionismus

„Jetzt hat das Dritte Reich den Kampf *gegen* den angeblich faschistischen Expressionismus im größten Stil begonnen. Die Bilder wurden aus den Museen genommen und in München eine Ausstellung ‚entarteter Kunst' vorgeführt. [...] Wie kann man nun aber den sensationellen Besuch dieser Ausstellung und den Verkauf dieser Bilder an das Ausland als ‚hocherfreuliche antifaschistische Demonstration' betrachten, wenn der Expressionismus faschistisch ist? Da haben die Faschisten diesmal doch den besseren Blick für ihn." (Walden 1938 in: Schmitt 1973, S. 80)
Hauptgegner im Expressionismus-Streit wurden schließlich der Philosoph Ernst Bloch, der mit dem Aufsatz *Diskussionen über Expressionismus* (1938) für den Expressionismus eintrat, und Georg Lukács, der seine ideologischen Bedenken gegen den Expressionismus schon vor der eigentlichen Debatte vorgetragen hatte, sich nun aber mit dem grundsätzlichen Aufsatz *Es geht um den Realismus* (1938) in den Streit einschaltete. Lukács unterschied die realistische Literatur, wie sie z. B. Thomas und Heinrich Mann schrieben, von einer antirealistischen, die er mit den Avantgarde-Bewegungen (Symbolismus, Expressionismus, Surrealismus etc.) identifizierte und als deren Repräsentant er Hermann Bahr (→ KAPITEL 2.1) ansah. Gemäß seinem marxistischen Weltbild glaubte er, dass nur der Realismus volksnah

Lukács' Realismus

sei, die Lebenserfahrungen der Menschen widerspiegle und deshalb den Fortschritt zu Humanität und einer „revolutionäre[n] Demokratie neuen Typs" befördern könne (Lukács 1938 in: Schmitt 1973, S. 227). Lukács Auffassung der Avantgarde-Bewegungen als unvereinbar mit sozialistischer Kunst fand ihre Fortsetzung in der Kulturpolitik der Ostblock-Staaten, während im Westen der Expressionismus in den 1960er Jahren wiederentdeckt wurde (→ KAPITEL 3.3).

14.4 Kafkas Popularität

Franz Kafkas Ruhm begann, bevor er auch nur eine Zeile veröffentlicht hatte. Max Brod, der Freund und spätere Nachlassverwalter Kafkas, hatte ihn 1907 in der Berliner Wochenschrift *Die Gegenwart* zur „heiligen Gruppe" erstrangiger deutscher Dichter gerechnet (Brod 1907 in: Binder 1979, Bd. 2, S. 872). Kafkas erster literarischer Text erschien erst 1908. Weiten Kreisen wurde Kafka durch seine Buchveröffentlichung *Betrachtung* (1912) bekannt, die eine Sammlung kurzer Prosatexte enthielt und die von der Kritik sehr positiv aufgenommen wurde. Zu den frühen Rezensenten gehörten neben Max Brod auch der expressionistische Dichter Albert Ehrenstein und der Schriftsteller Robert Musil. Letzterer besprach *Betrachtung* zusammen mit *Der Heizer* (1913) in einer Sammelrezension und bescheinigte beiden Texten große künstlerische Kraft. Für die Hochschätzung Kafkas schon zu Lebzeiten spricht, dass seine Texte in acht Anthologien aufgenommen und ins Tschechische, Ungarische und Schwedische übersetzt wurden. Obwohl zu Lebzeiten keiner der nachmals so berühmten fragmentarischen Romane erschien, war Kafka also kein verkanntes Genie, sondern vielfach gewürdigt.

Erste positive Kritiken

Kafka starb 1924 und wurde in Prag unter der Anteilnahme der engsten Freunde und einiger Bekannten beigesetzt. Die Nachrufe, die in den Zeitungen erschienen, stammten ebenfalls häufig von Freunden und wiesen schon damals auf die Ausnahmestellung seiner Texte hin. Mit Kafka sei einer der „besten deutschen Prosaschriftsteller" gestorben, dessen Erzählungen mit denjenigen Heinrich von Kleists verglichen werden müssten, so urteilte der Journalist Rudolf Fuchs (Fuchs 1924 in: Born 1979/83, Bd. 2, S. 20). Neben Kafkas schmalem Werk seien neun Zehntel aller Druckerschwärze „sinnlos und überflüssig vergeudet", glaubte Kafkas enger Freund Oskar Baum in seinem Nachruf (Baum 1924 in: Born 1979/83, Bd. 2, S. 23).

Posthume Würdigungen

Kafkas weltweiter Ruhm wurde mit den gegen Kafkas ausdrücklichen Willen von Max Brod herausgegebenen Romanfragmenten *Der Prozess* (1925), *Das Schloss* (1926) und *Amerika* (1927; d. i. *Der Verschollene*) begründet. In dieser Zeit warb der Kurt Wolff-Verlag für seinen verstorbenen Dichter, ebenso empfahlen Tageszeitungen Kafka zur Lektüre.

Mit der Herrschaft der Nationalsozialisten endete zunächst die Wirkung von Kafkas Werk im Reichsgebiet. Von Kafkas sechsbändigen *Gesammelten Werken*, herausgegeben zwischen 1935 und 1937 von Max Brod und Heinz Politzer, konnten nur noch die ersten vier Bände in Deutschland erscheinen. Die wohl einzige genehmigte Gedenkveranstaltung zu Kafkas Ehren während des Nationalsozialismus fand zum 60. Geburtstag des Dichters im Jahr 1943 statt. Sie wurde von Insassen des Konzentrationslagers Theresienstadt abgehalten (vgl. Binder 1979, Bd. 2, S. 873).

<small>Nationalsozialisten</small>

In den 1930er-Jahren begann die breite Rezeption und außerordentliche Würdigung von Kafkas Werken in England. *Das Schloss* wurde schon 1930 übersetzt (*The Castle*) und etwa 500 Mal verkauft. 1937 nannte ein englisches Jahrbuch Kafkas Roman *Der Prozess* (*The Trial*) das beste Buch des Jahres. Im selben Jahr diskutierten die wichtigsten literarischen Zeitschriften Kafkas weltliterarischen Rang – Vergleiche mit der Bedeutung William Shakespeares wurden gezogen.

<small>Rezeption in England</small>

Die Gründe für den Erfolg von Kafkas Büchern liegen teils in den Texten selbst, teils waren bestimmte Rezeptionsbedingungen ausschlaggebend. Beispielsweise haben Kafkas Texte kaum Referenzen auf das historische und kulturelle Umfeld, in denen sie entstanden waren, also auf Prag in den 1910er-/20er-Jahren. Sie waren deshalb, anders als die großen Romane Thomas Manns, leichter unter anderen Bedingungen zu rezipieren. Hinzu kommt, dass den Romanen vom Herausgeber Max Brod griffige Deutungsformeln beigegeben wurden: Im Nachwort zu *Das Schloss* hatte Brod eine theologische Lektüre vorgelegt: So sei Kafkas Held K. in *Das Schloss* in einem „religiösen Kampf" (Brod in: Kafka 1926, S. 497) um das Gnade Gottes begriffen. Die Übersetzer hielten sich in ihren Beitexten an diese Lesart. So wurden die Romane Kafkas dekontextualisiert und aktualisierend als Ausdruck religiöser Not gelesen (vgl. Binder 1979, Bd. 2, S. 626f., 668f.).

<small>Gründe für den Erfolg</small>

Kafka ist wohl der einzige Autor der Moderne, dem die Ehre zuteil wurde, dass sein Name zur Formel für ein bestimmtes Weltgefühl wurde: Ende der 1930er-Jahre lässt sich zuerst im Englischen das

"Kafkaesque" Wort „Kafkaesque" nachweisen. Zuerst bezeichnete es nur Kafkas Einfluss auf andere Literatur, doch bald wurde es auf reale Situationen, auf die wirkliche Welt angewendet. In dieser Form wurde das Wort nach dem Zweiten Weltkrieg auch in Deutschland populär (vgl. Binder 1979, Bd. 2, S. 881–888). In der großen Ausgabe des Duden wird „kafkaesk" heute u. a. als „auf rätselvolle Weise bedrohlich" erklärt.

Kafka nach dem Zweiten Weltkrieg
Nach dem Zweiten Weltkrieg konnte Kafka auch in der Bundesrepublik wieder gedruckt und gelesen werden. Die Germanistik nahm sich Kafkas Werk an, stellte besser edierte Texte zur Verfügung und begann mit der Deutungsarbeit. Kafkas Werk wirkte auch auf andere Kunstgattungen. Seine Texte wurden dramatisiert und verfilmt, vertont und illustriert. Schließlich inspirierte Kafka natürlich auch andere Schriftsteller und tut dies unvermindert weiter. Seit den 1950er-Jahren war Kafka u. a. für Ilse Aichinger, Peter Handke (*Der Prozeß [für Franz K.]*, 1967) oder Martin Walser ein wichtiger Bezugspunkt. In der DDR war Kafka lange Zeit verfemt – zu modernistisch und dekadent seien seine Texte. Erst ab den 1960er-Jahren begann dort eine zunehmende Auseinandersetzung.

Kafka und Martin Walser
Der Germanist und Schriftsteller Martin Walser wurde beispielsweise 1951 über Kafka mit der Arbeit *Beschreibung einer Form. Versuch über die epische Dichtung Franz Kafkas* promoviert. Dabei blieb diese wissenschaftliche Auseinandersetzung mit Kafkas Texten nicht ohne Wirkung auf das eigene Schreiben. Als Beispiel sei Walsers Erzählung *Templones Ende* aus der Sammlung *Ein Flugzeug über dem Haus und andere Geschichten* (1955) genannt. Templone, ein Villenbesitzer, hegt gegen seine neuen Nachbarn den Verdacht, dass diese ihn aus seiner Villa vertreiben wollen. Weil er sich bedroht fühlt, beobachtet er die Nachbarn und greift im Laufe der Zeit zu immer groteskeren Abwehrmaßnahmen – er richtet etwa Beobachtungsposten mit Fernrohren ein –, vereinsamt immer mehr und stirbt schließlich. Davon abgesehen, dass schon die Grundsituation für den Helden „kafkaesk" in dem oben beschriebenen Sinne ist, wandte

Erzählverfahren
Walser mit der dominanten Mitsicht, die den Leser durch die Sinne des Protagonisten wahrnehmen lässt, Erzählverfahren an, die der Germanist Walser an Kafkas Romanen herausgearbeitet hatte (vgl. Jablkowska 2006). Hierzu gehören auch die auffällige Häufung von Konjunktiven und Formulierungen, die eine Vermutung ausdrücken:

„Je mehr Herr Templone vereinsamte, desto schärfer beobachtete er. Oft lag er abendelang hinter seinen Mauern und lauschte hinüber in die fremden Gärten und versuchte zu verstehen, was dort gesprochen wurde. Daß nämlich sehr laut gelacht, aber nur sehr leise gesprochen wurde, das bestärkte Herrn Templone in seinen Ahnungen, daß sich etwas vorbereitete, was gegen ihn gerichtet war [...]." (Walser 1997, S. 87)

Kafka und seine Werke wurden auch verfilmt. Mehr als 20 Filme haben ein Sujet aus seinen Texten oder seinem Leben zum Thema. Dem Roman *Der Prozess* wurde diese Ehre gleich mehrmals zuteil. In jüngerer Zeit verfilmte der Engländer David Hugh Jones Kafkas Roman, wobei der Dramatiker Harold Pinter das Drehbuch schrieb. Der amerikanische Regisseur Orson Welles legte 1962 eine eigene Interpretation des Romanfragments vor, indem er beispielsweise Kafkas berühmten Text *Vor dem Gesetz* (1915), auch Teil des Romans, als speziell animierte Eingangsszene zeigte oder dadurch, dass er eine größere Schuld von Josef K. andeutete, indem er ihn durch einen Hof mit KZ-Häftlingen gehen ließ.

Verfilmungen

Fragen und Anregungen

- Inwiefern ist die Machtübernahme der Nationalsozialisten 1933 auch ein wichtiges Datum für die Wirkungsgeschichte der Literatur um 1900?

- Skizzieren Sie die vielschichtige Wirkung Stefan Georges in den 1920er- und 1930er-Jahren.

- Worum drehte sich die Expressionismusdebatte?

- Nennen Sie einige wichtige Stationen der Kafka-Rezeption.

Lektüreempfehlungen

- Jürgen Born (Hg.): Franz Kafka. Kritik und Rezeption, 2 Bde., Frankfurt a. M. 1979/83.

Quellen

- Ernst Heimeran (Hg.): Hinaus in die Ferne / Mit Butterbrot und Speck. Die schönsten Parodien auf Goethe bis George. Nebst einem Kapitel zeitgenössischer Selbstparodien und einem Bilderanhang, ohne Ort [München] 1952.

- Georg Lukács: „Größe und Verfall" des Expressionismus [1934], in: ders., Werke, 18 Bde., Berlin u. a. 1962–2005, Bd. 4, S. 109–149.

WIRKUNGSGESCHICHTEN

- Hans-Jürgen Schmitt (Hg.): Die Expressionismusdebatte. Materialien zu einer marxistischen Realismuskonzeption, Frankfurt a. M. 1973.

- Martin Walser: Ein Flugzeug über dem Haus und andere Geschichten [1955], Frankfurt a. M. 1997.

- Ralph-Rainer Wuthenow (Hg.): Stefan George und die Nachwelt. Dokumente zur Wirkungsgeschichte, Bd. 2, Stuttgart 1981.

Forschung
- Hartmut Binder (Hg.): Kafka-Handbuch in zwei Bänden, Stuttgart 1979, Bd. 2, S. 583–909. *Umfassende und detaillierte Bestandsaufnahme der Wirkung Kafkas von den ersten Rezensionen bis in die 1970er-Jahre. Enthält auch einen Forschungsbericht.*

- Manfred Engel / Dieter Lamping (Hg.): Franz Kafka und die Weltliteratur, Göttingen 2006. *Der Sammelband untersucht Kafkas eigene Lektüre von Weltliteratur und geht umgekehrt dem Einfluss Kafkas auf Autoren wie Max Brod, Kurt Tucholsky, Hermann Broch, Elias Canetti, Paul Celan, John M. Coetzee und anderen nach.*

- Günter Heintz: Stefan George. Studien zu seiner künstlerischen Wirkung, Stuttgart 1986. *Das Buch behandelt das Weiterwirken von Georges Lyrik bei Rainer Maria Rilke, Oskar Loerke, Rudolf Borchardt, Walter Benjamin und im Expressionismus (Ernst Stadler, Georg Heym, Gottfried Benn).*

- Michael Petrow: Der Dichter als Führer? Zur Wirkung Stefan Georges im „Dritten Reich", Marburg 1995. *Die Studie untersucht George im Spiegel der Presse, geht der Wirkung in der Wissenschaft bzw. bei Künstlern nach und schildert Georges Beziehung zu den neuen Machthabern.*

15 Serviceteil

15.1 Allgemeine Hilfsmittel

Bibliografien und Handbücher

- Handbuch Fin de Siècle, hg. v. Sabine Haupt und Stefan Bodo Würffel, Stuttgart 2008. *Aktuelle Sammlung mit Aufsätzen zu Geschichte, Gesellschaft, Literatur, Künsten und Wissenschaften vorwiegend des europäischen Fin de Siècle, außerdem zum deutschen Naturalismus und Expressionismus. Enthält einen biobibliografischen Anhang der besprochenen Autoren.* — Fin de Siècle

- Paul Raabe: Die Autoren und Bücher des literarischen Expressionismus, ein bibliographisches Handbuch in Zusammenarbeit mit Ingrid Hannich-Bode, 2. Auflage, Stuttgart 1992. *Das unverzichtbare Handbuch stellt 347 Autoren des Expressionismus mit Kurzlebensläufen vor und zählt ihre Veröffentlichungen auf. Enthält zudem zahlreiche Listen von Autoren und Büchern, die nach unterschiedlichen Aspekten (Gattungen, Geburtsdaten etc.) geordnet sind.* — Expressionismus

- Handbuch zur „Völkischen Bewegung" 1871–1918, hg. v. Uwe Puschner, Walter Schmitz und Justus H. Ulbricht, München u. a. 1996. *Bietet in zahlreichen Beiträgen einen Überblick über die Kultur und Literatur der Völkischen Bewegung, u. a. zum völkischen Theater, zum Film, zur Literatur- und Kunstkritik und zur völkisch orientierten Germanistik.* — Völkische Literatur

- Fritz Schlawe: Literarische Zeitschriften 1885–1910, 2. Auflage, Stuttgart 1965. *Bietet einen Überblick über die Zeitschriften um 1900. Mit bibliografischen Angaben und Kurzcharakteristiken der Zeitschriften (z. B. Erwähnung der Mitarbeiter).* — Zeitschriften

- Handbuch literarisch-kultureller Vereine, Gruppen und Bünde 1825–1933, hg. v. Wulf Wülfing u. a., Stuttgart / Weimar 1998. *Gut strukturierte Artikel mit Hinweisen zu Quellen und zur Forschungsliteratur. Behandelt werden etwa Der neue Club, der Verein Durch!, der Friedrichshagener Dichterkreis oder der George-Kreis.* — Literarische Gruppen

SERVICETEIL

Forschungsberichte zu einzelnen Strömungen

Naturalismus
- Dieter Kafitz: Tendenzen der Naturalismus-Forschung und Überlegungen zu einer Neubestimmung des Naturalismus-Begriffs, in: Der Deutschunterricht 40, 1988, S. 11–29. *Der Aufsatz skizziert knapp die Forschungslandschaft und schlägt vor, der Darwinismus-Rezeption im Naturalismus größere Bedeutung einzuräumen.*

Expressionismus
- Richard Brinkmann: Expressionismus. Forschungs-Probleme 1952–1960, Stuttgart 1961. *Summe der älteren Forschung.*

- Richard Brinkmann: Expressionismus. Internationale Forschung zu einem internationalen Phänomen, Stuttgart 1980. *Gut gegliederte Fortsetzung des Bandes von 1961. Auf über 300 Seiten wird die Forschungsliteratur zusammengefasst und bewertet.*

- Hermann Korte: Abhandlungen und Studien zum literarischen Expressionismus 1980–1990, in: Internationales Archiv für Sozialgeschichte der deutschen Literatur 1993, 6. Sonderheft, S. 225–279. *Fortsetzung des zweiten Bandes von Richard Brinkmann.*

Literaturgeschichten

- Geschichte der deutschen Literatur vom 18. Jahrhundert bis zur Gegenwart, Bd. II/1 und II/2, hg. v. Viktor Žmegač, Königstein/Ts. 1980. *Gut lesbare, sozialgeschichtlich orientierte Darstellung der Literatur von 1848 bis 1918.*

- Hansers Sozialgeschichte der deutschen Literatur, Bd. 7: Naturalismus, Fin de siècle, Expressionismus 1890–1918, hg. v. York-Gothart Mix, München/Wien 2000. *Neuere, sozialgeschichtlich orientierte Aufsatzsammlung zu einzelnen Gattungen und übergreifenden Themen.*

- Peter Sprengel: Geschichte der deutschsprachigen Literatur 1870–1900. Von der Reichgründung bis zur Jahrhundertwende, München 1998. *Die derzeit wohl umfassendste Darstellung der Literatur jener Zeit, vorwiegend nach Gattungen geordnet.*

- Peter Sprengel: Geschichte der deutschsprachigen Literatur 1900–1918. Von der Jahrhundertwende bis zum Ende des Ersten Weltkriegs, München 2004. *Fortsetzung des oben genannten Bandes.*

15.2 Textsammlungen

Manifeste und Dokumente

- Naturalismus. Manifeste und Dokumente zur deutschen Literatur 1880–1900, hg. v. Manfred Brauneck und Christine Müller, Stuttgart 1987. *Der voluminöse Band enthält Texte zur naturalistischen Kunsttheorie, zur Gruppenbildung, zu einzelnen Gattungen und zur Rezeption.* Naturalismus

- Theorie des Naturalismus, hg. v. Theo Meyer, Stuttgart 1997. *Erschwingliche Textsammlung, die unter den Rubriken „Allgemeines", „Kunstanschauung" sowie den drei Gattungen Lyrik, Drama und Prosa zentrale zeitgenössische Texte etwa von Arno Holz, Julius und Heinrich Hart oder Conrad Alberti versammelt.*

- Jahrhundertwende. Manifeste und Dokumente zur deutschen Literatur 1890–1910, hg. v. Erich Ruprecht und Dieter Bänsch, Stuttgart 1981. *Umfangreiche Sammlung literaturprogrammatischer und literaturtheoretischer Texte u. a. zum Jungen Wien, zu Stefan Georges „Blätter für die Kunst", zur Neuklassik, zur Katholischen Literaturbewegung etc.* Fin de Siècle

- Die Wiener Moderne. Literatur, Kunst und Musik zwischen 1890 und 1910, hg. v. Gotthart Wunberg, Stuttgart 2000. *Enthält eine umfangreiche Auswahl von Texten zum kulturellen und gesellschaftlichen Umfeld der Wiener Moderne und zudem exemplarische poetische Texte.*

- Expressionismus. Manifeste und Dokumente zur deutschen Literatur 1910–1920, hg. v. Thomas Anz und Michael Stark, Stuttgart 1982. *Enthält kommentierte Texte zu ästhetischen Positionen, zur Kulturkritik, zum literarischen Leben und zum Expressionismus im zeitgenössischen Urteil.* Expressionismus

- Theorie des Expressionismus, hg. v. Otto F. Best, Stuttgart 1982. *Erschwingliche Textsammlung, die poetologische Texte von Gottfried Benn, Alfred Döblin, Carl Einstein und Kasimir Edschmid u. a. enthält.*

- Die Berliner Moderne 1885–1914, hg. v. Jürgen Schutte und Peter Sprengel, Stuttgart 1987. *Umfangreiche Textsammlung zur Literatur und Kultur in Berlin vom Naturalismus zum Expressionismus.* Übergreifende Sammlung

Dichtungen

Naturalismus

- **Dramen des deutschen Naturalismus. Von Hauptmann bis Schönherr. Anthologie in zwei Bänden**, hg. v. Roy C. Cowen, München 1981. *Dramen u. a. von Conrad Alberti, Max Halbe, Gerhart Hauptmann, Oskar Panizza, Karl Schönherr, Hermann Sudermann.*

- **Prosa des Naturalismus**, hg. v. Gerhard Schulz, Stuttgart 1973. *Diese Zusammenstellung enthält Texte von Autoren wie z. B. Hermann Bahr, Peter Hille, Arno Holz oder Detlev von Liliencron.*

- **Lyrik des Naturalismus**, hg. v. Jürgen Schutte, Stuttgart 1982. *Nach Autoren wie z. B. Wilhelm Arent, Carl Bleibtreu, Richard Dehmel, Julius Hart oder Bruno Wille gegliedert.*

Fin de Siècle

- **Einakter und kleine Dramen des Jugendstils**, hg. v. Michael Winkler, Stuttgart 1979. *Enthält Dramen von Maximilian Dauthendey, Hugo von Hofmannsthal, Karl Wolfskehl, Hermann Bahr u. a.*

- **Lyrik des Jugendstils. Eine Anthologie**, hg. v. Jost Hermand, Stuttgart 1964. *Gedichte geordnet nach thematischen Gesichtspunkten, u. a. von Otto Julius Bierbaum, Richard Dehmel, Stefan George, Ernst Stadler, Georg Trakl.*

Expressionismus

- **Einakter und kleine Dramen des Expressionismus**, hg. v. Horst Denkler, Stuttgart 1968. *Nach Themen geordnet (z. B. Krieg und Revolution). Texte von Alfred Döblin, Walter Hasenclever, Wassily Kandinsky u. a.*

- **Prosa des Expressionismus**, hg. v. Fritz Martini, Stuttgart 1970. *Texte von Max Brod, Kasimir Edschmid, Carl Einstein, Alfred Lichtenstein u. a.*

- **Menschheitsdämmerung. Ein Dokument des Expressionismus**, hg. v. Kurt Pinthus, Berlin 1996. *Klassische, zuerst 1920 herausgegebene Sammlung expressionistischer Lyrik.*

- **Lyrik des Expressionismus**, hg. v. Hansgeorg Schmidt-Bergmann, Stuttgart 2003. *Auswahl der Gedichte nach thematischen Gesichtspunkten (Untergang, Aufbruch, Krieg, Die großen Städte etc.).*

15.3 Werkausgaben, Periodika und Institutionen zu einzelnen Autoren

Gottfried Benn (1886–1956)

- Sämtliche Werke. Stuttgarter Ausgabe, hg. v. Gerhard Schuster und Holger Hof, 7 Bde. in 8 Teilbänden, Stuttgart 1986–2003. *Textkritische Ausgabe, insbesondere mit Angaben zur Entstehung und Überlieferung.* — Werkausgabe

- Benn Chronik. Daten zu Leben und Werk, hg. v. Hanspeter Brode, München 1978. *Enthält chronologisch geordnete Informationen (Publikationsdaten, Briefausschnitte etc.) zu Leben und Werk.* — Hilfsmittel

- Christian M. Hanna / Ruth Winkler: Gottfried Benn Bibliographie. Sekundärliteratur 1957–2003, Berlin / New York 2006. *Aktuelle Personalbibliografie der Forschungsliteratur mit verschiedenen praktischen Registern (Sach-, Werk-, Personenregister).*

- Benn-Jahrbuch, 1ff., 2003ff. *Es wurden die Bände 1 (2003) und 2 (2004) publiziert; das Erscheinen wurde eingestellt.* — Jahrbuch

- Gottfried Benn-Gesellschaft e. V., Bremen, Web-Adresse: http://www.gottfriedbenn.de. *Die Homepage informiert über die Gesellschaft und enthält eine Biografie Benns.* — Institution

Stefan George (1868–1933)

- Sämtliche Werke in 18 Bänden, Bd. 1ff., Stuttgart 1982ff. *Textkritische Ausgabe mit Verstehenshinweisen, hg. von der Stefan George Stiftung. 15 Bände sind bislang erschienen.* — Werkausgaben

- Werke. Ausgabe in zwei Bänden, München / Düsseldorf 1958. *Standardausgabe für diejenigen Texte, die noch nicht in den „Sämtlichen Werken" erschienen sind.*

- Stefan George-Handbuch, hg. v. Achim Aurnhammer, Wolfgang Braungart und Stefan Breuer, Berlin / New York. *Geplant für 2009.* — Hilfsmittel

- Jürgen Egyptien: Entwicklung und Stand der George-Forschung 1995–2005, in: Text + Kritik 168: Stefan George, 2005, S. 105–122. *Bietet einen nach Publikationen geordneten Überblick.*

- Georg Peter Landmann: Stefan George und sein Kreis. Eine Bibliographie, 2. Auflage, Hamburg 1976. *Grundlegende, chronologische Bibliografie, die Georges Schriften, diejenigen seines Kreises sowie Rezeptionszeugnisse (Kritiken, Übersetzungen, Vertonungen) und Forschungsliteratur bis 1976 verzeichnet.*
- Stefan George Bibliographie 1976–1997. Mit Nachträgen bis 1976. Auf der Grundlage der Bestände des Stefan George-Archivs in der Württembergischen Landesbibliothek, hg. v. der Stefan George-Stiftung, bearb. v. Lore Frank und Sabine Ribbek, Tübingen 2000. *Fortsetzung der Bibliografie von Landmann.*

Jahrbuch
- George-Jahrbuch, im Auftrag der Stefan-George-Gesellschaft, hg. v. Wolfgang Braungart und Ute Oelmann, Bd. 1ff., 1996/97ff. *Enthält Forschungsaufsätze und Rezensionen.*

Institution
- Stefan-George-Gesellschaft e.V., Bingen, Web-Adresse: http://www.stefan-george-gesellschaft.de/. *Die Homepage enthält u. a. Hinweise auf das George-Museum in Bingen und eine Linksammlung.*

Archiv
- Stefan George-Archiv in der Württembergischen Landesbibliothek, Web-Adresse: http://www.wlb-stuttgart.de/sammlungen/stefan-george-archiv/. *Nachlass und Präsenzbibliothek mit Primär- und Sekundärliteratur.*

Gerhart Hauptmann (1862–1946)

Werkausgabe
- Sämtliche Werke („Centenar-Ausgabe"), 11 Bde., hg. v. Hans-Egon Hass, fortgeführt v. Martin Machatzke und Wolfgang Bungies, Frankfurt a. M./Berlin 1962–74. *Leseausgabe ohne Kommentar und textkritischen Apparat. Mit editorischem Nachwort in Band elf.*

Hilfsmittel
- Peter Sprengel: Gerhart Hauptmann. Epoche – Werk – Wirkung, München 1984. *Nach Themen und Werken gegliedertes Arbeitsbuch mit kommentierten Literaturhinweisen.*

- Sigfrid Hoefert: Internationale Bibliographie zum Werk Gerhart Hauptmanns, 3 Bde., Berlin 1986–2003. *Der erste Band weist die Veröffentlichungen von Hauptmanns Werken nach, Bände zwei und drei verzeichnen Kritiken und Sekundärliteratur von 1886 bis 2001.*

- Gerhart-Hauptmann-Blätter. Literarisches, Biographisches, Kritisches, Bd. 1ff., 1999ff. *Enthält kleine Beiträge zu Leben und Werk des Dichters.*   Zeitschrift

- Gerhart-Hauptmann-Gesellschaft e.V., Berlin, Web-Adresse: http://www.gerhart-hauptmann-gesellschaft.de/. *Die Homepage bietet u. a. eine Zeittafel zu Leben und Werk Hauptmanns, Literaturhinweise und einen Hauptmann-Blog.*   Institutionen

- Gerhart-Hauptmann-Museum in Erkner, Web-Adresse: http://www.gerhart-hauptmann.org. *Die Website vereinigt vier verschiedene Hauptmann-Museen.*

Hugo von Hofmannsthal (1874–1929)

- Sämtliche Werke. Kritische Ausgabe, hg. v. Rudolf Hirsch u. a., Bd. 1ff., Frankfurt a. M. 1975ff. *Textkritische Ausgabe mit Angaben zur Entstehung und Überlieferung, mit Varianten, Zeugnissen und Erläuterungen. 33 von 42 Bänden sind bisher erschienen.*   Werkausgaben

- Gesammelte Werke in Einzelausgaben, hg. v. Herbert Steiner, 15 Bde., Stockholm/Frankfurt a. M. 1945–1958. *Diese ältere Ausgabe liegt vollständig vor und enthält Texte, die noch nicht in den „Sämtlichen Werken" erschienen sind.*

- Mathias Mayer: Hugo von Hofmannsthal, Stuttgart/Weimar 1993. *Einführung mit Biografie, Kurzinterpretationen zu allen Werken und gut strukturierter Bibliografie.*   Hilfsmittel

- Horst Weber: Hugo von Hofmannsthal. Bibliographie des Schrifttums 1892–1963, Berlin 1966. *Verzeichnet Kritiken und wissenschaftliche Sekundärliteratur des genannten Zeitraums. U. a. mit einem Sachregister, das auch Werktitel enthält.*

- Hans-Albrecht Koch/Uta Koch: Hugo von Hofmannsthal. Bibliographie 1964–1976, Freiburg i. Br. 1976. *Fortsetzung der oben angeführten Bibliografie.*

- Hans-Albrecht Koch: Hugo von Hofmannsthal. Erträge der Forschung, Darmstadt 1989. *Nach Werken und Themen gegliederter ausführlicher Forschungsbericht.*

- Hofmannsthal-Jahrbuch. Jahrbuch zur europäischen Moderne, im Auftrag der Hugo von Hofmannsthal-Gesellschaft hg. v. Gerhard   Jahrbuch

Neumann u. a., Bd. 1ff., 1993ff. *Enthält u. a. eine fortlaufende Bibliografie (bis 2005, danach im Internet fortgesetzt, s. u.) und Forschungsbeiträge.*

Institution
- **Hugo von Hofmannsthal-Gesellschaft e.V.**, Web-Adresse: http://www.hofmannsthal-gesellschaft.de/. *Enthält u. a. eine Online-Datenbank mit Primär- und Sekundärliteratur (insbesondere 2004–08), eine Linksammlung und Hinweise auf Tagungen.*

Thomas Mann (1875–1955)

Werkausgaben
- **Große Kommentierte Frankfurter Ausgabe. Werke – Briefe – Tagebücher**, hg. v. Heinrich Detering u. a., Frankfurt a. M. 2001ff. *Textkritische Ausgabe in 38 (Doppel-)Bänden mit Angaben zur Entstehung der einzelnen Werke und reichhaltigem Stellenkommentar. Bislang sind 10 (Doppel-)Bände erschienen, darunter die frühen Erzählungen und „Buddenbrooks".*

- **Gesammelte Werke in dreizehn Bänden**, Frankfurt a. M. 1960/74. *Standardausgabe für diejenigen Texte, die noch nicht in der „Großen Kommentierten Frankfurter Ausgabe" erschienen sind.*

Hilfsmittel
- **Thomas-Mann-Handbuch**, hg. v. Helmut Koopmann, 3. Auflage, Stuttgart 2001. *Dieses umfassende Werk enthält u. a. Interpretationen zu einzelnen Werken, einen Forschungsbericht und zahlreiche Literaturhinweise.*

- **Hermann Kurzke: Thomas Mann. Epoche – Werk – Wirkung**, 3. Auflage, München 1997. *Nach Themen und Werken gegliedertes Arbeitsbuch mit kommentierten Literaturhinweisen.*

- **Thomas Mann Chronik**, hg. v. Gert Heine und Paul Schommer, Frankfurt a. M. 2004. *Listet chronologisch Ereignisse aus Manns Leben auf. U. a. mit Personen- und Werkregister.*

- **Die Thomas-Mann-Literatur. Bibliographie der Kritik**, 2 Bde., hg. v. Klaus W. Jonas, Berlin 1972/79. *Die Bände erschließen die Kritik und Forschungsliteratur über Manns Werke von der ersten Rezension (1896) bis 1975. Enthält u. a. ein Werk- und ein Sachregister.*

- **Die Thomas-Mann-Literatur. Bibliographie der Kritik**, hg. v. Klaus W. Jonas und Helmut Koopmann, Frankfurt a. M. 1997. *Dritter Band der oben angeführten Bibliografie.*

WERKAUSGABEN, PERIODIKA UND INSTITUTIONEN

- **Thomas Mann Jahrbuch**, begründet v. Eckhard Heftrich und Hans Wysling, Bd. 1ff., 1988ff. *Enthält Forschungsbeiträge und eine fortlaufende Auswahlbibliografie.* — Jahrbuch

- **Deutsche Thomas-Mann-Gesellschaft Sitz Lübeck e.V.** *Verwaltet das Buddenbrookhaus in Lübeck (http://www.buddenbrookhaus.de) und publiziert das Thomas Mann Jahrbuch.* — Institution

- **Thomas-Mann-Archiv der ETH Zürich**, Web-Adresse: www.tma.ethz.ch. *Archiv mit dem Nachlass von Mann. Die Homepage enthält u. a. eine Auswahlbibliografie (1994–98).* — Archiv

Robert Musil (1880–1942)

- **Gesammelte Werke in Einzelausgaben**, hg. v. Adolf Frisé, 3 Bde., Hamburg 1952–57. *Leseausgabe, die auch Texte aus dem Nachlass berücksichtigt.* — Werkausgabe

- **Klagenfurter Ausgabe.** Kommentierte Edition sämtlicher Werke, Briefe und nachgelassener Schriften. Mit den Transkriptionen und Faksimiles aller Handschriften, hg. v. Walter Fanta, Klaus Amann und Karl Corino, Klagenfurt 2009. *Die Edition erscheint als DVD und erschließt das Gesamtwerk Musils textkritisch.* — Digitalausgabe

- **Helmut Arntzen:** Musil-Kommentar sämtlicher zu Lebzeiten erschienener Schriften außer dem Roman „Der Mann ohne Eigenschaften", München 1980. *Grundlageninformationen zu einzelnen Werken wie „Die Verwirrungen des Zöglings Törleß" oder „Drei Frauen".* — Hilfsmittel

- **Robert L. Roseberry:** Robert Musil. Ein Forschungsbericht, Frankfurt a. M. 1974. *Der Forschungsbericht ist nach Werken und umfassenderen Gesichtspunkten gegliedert (z. B. Ästhetik, Mystik, Psychologie).*

- **Bettina Kümmerling:** Robert Musil-Forschung 1973–1987, in: Literatur in Wissenschaft und Unterricht 20, 1987, S. 540–570. *Der Forschungsbericht ist nach Werkgruppen (z. B. Erzählungen) und übergreifenden Gesichtspunkten geordnet.*

- **Ingeborg Fiala-Fürst:** Robert Musil. Internationale Bibliographie der Sekundärliteratur 1984–1991, Saarbrücken 1991. *Nach Sachgruppen geordnete reichhaltige Bibliografie.*

SERVICETEIL

Zeitschrift
- **Musil-Forum: Studien zur Literatur der klassischen Moderne**, hg. v. der Internationalen Robert-Musil-Gesellschaft, Heft 1ff., 1975ff. *Bietet neben Forschungsaufsätzen eine fortlaufende Bibliografie.*

Institution
- **Internationale Robert-Musil-Gesellschaft**, Web-Adresse: http://www.i-r-m-g.de/. *Die Homepage enthält u. a. eine Biografie Musils und eine Linkliste.*

Rainer Maria Rilke (1875–1926)

Werkausgabe
- **Werke. Kommentierte Ausgabe in vier Bänden**, hg. v. Manfred Engel u. a., Frankfurt a. M. 1996. *Enthält einen reichhaltigen Kommentar mit Einleitungen zu einzelnen Werken, Stellenkommentaren und Deutungsaspekten.*

Hilfsmittel
- **Rilke-Handbuch. Leben–Werk–Wirkung**, hg. v. Manfred Engel, Stuttgart 2004. *Umfassendes Handbuch auf aktuellem Forschungsstand, u. a. mit Beiträgen zu einzelnen Werken Rilkes.*

- Ingeborg Schnack: **Rainer Maria Rilke. Chronik seines Lebens und seines Werks. 1875–1926**, Frankfurt a. M. 1996. *Chronologische Daten zu Rilkes Leben. U. a. mit Namens- und Werkregister.*

Zeitschrift
- **Blätter der Rilke-Gesellschaft**, hg. v. der Rilke-Gesellschaft, Bd. 1ff., 1975ff. *Enthält u. a. eine fortlaufende Bibliografie.*

Institution
- **Internationale Rilke-Gesellschaft**, Sierre (Schweiz), Web-Adresse: http://www.rilke.ch/. *Die Homepage bietet u. a. eine herunterladbare Rilke-Bibliografie (1991–98) und eine kommentierte Linksammlung.*

Arthur Schnitzler (1862–1931)

Werkausgabe
- **Gesammelte Werke**, 6 Bde., Frankfurt a. M. 1961–77. *Leseausgabe ohne Kommentar und textkritischem Apparat.*

Hilfsmittel
- Reinhard Urbach: **Schnitzler-Kommentar zu den erzählenden Schriften und dramatischen Werken**, München 1974. *Enthält neben Bemerkungen zur Biografie Grundlageninformationen zu einzelnen Werken.*

- Konstanze Fliedl: **Arthur Schnitzler**, Stuttgart 2005. *Informationen zu Leben und Werk. Mit einer gut strukturierten Bibliografie wichtiger Forschungsliteratur.*

WERKAUSGABEN, PERIODIKA UND INSTITUTIONEN

- Richard H. Allen: An Annotated Arthur Schnitzler Bibliography. Editions and Criticism in German, French, and English 1879–1965, Chapel Hill 1966. *Kommentierte Bibliografie der Primär- und Sekundärliteratur.*

- Jeffrey B. Berlin: An Annotated Arthur Schnitzler Bibliography 1965–1977, München 1978. *Fortsetzung der Bibliografie von Richard H. Allen.*

- Birgit Kawohl: Arthur Schnitzler. Personalbibliographie 1977–1994, Gießen 1996. *Weitere Fortsetzung ohne Kommentierung.*

- Nicolai Riedel: Internationale Arthur-Schnitzler-Bibliographie. (Unter besonderer Berücksichtigung der Forschungsliteratur 1982–1997), in: Text + Kritik 138/39: Arthur Schnitzler, 1998, S. 151–172. *Fortsetzung und Ergänzung der vorhergehenden Bibliografien.*

- Modern Austrian Literature. Journal of the International Arthur Schnitzler Research Association, Bd. 1ff., 1968ff. *Enthält Forschungsaufsätze zur modernen österreichischen Literatur.*   Zeitschrift

- Arthur-Schnitzler-Gesellschaft, Wien, Web-Adresse: http://www.arthur-schnitzler.at/. *Die Homepage bietet eine Auswahlbibliografie und eine Linkliste.*   Institution

16 Anhang

→ ASB
Akademie Studienbücher, auf die der vorliegende Band verweist

ASB D'APRILE/SIEBERS Iwan-Michelangelo D'Aprile/Winfried Siebers: Das 18. Jahrhundert. Zeitalter der Aufklärung, Berlin 2008.

ASB DELABAR Walter Delabar: Klassische Moderne. Deutschsprachige Literatur 1918–33, Berlin 2010.

ASB FELSNER/HELBIG/MANZ Kristin Felsner/Holger Helbig/Therese Manz: Arbeitsbuch Lyrik, Berlin 2009.

ASB SCHÖSSLER Franziska Schößler: Einführung in die Gender Studies, Berlin 2008.

ASB STOCKINGER Claudia Stockinger: Das 19. Jahrhundert. Zeitalter des Realismus, Berlin 2010.

Informationen zu weiteren Bänden finden Sie unter www.akademie-studienbuch.de

16.1 Zitierte Literatur

Alberti 1890 Conrad Alberti: Natur und Kunst. Beiträge zur Untersuchung ihres gegenseitigen Verhältnisses, Leipzig ohne Jahr [1890].

Alewyn 1963 Richard Alewyn: Über Hugo von Hofmannsthal, 3. Aufl., Göttingen 1963.

Allemann 1998 Beda Allemann: Stehender Sturmlauf. Zeit und Geschichte im Werke Kafkas, in: Beda Allemann, Zeit und Geschichte im Werk Kafkas, hg. v. Diethelm Kaiser und Nikolaus Lohse, Göttingen 1998, S. 15–36.

Alt 1985 Peter-André Alt: Doppelte Schrift, Unterbrechung und Grenze. Franz Kafkas Poetik des Unsagbaren im Kontext der Sprachskepsis um 1900, in: Jahrbuch der deutschen Schillergesellschaft 29, 1985, S. 455–490.

Anz 1996 Thomas Anz: Vitalismus und Kriegsdichtung, in: Wolfgang J. Mommsen (Hg.), Kultur und Krieg: Die Rolle der Intellektuellen, Künstler und Schriftsteller im Ersten Weltkrieg, München 1996, S. 235–247.

Anz 1997 Thomas Anz: Alfred Döblin und die Psychoanalyse. Ein kritischer Bericht zur Forschung, in: Internationales Alfred-Döblin-Kolloquium Leiden 1995, hg. v. Gabriele Sander, Bern u. a. 1997, S. 9–30.

Anz 2000 Thomas Anz: Die Seele als Kriegsschauplatz – Psychoanalyse und literarische Moderne, in: Mix 2000, S. 492–508.

Anz 2002 Thomas Anz: Literatur des Expressionismus, Stuttgart/Weimar 2002.

Anz/Pfohlmann 2006 Thomas Anz/Oliver Pfohlmann (Hg.): Psychoanalyse in der literarischen Moderne. Eine Dokumentation, Bd. 1: Einleitung und Wiener Moderne, Marburg 2006.

Anz/Stark 1982 Thomas Anz/Michael Stark (Hg.): Expressionismus. Manifeste und Dokumente zur deutschen Literatur 1910–1920, Stuttgart 1982.

Anzengruber 1979 Ludwig Anzengruber: Das vierte Gebot. Volksstück in vier Akten, Stuttgart 1979.

ANHANG

Arent 1885　Wilhelm Arent (Hg.): Moderne Dichter-Charaktere. Mit Einleitungen von Hermann Conradi und Karl Henckell, Berlin 1885.

Bahr 1894　Hermann Bahr: Das junge Oesterreich, in: ders., Studien zur Kritik der Moderne, Frankfurt a. M. 1894, S. 73–96.

Bahr 1904　Hermann Bahr: Dialog vom Tragischen, Berlin 1904.

Bahr 2004　Hermann Bahr: Die Überwindung des Naturalismus, hg. v. Claus Pias, Weimar 2004.

Ball 1988　Hugo Ball: Der Künstler und die Zeitkrankheit. Ausgewählte Schriften, hg. v. Hans Burkhard Schlichting, Frankfurt a. M. 1988.

Ball 1992　Hugo Ball: Die Flucht aus der Zeit, hg. v. Bernhard Echte, Zürich 1992.

Barker 1998　Andrew Barker: Telegrammstil der Seele. Peter Altenberg – Eine Biographie, Wien/Köln/Weimar 1998.

Bartels 1901　Adolf Bartels: Heimatkunst, in: Deutsche Arbeit 1, 2. Heft, 1901, S. 136–139.

Bartels 1901f.　Adolf Bartels: Geschichte der deutschen Literatur, 2 Bde., Leipzig 1901/02.

Bartels 1916　Adolf Bartels: Staat, Volk und Rasse, in: Bühne und Welt 18, 1916, S. 101–104.

Bayerdörfer 1972　Hans-Peter Bayerdörfer: Vom Konversationsstück zur Wurstelkomödie. Zu Schnitzlers Einaktern, in: Jahrbuch der deutschen Schillergesellschaft 16, 1972, S. 516–575.

Beissner 1958　Friedrich Beissner: Der Erzähler Franz Kafka, 2. Aufl., Stuttgart 1958.

Benn 1986ff.　Gottfried Benn: Sämtliche Werke. Stuttgarter Ausgabe, hg. v. Gerhard Schuster und Holger Hof, 7 Bde., Stuttgart 1986–2003.

Berg 2004　Hubert F. van den Berg: Sprachkrise als Zeitkrankheit. Hugo Ball und die Wiederfindung des Wortes, in: Reinhard Kacianka/Peter V. Zima (Hg.), Krise und Kritik der Sprache. Literatur zwischen Spätmoderne und Postmoderne, Tübingen/Basel 2004, S. 123–147.

Betz 1998ff.　Hans Dieter Betz u. a. (Hg.): Religion in Geschichte und Gegenwart. Handwörterbuch für Theologie und Religionswissenschaft, 9 Bde., 4. Aufl., Tübingen 1998–2007.

Binder 1979　Hartmut Binder (Hg.): Kafka-Handbuch in zwei Bänden, Stuttgart 1979.

Bleich 1936　Erich Herbert Bleich: Der Bote aus der Fremde als formbedingender Kompositionsfaktor im Drama des deutschen Naturalismus. (Ein Beitrag zur Dramaturgie des Naturalismus), Berlin 1936.

Blumenthal 1900　Oskar Blumenthal: Verbotene Stücke, in: Deutsche Revue über das gesamte nationale Leben der Gegenwart. 25/1, 1900, S. 92–108; 204–219.

Boehringer/Landmann 1962　Robert Boehringer/Georg Peter Landmann: Stefan George – Friedrich Gundolf. Briefwechsel, München/Düsseldorf 1962.

Bogdal 1995　Klaus-Michael Bogdal: Akteure literarischer Kommunikation, in: Jürgen Fohrmann/Harro Müller (Hg.), Literaturwissenschaft, München 1995, S. 273–296.

Bölsche 1976　Wilhelm Bölsche: Die naturwissenschaftlichen Grundlagen der Poesie. Prolegomena einer realistischen Ästhetik, hg. v. Johannes J. Braakenburg, Tübingen 1976.

Borchmeyer 1994　Dieter Borchmeyer: Décadence, in: Dieter Borchmeyer/Viktor Žmegač (Hg.), Moderne Literatur in Grundbegriffen, 2. Aufl., Frankfurt a. M. 1994, S. 68–76.

Born 1979/83　Jürgen Born (Hg.): Franz Kafka. Kritik und Rezeption, 2 Bde., Frankfurt a. M. 1979/83.

Brandstetter 1995　Gabriele Brandstetter: Tanz-Lektüren. Körperbilder und Raumfiguren der Avantgarde, Frankfurt a. M. 1995.

ZITIERTE LITERATUR

Brauneck 1974 Manfred Brauneck: Literatur und Öffentlichkeit im ausgehenden 19. Jahrhundert. Studien zur Rezeption des naturalistischen Theaters in Deutschland, Stuttgart 1974.

Braungart 1995 Georg Braungart: Leibhafter Sinn. Der andere Diskurs der Moderne, Tübingen 1995.

Braungart 1997 Wolfgang Braungart: Ästhetischer Katholizismus. Stefan Georges Rituale der Literatur, Tübingen 1997.

Breuer 2008 Stefan Breuer: Die Völkischen in Deutschland. Kaiserreich und Weimarer Republik, Darmstadt 2008.

Brunner 1972ff. Otto Brunner/Werner Conze/Reinhart Koselleck (Hg.): Geschichtliche Grundbegriffe. Historisches Lexikon zur politisch-sozialen Sprache in Deutschland, 8 Bde., Stuttgart 1972–97.

Chamberlain 1899 Houston Stewart Chamberlain: Die Grundlagen des neunzehnten Jahrhunderts, 2 Bde., München 1899.

Corino 2003 Karl Corino: Robert Musil. Eine Biographie, Reinbek bei Hamburg 2003.

Cowen 1973 Roy C. Cowen: Der Naturalismus. Kommentar zu einer Epoche, München 1973.

Dammann 1978 Günter Dammann/Karl Ludwig Schneider/Joachim Schöberl: Georg Heyms Gedicht „Der Krieg", Heidelberg 1978.

Danneberg/Vollhardt 2002 Lutz Danneberg/Friedrich Vollhardt (Hg.): Wissen in Literatur im 19. Jahrhundert, Tübingen 2002.

Dauthendey 1893 Maximilian Dauthendey: Ultra Violett. Einsame Poesien, Berlin 1893.

David 1967 Claude David: Stefan George. Sein dichterisches Werk. München 1967.

Didi-Huberman 1997 Georges Didi-Huberman: Erfindung der Hysterie. Die photographische Klinik von Jean-Martin Charcot, München 1997.

Diersch 1973 Manfred Diersch: Empiriokritizismus und Impressionismus. Über Beziehungen zwischen Philosophie, Ästhetik und Literatur um 1900 in Wien/Berlin (Ost) 1973.

Döblin 1989 Alfred Döblin: Schriften zu Ästhetik, Poetik und Literatur, hg. v. Erich Kleinschmidt, Olten/Freiburg i. Br. 1989.

Döblin 2001 Alfred Döblin: Die Ermordung einer Butterblume. Sämtliche Erzählungen, hg. v. Christina Althen, Düsseldorf/Zürich 2001.

Döblin 2007 Alfred Döblin: Die drei Sprünge des Wang-lun. Chinesischer Roman, hg. v. Gabriele Sander und Andreas Solbach, Düsseldorf 2007.

Dörmann 1892 Felix Dörmann: Sensationen, Wien 1892.

Edschmid 1919 Kasimir Edschmid: Über den dichterischen Expressionismus, in: ders., Über den Expressionismus in der Literatur und die neue Dichtung, 3. Aufl., Berlin 1919.

Egyptien 2005 Jürgen Egyptien: Entwicklung und Stand der George-Forschung 1995–2005, in: Text + Kritik 168: Stefan George, 2005, S. 105–122.

Eibl 1996 Karl Eibl: Literaturgeschichte, Ideengeschichte, Gesellschaftsgeschichte – und das „Warum der Entwicklung", in: Internationales Archiv für Sozialgeschichte der deutschen Literatur 21, 1996, H. 2, S. 1–26.

Eibl 2000 Karl Eibl: Darwin, Haeckel, Nietzsche. Der idealistisch gefilterte Darwin in der deutschen Dichtung und Poetologie des 19. Jahrhunderts. Mit einer Hypothese zum biologischen Ursprung der Kunst, in: Helmut Henne/Christine Kaiser (Hg.), Fritz Mauthner – Sprache, Literatur, Kritik. Festakt und Symposion zu seinem 150. Geburtstag, Tübingen 2000, S. 87–108.

Engel 2004 Manfred Engel (Hg.): Rilke-Handbuch. Leben–Werk–Wirkung, Stuttgart 2004.

Erdmann 1997 Ulrich Erdmann: Vom Naturalismus zum Nationalsozialismus? Zeitgeschichtlich-biographische Studien zu Max Halbe, Gerhart Hauptmann, Johannes Schlaf und Hermann Stehr. Mit unbekannten Selbstzeugnissen, Frankfurt a. M. u. a. 1997.

Fechner 1908 Gustav Theodor Fechner: Nanna oder Über das Seelenleben der Pflanzen, 4. Aufl., Hamburg/Leipzig 1908.

Fick 1993 Monika Fick: Sinnenwelt und Weltseele. Der psychophysische Monismus in der Literatur der Jahrhundertwende, Tübingen 1993.

Florack 1995 Ruth Florack: Wedekinds ‚Lulu‘. Zerrbild der Sinnlichkeit, Tübingen 1995.

Fohrmann 2000 Jürgen Fohrmann: Das Versprechen der Sozialgeschichte der (Literatur), in: Martin Huber/Gerhard Lauer (Hg.), Nach der Sozialgeschichte. Konzepte für eine Literaturwissenschaft zwischen historischer Anthropologie, Kulturgeschichte und Medientheorie, Tübingen 2000, S. 105–112.

Fontane 1969a Theodor Fontane: Aufsätze, Kritiken, Erinnerungen, Bd. 1 (Sämtliche Werke, hg. v. Walter Keitel), München 1969.

Fontane 1969b Theodor Fontane: Aufsätze, Kritiken, Erinnerungen, Bd. 2 (Sämtliche Werke, hg. v. Walter Keitel), München 1969.

Fontane 1997ff. Theodor Fontane: Große Brandenburger Ausgabe. Das erzählerische Werk, hg. v. Gotthard Erler, Bd. 1ff., Berlin 1997ff.

Freisfeld 1982 Andreas Freisfeld: Das Leiden an der Stadt. Spuren der Verstädterung in deutschen Romanen des 20. Jahrhunderts, Köln/Wien 1982.

Frenssen 1902 Gustav Frenssen: Jörn Uhl. Roman, Berlin 1902.

Freud 1972ff. Sigmund Freud: Gesammelte Werke. Chronologisch geordnet, hg. v. Anna Freud, E. Bibring u. a., 18 Bde., Frankfurt a. M. 1972–87.

Frick 2007 Werner Frick: Avantgarde und *longue durée*. Überlegungen zum Traditionsverbrauch der klassischen Moderne, in: Sabina Becker/Helmuth Kiesel (Hg.), Literarische Moderne. Begriff und Phänomen, Berlin/New York 2007, S. 97–112.

Fricke 1997ff. Harald Fricke/Jan-Dirk Müller/Klaus Weimar (Hg): Reallexikon der deutschen Literaturwissenschaft. Neubearbeitung des Reallexikons der deutschen Literaturgeschichte, 3 Bde., Berlin/New York 1997–2003.

Frommholz 1992 Rüdiger Frommholz: Theodor Storm. Zum Selbstverständnis eines Dichters des Realismus, in: Gunter E. Grimm (Hg.), Metamorphosen des Dichters. Das Selbstverständnis deutscher Schriftsteller von der Aufklärung bis zur Gegenwart, Frankfurt a. M. 1992, S. 167–183.

Fülleborn 1974 Ulrich Fülleborn: Form und Sinn der Aufzeichnungen des Malte Laurids Brigge. Rilkes Prosabuch und der moderne Roman, in: Hartmut Engelhardt (Hg.), Materialien zu Rainer Maria Rilke ‚Die Aufzeichnungen des Malte Laurids Brigge‘, Frankfurt a. M. 1974, S. 175–198.

Fülleborn 1997 Ulrich Fülleborn: Rilke 1906–1910: Ein Durchbruch zur Moderne, in: Rilke heute. Der Ort des Dichters in der Moderne, Frankfurt a. M. 1997, S. 160–180.

George 1982ff. Stefan George: Sämtliche Werke in 18 Bänden, Bd. 1ff., Stuttgart 1982ff.

Goldgar 1965 Harry Goldgar: The Square Root of Minus One: Freud and Robert Musil's „Törless", in: Comparative Literature 17, 1965, S. 117–132.

Goll 1982 Iwan Goll: Gefangen im Kreise. Dichtungen, Essays und Briefe, Leipzig 1982.

Göttsche 1987 Dirk Göttsche: Die Produktivität der Sprachkrise in der modernen Prosa, Frankfurt a. M. 1987.

Günther 1981   Klaus Günther: „Es ist ja wirklich, wie wenn die Leute wahnsinnig wären." Bemerkungen zu Arthur Schnitzler und Ernst Mach, in: Hartmut Scheible (Hg.), Arthur Schnitzler in neuer Sicht, München 1981, S. 99–116.

H. Mann 1953ff.   Heinrich Mann: Ausgewählte Werke in Einzelausgaben, 13 Bde., hg. im Auftrag der Deutschen Akademie der Künste zu Berlin v. Alfred Kantorowicz, Berlin (Ost) 1953–1962.

Habermas 1990   Jürgen Habermas: Strukturwandel der Öffentlichkeit, Frankfurt a. M. 1990.

Haeckel 1868   Ernst Haeckel: Natürliche Schöpfungsgeschichte. Gemeinverständliche Vorträge über die Entwicklungslehre im Allgemeinen und die von Darwin, Goethe und Lamarck im Besonderen, über die Anwendung derselben auf den Ursprung des Menschen und andere damit zusammenhängende Grundfragen der Naturwissenschaft, Berlin 1868.

Halbe 1933   Max Halbe: Scholle und Schicksal. Geschichte meines Lebens, München 1933.

Hanstein 1900   Adalbert von Hanstein: Das jüngste Deutschland. Zwei Jahrzehnte miterlebter Litteraturgeschichte, Leipzig 1900.

Hara 1995f.   Kenji Hara: Herrin der schwarzen Scharen. Mach, Husserl, Weininger, Freud und der frühe Musil, in: Musil-Forum 21/22, 1995/96, S. 45–74.

Hart/Hart 1882   Heinrich Hart/Julius Hart: Kritische Waffengänge. Zweites Heft, Leipzig 1882.

Hart/Hart 2006   Heinrich Hart/Julius Hart: Lebenserinnerungen. Rückblicke auf die Frühzeit der literarischen Moderne (1880–1900), hg. und kommentiert v. Wolfgang Bunzel, Bielefeld 2006.

Hauptmann 1962ff.   Gerhart Hauptmann: Sämtliche Werke („Centenar-Ausgabe"), hg. v. Hans-Egon Hass, fortgeführt v. Martin Machatzke und Wolfgang Bungies, 11 Bde., Frankfurt a. M./Berlin 1962–74.

Heintz 1986   Günter Heintz: Stefan George. Studien zu seiner künstlerischen Wirkung, Stuttgart 1986.

Henke 1999   Silvia Henke: Kindheitsschwindel, in: Wolfram Groddeck (Hg.), Gedichte von Rainer Maria Rilke, Stuttgart 1999, S. 58–70.

Hennig 1908   Gustav Hennig: Zehn Jahre Bibliotheksarbeit. Geschichte einer Arbeiterbibliothek. Ein Wegweiser für Bibliothekverwaltungen, Leipzig 1908.

Heym 1960ff.   Georg Heym: Dichtungen und Schriften. Gesamtausgabe, hg. v. Karl Ludwig Schneider, 4 Bde., Hamburg/München 1960–1968.

Hiebler 2003   Heinz Hiebler: Hugo von Hofmannsthal und die Medienkultur der Moderne, Würzburg 2003.

Hille 1921   Peter Hille: Gesammelte Werke, hg. v. seinen Freunden, eingeleitet v. Julius Hart, 3. Aufl., Berlin 1921.

Hiller 1916   Kurt Hiller (Hg.): Das Ziel. Aufrufe zu tätigem Geist, München/Berlin 1916.

Hilmes 1990   Carola Hilmes: Die Femme fatale. Ein Weiblichkeitstypus in der nachromantischen Literatur, Stuttgart 1990.

Hoddis 1987   Jakob van Hoddis: Dichtungen und Briefe, hg. v. Regina Nörtemann, Zürich 1987.

Hofmannsthal 1966   Hugo von Hofmannsthal – Edgar Karg von Bebenburg. Briefwechsel, hg. v. Mary E. Gilbert, Frankfurt a. M. 1966.

Hofmannsthal 1975ff.   Hugo von Hofmannsthal: Sämtliche Werke. Kritische Ausgabe. Veranstaltet vom Freien Deutschen Hochstift, hg. v. Rudolf Hirsch u. a., Bd. 1ff., Frankfurt a. M. 1975ff.

Hohendahl 1967   Peter Uwe Hohendahl: Das Bild der bürgerlichen Welt im expressionistischen Drama, Heidelberg 1967.

Holz 1891   Arno Holz: Die Kunst. Ihr Wesen und ihre Gesetze, Berlin 1891.

Holz 1899   Arno Holz: Revolution der Lyrik, Berlin 1899.

Holz 1924   Arno Holz: Das Werk, 10 Bde., Berlin 1924/25.

Holz 1984   Arno Holz: Phantasus. Verkleinerter Faksimiledruck der Erstfassung, hg. v. Gerhard Schulz, Stuttgart 1984.

Holz/Schlaf 1963   Arno Holz/Johannes Schlaf: Papa Hamlet. Ein Tod, Stuttgart 1963.

Holz/Schlaf 1966   Arno Holz/Johannes Schlaf: Die Familie Selicke. Drama in drei Aufzügen, Stuttgart 1966.

Höppner 1993   Wolfgang Höppner: Das „Ererbte, Erlebte und Erlernte" im Werk Wilhelm Scherers. Ein Beitrag zur Geschichte der Germanistik, Köln/Wien/Weimar 1993.

Hubert 1982   Sigrid Hubert: George-Parodien. Untersuchungen zu Gegenformen literarischer Produktion und Rezeption, Diss. Trier 1981, Trier 1982 [Mikrofiche].

Jablkowska 2006   Joanna Jablkowska: Kafka und die Folgen. Martin Walsers Anfänge in den 50er Jahren, in: Edward Białek/Leszek Żyliński (Hg.), Die Quarantäne. Deutsche und österreichische Literatur der fünfziger Jahre zwischen Kontinuität und Neubeginn, 2. Aufl., Wroclaw/Dresden 2006, S. 341–366.

Johnston 1985   William M. Johnston: Der Wiener Impressionismus. Eine neue Wertung einer einst beliebten Kategorie, in: Akten des Internationalen Symposions ‚Arthur Schnitzler und seine Zeit', hg. v. Giuseppe Farese, Bern/Frankfurt a. M./New York 1985, S. 201–212.

Kaes 1978   Anton Kaes (Hg.): Kino-Debatte. Texte zum Verhältnis von Literatur und Film 1909–1929, München/Tübingen 1978.

Kafitz 1992   Dieter Kafitz: Johannes Schlaf – Weltanschauliche Totalität und Wirklichkeitsblindheit. Ein Beitrag zur Neubestimmung des Naturalismus-Begriffs und zur Herleitung totalitärer Denkformen, Tübingen 1992.

Kafitz 2004   Dieter Kafitz: Décadence in Deutschland. Studien zu einem versunkenen Diskurs der 90er Jahre des 19. Jahrhunderts, Heidelberg 2004.

Kafka 1926   Franz Kafka: Das Schloss. Roman, München 1926.

Kafka 1990   Franz Kafka: Schriften, Tagebücher, Briefe. Kritische Ausgabe, Band: Tagebücher, hg. v. Hans-Gerd Koch, Michael Müller und Malcolm Pasley, Frankfurt a. M. 1990.

Kafka 1994   Franz Kafka: Schriften, Tagebücher, Briefe. Kritische Ausgabe, Band: Drucke zu Lebzeiten, hg. v. Wolf Kittler, Hans-Gerd Koch und Gerhard Neumann, Frankfurt a. M. 1994.

Kaiser 1970ff.   Georg Kaiser: Werke, hg. v. Walther Huder, 6 Bde., Frankfurt a. M./Berlin/Wien 1970–72.

Karlauf 2007   Thomas Karlauf: Stefan George. Die Entdeckung des Charismas. Biographie, München 2007.

Kasties 1994   Bert Kasties: Walter Hasenclever. Eine Biographie der deutschen Moderne, Tübingen 1994.

Kaszynski 1987   Stefan H. Kaszynski: Wilhelm von Polenz' „Der Büttnerbauer" – Lesarten, in: Günter Hartung/Hubert Orlowski (Hg.), Traditionen und Traditionssuche des deutschen Faschismus, Halle/Saale 1987, S. 71–82.

Kaufmann 1974   Geschichte der deutschen Literatur. Vom Ausgang des 19. Jahrhunderts bis 1917, hg. v. Hans Kaufmann unter Mitarbeit v. Silvia Schlenstedt, Berlin 1974.

Kemper 1974   Hans-Georg Kemper: Vom Expressionismus zum Dadaismus. Eine Einführung in die dadaistische Literatur, Kronberg/Ts. 1974.

Kennan 1981 George F. Kennan: Bismarcks europäisches System in der Auflösung. Die französisch-russische Annäherung 1875 bis 1890, Frankfurt a. M. / Berlin / Wien 1981.

King 2009 Martina King: Pilger und Prophet. Heilige Autorschaft bei Rainer Maria Rilke, Göttingen 2009.

Kittler 1986 Friedrich Kittler: Grammophon, Film, Typewriter, Berlin 1986.

Kolk 1998 Rainer Kolk: Literarische Gruppenbildung. Am Beispiel des George-Kreises 1890–1945, Tübingen 1998.

Koopmann 2001 Helmut Koopmann (Hg.): Thomas-Mann-Handbuch, 3. Aufl., Stuttgart 2001.

Koppen 1973 Erwin Koppen: Dekadenter Wagnerismus. Studien zur europäischen Literatur des Fin de siècle, Berlin / New York 1973.

Korte 1997 Hermann Korte: Die Dadaisten, 2. Aufl., Reinbek bei Hamburg 1997.

Koselleck 1990 Reinhart Koselleck: Einleitung – Zur anthropologischen und semantischen Struktur der Bildung, in: ders. (Hg.), Bildungsbürgertum im 19. Jahrhundert. Teil II: Bildungsgüter und Bildungswissen, Stuttgart 1990, S. 11–46.

Köwer 1987 Irene Köwer: Peter Altenberg als Autor der literarischen Kleinform. Untersuchungen zu seinem Werk unter gattungstypologischem Aspekt, Frankfurt a. M. u. a. 1987.

Kraus 1972 Karl Kraus: Die demolirte Literatur, hg. v. Dieter Kimpel, Steinbach 1972.

Kretschmer 1983 Ernst Kretschmer: Die Welt der Galgenlieder Christian Morgensterns und der viktorianische Nonsense, Berlin / New York 1983.

Kreuzer 1968 Helmut Kreuzer: Die Boheme. Beiträge zu ihrer Beschreibung, Stuttgart 1968.

Krull 1984 Wilhelm Krull: Prosa des Expressionismus, Stuttgart 1984.

Kurzke 1997 Hermann Kurzke: Thomas Mann. Epoche – Werk – Wirkung, 3. Aufl., München 1997.

Landauer 1903 Gustav Landauer: Skepsis und Mystik. Versuche im Anschluß an Mauthners Sprachkritik, Berlin 1903.

Langbehn 1890 Anonym [Julius Langbehn]: Rembrandt als Erzieher. Von einem Deutschen, Leipzig 1890.

Le Rider 2007 Jacques Le Rider: Arthur Schnitzler oder Die Wiener Belle Époque, Wien 2007.

Lichtenstein 1989 Alfred Lichtenstein: Dichtungen, hg. v. Klaus Kanzog und Hartmut Vollmer, Zürich 1989.

Lienhard 1900 Fritz [Friedrich] Lienhard: Die Vorherrschaft Berlins. Litterarische Anregungen, Flugschriften der Heimat, Heft 4, Leipzig / Berlin 1900.

Lienhard 1901 Friedrich Lienhard: Persönlichkeit und Volkstum – Grundlage der Dichtung, in: Fritz [Friedrich] Lienhard, Neue Ideale. Gesammelte Aufsätze, Leipzig / Berlin 1901, S. 1–14.

Löns 1981 Hermann Löns: Der Wehrwolf. Eine Bauernchronik, Köln 1981.

Luckmann 1991 Thomas Luckmann: Die unsichtbare Religion, Frankfurt a. M. 1991.

Luhmann 1980 Niklas Luhmann: Gesellschaftliche Struktur und semantische Tradition, in: ders., Gesellschaftsstruktur und Semantik. Studien zur Wissenssoziologie der modernen Gesellschaft, Bd. 1, Frankfurt a. M. 1980, S. 9–72.

Luhmann 1993 Niklas Luhmann: Individuum, Individualität, Individualismus, in: ders., Gesellschaftsstruktur und Semantik. Studien zur Wissenssoziologie der modernen Gesellschaft, Bd. 3, Frankfurt a. M. 1993, S. 149–258.

Lukács 1962ff.   Georg Lukács: Werke, 18 Bde., Berlin/Neuwied/Bielefeld 1962–2005.

Magerski 2004   Christine Magerski: Die Konstituierung des literarischen Feldes in Deutschland nach 1871. Berliner Moderne, Literaturkritik und die Anfänge der Literatursoziologie, Tübingen 2004.

Mahal 1996   Günther Mahal: Naturalismus, 3. Aufl., München, 1996.

Maillard/Titzmann 2002   Christine Maillard/Michael Titzmann (Hg.): Literatur und Wissen(schaften) 1890–1935, Stuttgart 2002.

Mandalka 1992   Kristina Mandalka: August Stramm – Sprachskepsis und kosmischer Mystizismus im frühen zwanzigsten Jahrhundert, Herzberg 1992.

Mann 1990   Thomas Mann: Gesammelte Werke in dreizehn Bänden, Frankfurt a. M. 1990.

Mann 2001ff.   Thomas Mann: Große Kommentierte Frankfurter Ausgabe. Werke – Briefe – Tagebücher, hg. v. Heinrich Detering, Eckhard Heftrich, Hermann Kurzke u. a., Bd. 1ff., Frankfurt a. M. 2001ff.

Marhold 1985   Hartmut Marhold: Impressionismus in der deutschen Dichtung, Frankfurt a. M. 1985.

Martens 1971   Gunter Martens: Vitalismus und Expressionismus. Ein Beitrag zur Genese und Deutung expressionistischer Stilstrukturen und Motive, Stuttgart u. a. 1971.

Marx 2002   Friedhelm Marx: Heilige Autorschaft? *Self-Fashioning*-Strategien in der Literatur der Moderne, in: Heinrich Detering (Hg.), Autorschaft. Positionen und Revisionen, Stuttgart/Weimar 2002, S. 107–120.

Mattenklott 1975   Gert Mattenklott: „Die Zeit der anderen Auslegung" der ‚Aufzeichnungen des Malte Laurids Brigge' von Rilke, in: Dieter Kimpel/Beate Pinkelneil (Hg.), Methodische Praxis der Literaturwissenschaft. Modelle der Interpretation, Kronberg/Ts. 1975, S. 117–157.

Mattenklott 1985   Gert Mattenklott: Bilderdienst. Ästhetische Opposition bei Beardsley und George, 2. Aufl., Frankfurt a. M. 1985.

Mauthner 1901f.   Fritz Mauthner: Beiträge zu einer Kritik der Sprache, 3 Bde., Stuttgart 1901/02.

Mix 2000   York-Gothart Mix (Hg.): Naturalismus, Fin de siècle, Expressionismus. 1890–1918, München/Wien 2000.

Möbius 1980   Hanno Möbius: Der Positivismus in der Literatur des Naturalismus. Wissenschaft, Kunst und soziale Frage bei Arno Holz, München 1980.

Monti 1985   Claudia Monti: Mach und die österreichische Literatur: Bahr, Hofmannsthal, Musil, in: Akten des Internationalen Symposiums ‚Arthur Schnitzler und seine Zeit', hg. v. Giuseppe Farese, Bern/Frankfurt a. M./New York 1985, S. 263–283.

Morgenstern 1987ff.   Christian Morgenstern: Werke und Briefe. Stuttgarter Ausgabe, hg. v. Reinhardt Habel u. a., 7 Bde., Stuttgart 1987–2005.

Mühsam 2004   Erich Mühsam: Tagebücher 1910–1924, hg. v. Chris Hirte, 3. Aufl., München 2004.

Müller 1996   Corinna Müller: Anfänge der Filmgeschichte: Produktion, Foren und Rezeption, in: Harro Segeberg (Hg.), Die Mobilisierung des Sehens. Zur Vor- und Frühgeschichte des Films in Literatur und Kunst, München 1996, S. 295–325.

Musil 1952ff.   Robert Musil: Gesammelte Werke in Einzelausgaben, hg. v. Adolf Frisé, 3 Bde., Hamburg 1952–57.

Neumann 1981   Gerhard Neumann: Franz Kafka. Das Urteil. Text, Materialien, Kommentar, München 1981.

Neumann 1997   Thomas Neumann: Völkisch-nationale Hebbelrezeption. Adolf Bartels und die Weimarer Nationalfestspiele, Bielefeld 1997.

ZITIERTE LITERATUR

Nietzsche 1967ff. Friedrich Nietzsche: Werke. Kritische Gesamtausgabe, hg. v. Giorgio Colli, Mazzino Montinari u. a., Bd. 1ff., Berlin/New York 1967ff.

Nietzsche 2003 Friedrich Nietzsche: Schreibmaschinentexte. Vollständige Edition, Faksimiles und kritischer Kommentar, aus dem Nachlass hg. v. Stephan Günzel und Rüdiger Schmidt-Grépály, 2. Aufl., Weimar 2003.

Nipperdey 1998 Thomas Nipperdey: Deutsche Geschichte 1866–1918, Bd.1: Arbeitswelt und Bürgergeist, München 1998.

Nordau 1892/93 Max Nordau: Entartung, 2 Bde., Berlin 1892/93.

Oehm 1993 Heidemarie Oehm: Subjektivität und Gattungsform im Expressionismus, München 1993.

Pankau 2005 Johannes Pankau: Sexualität und Modernität. Studien zum deutschen Drama des Fin de Siècle, Würzburg 2005.

Petrow 1995 Michael Petrow: Der Dichter als Führer? Zur Wirkung Stefan Georges im „Dritten Reich", Marburg 1995.

Pfeiffer 1975 Rainer Maria Rilke. Lou Andreas-Salomé. Briefwechsel, hg. v. Ernst Pfeiffer, Frankfurt a. M. 1975.

Pfeiffer 1976 Ernst Pfeiffer: Rilke und die Psychoanalyse, in: Literaturwissenschaftliches Jahrbuch 17, 1976, S. 247–320.

Pfister 1989 Manfred Pfister (Hg.): Die Modernisierung des Ich. Studien zur Subjektkonstitution in der Vor- und Frühmoderne, Passau 1989.

Pfohlmann 2003 Oliver Pfohlmann: ‚Eine finster drohende und lockende Nachbarmacht'? Untersuchungen zu psychoanalytischen Literaturdeutungen am Beispiel von Robert Musil, München 2003.

Pinthus 1996 Kurt Pinthus (Hg.): Menschheitsdämmerung. Ein Dokument des Expressionismus, Berlin 1996.

Pirsich 1985 Volker Pirsich: Der Sturm. Eine Monographie, Herzberg 1985.

Polenz 1909ff. Wilhelm von Polenz: Gesammelte Werke, 10 Bde., Berlin 1909–11.

Polt-Heinzl 2000 Evelyne Polt-Heinzl: Arthur Schnitzler: Leutnant Gustl (Erläuterungen und Dokumente), Stuttgart 2000.

Praschek 1981 Helmut Praschek (Hg.): Gerhart Hauptmanns „Weber". Eine Dokumentation. Mit einer Einleitung v. Peter Wruck, Berlin (Ost) 1981.

Preiß 1999 Martin Preiß: „Daß es diese Wirklichkeit nicht gäbe". Gottfried Benns Rönne-Novellen als Autonomieprogramm, St. Ingbert 1999.

Przybyszewski 1893 Stanislaw Przybyszewski: Totenmese, Berlin 1893.

Puschner 1996 Uwe Puschner: Deutsche Reformbühne und völkische Kultstätte. Ernst Wachler und das Harzer Bergtheater, in: Uwe Puschner/Walter Schmitz/Justus H. Ulbricht (Hg.), Handbuch zur „Völkischen Bewegung" 1871–1918, München u. a. 1996, S. 762–796.

Puschner 2001 Uwe Puschner: Die völkische Bewegung im wilhelminischen Kaiserreich. Sprache – Rasse – Religion, Darmstadt 2001.

Raabe 1967 Paul Raabe: Kafka und der Expressionismus, in: Zeitschrift für deutsche Philologie 86, 1967, S. 161–175.

Raabe 1992 Paul Raabe: Die Autoren und Bücher des literarischen Expressionismus. Ein bibliographisches Handbuch in Zusammenarbeit mit Ingrid Hannich-Bode, 2. Aufl., Stuttgart 1992.

ANHANG

Raabe/Greve 1960 Paul Raabe/Ludwig Greve: Expressionismus. Literatur und Kunst 1910–1923. Eine Ausstellung des Deutschen Literaturarchivs im Schiller-Nationalmuseum Marbach a. N., Marbach am Neckar 1960.

Rasch 1967 Wolfdietrich Rasch: Zur deutschen Literatur seit der Jahrhundertwende. Gesammelte Aufsätze, Stuttgart 1967.

Rasch 1986 Wolfdietrich Rasch: Die literarische Décadence um 1900, München 1986.

Reuchlein 1991 Georg Reuchlein: „Man lerne von der Psychiatrie". Literatur, Psychologie und Psychopathologie in Alfred Döblins „Berliner Programm" und „Die Ermordung einer Butteblume", in: Jahrbuch für internationale Germanistik 23, 1991, Heft 1, S. 10–68.

Reventlow 2004 Franziska zu Reventlow: Sämtliche Werke in fünf Bänden, hg. v. Michael Schardt, Oldenburg 2004.

Rilke 1933 Rainer Maria Rilke: Briefe aus den Jahren 1907 bis 1914, hg. v. Ruth Sieber-Rilke und Carl Sieber, Leipzig 1933.

Rilke 1996 Rainer Maria Rilke: Werke. Kommentierte Ausgabe in vier Bänden, hg. v. Manfred Engel u. a, Frankfurt a. M. 1996.

Rilke 1997 Rainer Maria Rilke: Die Aufzeichnungen des Malte Laurids Brigge, hg. und kommentiert v. Manfred Engel, Stuttgart 1997.

Rossbacher 1975 Karlheinz Rossbacher: Heimatkunstbewegung und Heimatroman. Zu einer Literatursoziologie der Jahrhundertwende, Stuttgart 1975.

Rothe 1986 Norbert Rothe (Hg.): Naturalismus-Debatte 1891–1896. Dokumente zur Literaturtheorie und Literaturkritik der revolutionären deutschen Sozialdemokratie, Berlin (Ost) 1986.

Ruprecht/Bänsch 1981 Erich Ruprecht/Dieter Bänsch (Hg.): Jahrhundertwende. Manifeste und Dokumente zur deutschen Literatur 1890–1910, Stuttgart 1981.

Ryan 1991 Judith Ryan: The vanishing subject: early psychology and literary modernism, Chicago 1991.

Sältzer 1989 Rolf Sältzer: Entwicklungslinien der deutschen Zola-Rezeption von den Anfängen bis zum Tode des Autors, Bern u. a. 1989.

Schaeffer/Strauss 1918 Albrecht Schaeffer/Ludwig Strauss: Die Opfer des Kaisers, Kremserfahrten und die Abgesänge der hallenden Korridore. Mit einer Nachrede, Leipzig 1918.

Scheffel 2002 Michael Scheffel: Strukturalismus. Das Urteil – Eine Erzählung ohne „geraden, zusammenhängenden, verfolgbaren Sinn"?, in: Oliver Jahraus/Stefan Neuhaus (Hg.), Kafkas „Urteil" und die Literaturtheorie. Zehn Modellanalysen, Stuttgart 2002, S. 59–77.

Scheideler 1997 Britta Scheideler: Zwischen Beruf und Berufung. Zur Sozialgeschichte der deutschen Schriftsteller von 1880–1933, Frankfurt a. M. 1997.

Scherer 1886 Wilhelm Scherer: Aufsätze über Goethe, Berlin 1886.

Scherpe 1983 Klaus R. Scherpe: „Beziehung" und nicht „Ableitung". Methodische Überlegungen zu einer Literaturgeschichte im sozialen Zusammenhang (am Beispiel der Nachkriegsliteratur), in: Thomas Cramer (Hg.), Literatur und Sprache im historischen Prozeß. Vorträge des Deutschen Germanistentages Aachen 1982, Bd. 1, Tübingen 1983, S. 77–90.

Scheuer 1974 Helmut Scheuer (Hg.): Naturalismus. Bürgerliche Dichtung und soziales Engagement, Stuttgart 1974.

Scheuer 1988 Helmut Scheuer (Hg.): Naturalismus (zugleich Der Deutschunterricht 40, 1988, 2. Heft).

Schiller 1943ff. Friedrich Schiller: Werke. Nationalausgabe, hg. v. Julius Petersen u. a., Bd. 1ff., Weimar 1943ff.

Schmidt-Bergmann 1993 Hansgeorg Schmidt-Bergmann: Futurismus. Geschichte, Ästhetik, Dokumente, Reinbek bei Hamburg 1996.

Schmitt 1973 Hans-Jürgen Schmitt (Hg.): Die Expressionismusdebatte. Materialien zu einer marxistischen Realismuskonzeption, Frankfurt a. M. 1973.

Schnitzler 1961ff. Arthur Schnitzler: Gesammelte Werke, 6 Bde., Frankfurt a. M. 1961–77.

Schnitzler 1964 Arthur Schnitzler: Anatol. Anatol-Zyklus – Anatols Größenwahn – Das Abenteuer seines Lebens. Texte und Materialien zur Interpretation, hg. v. Ernst Offermanns, Berlin 1964.

Schnitzler 2002 Arthur Schnitzler: Lieutenant Gustl. Novelle, hg. v. Konstanze Fliedl, Stuttgart 2002.

Schopenhauer 1977 Arthur Schopenhauer: Zürcher Ausgabe. Werke in zehn Bänden, Zürich 1977.

Schröder 1966 Jürgen Schröder: Am Grenzwert der Sprache. Zu Robert Musils Vereinigungen, in: Euphorion 60, 1966, S. 311–334.

Schweinitz 1992 Jörg Schweinitz (Hg.): Prolog vor dem Film. Nachdenken über ein neues Medium 1909–1914, Leipzig 1992.

Sheppard 1980ff. Richard Sheppard (Hg.): Die Schriften des Neuen Clubs 1908–1914, 2 Bde., Hildesheim 1980/83.

Simmel 1989ff. Georg Simmel: Gesamtausgabe, hg. v. Otthein Rammstedt, Bd. 1ff., Frankfurt a. M. 1989ff.

Soergel 1925 Albert Soergel: Dichtung und Dichter der Zeit. Eine Schilderung der deutschen Literatur der letzten Jahrzehnte. Neue Folge: Im Banne des Expressionismus, Leipzig 1925.

Sollmann 1973 Kurt Sollmann: Zur Ideologie intellektueller Opposition im beginnenden Imperialismus am Beispiel Bruno Willes, in: Gert Mattenklott/Klaus R. Scherpe (Hg.), Positionen der literarischen Intelligenz zwischen bürgerlicher Reaktion und Imperialismus, Kronberg/Ts. 1973, S. 179–209.

Spielhagen 1967 Friedrich Spielhagen: Das Gebiet des Romans, in: ders., Beiträge zur Theorie und Technik des Romans, Faksimiledruck nach der 1. Aufl. von 1883, mit einem Nachwort v. Hellmuth Himmel, Göttingen 1967, S. 35–63.

Spitzer 1918 Leo Spitzer: Die groteske Gestaltungs- und Sprachkunst Christian Morgensterns, in: Hans Sperber/Leo Spitzer, Motiv und Wort. Studien zur Literatur- und Sprachpsychologie, Leipzig 1918.

Spörl 1997 Uwe Spörl: Gottlose Mystik in der deutschen Literatur um die Jahrhundertwende, Paderborn 1997.

Sprengel 1984 Peter Sprengel: Gerhart Hauptmann. Epoche – Werk – Wirkung, München 1984.

Sprengel 1998 Peter Sprengel: Darwin in der Poesie. Spuren der Evolutionslehre in der deutschsprachigen Literatur des 19. und 20. Jahrhunderts, Würzburg 1998.

Stern 1963 Fritz Stern: Kulturpessimismus als politische Gefahr. Eine Analyse nationaler Ideologie in Deutschland, Bern/Stuttgart/Wien 1963.

Sternheim 1963ff. Carl Sternheim: Gesamtwerk, hg. v. Wilhelm Emrich, 10 Bde., Neuwied am Rhein 1963–76.

Stramm 1963 August Stramm: Das Werk, hg. v. René Radrizzani, Wiesbaden 1963.

Strauß 1876ff. David Friedrich Strauß: Gesammelte Schriften, 11 Bde., hg. v. Eduard Zeller, Bonn 1876–78.

ANHANG

Swales 1971   Martin Swales: Arthur Schnitzler. A critical study, Oxford 1971.

Szondi 1963   Peter Szondi: Theorie des modernen Dramas, Frankfurt a. M. 1963.

Taine 1911   Hippolyte Taine: Histoire de la Littérature Anglaise, Bd. 1, 13. Aufl., Paris 1911.

Thomé 1984   Horst Thomé: Kernlosigkeit und Pose. Zur Rekonstruktion von Schnitzlers Psychologie, in: Klaus Bohnen/Uffe Hansen/Friedrich Schmöe (Hg.), Fin de Siècle. Zu Naturwissenschaft und Literatur der Jahrhundertwende im deutsch-skandinavischen Kontext, Kopenhagen/München 1984, S. 62–87.

Thomé 1993   Horst Thomé: Autonomes Ich und ,Inneres Ausland'. Studien über Realismus, Tiefenpsychologie und Psychiatrie in deutschen Erzähltexten (1848–1914), Tübingen 1993.

Thomé 2000   Horst Thomé: Modernität und Bewußtseinswandel in der Zeit des Naturalismus und des Fin de siècle, in: Mix 2000, S. 15–27.

Titzmann 1991   Michael Titzmann (Hg.): Modelle des literarischen Strukturwandels, Tübingen 1991.

Titzmann 2002   Michael Titzmann: ,Grenzziehung' vs. ,Grenztilgung'. Zu einer fundamentalen Differenz der Literatursysteme ,Realismus' und ,Frühe Moderne', in: Hans Krah/Claus-Michael Ort (Hg.), Weltentwürfe in Literatur und Medien. Phantastische Wirklichkeiten – realistische Imaginationen. Festschrift für Marianne Wünsch, Kiel 2002, S. 181–209.

Toller 1978   Ernst Toller: Gesammelte Werke, hg. v. John M. Spalek und Wolfgang Frühwald, 5 Bde., München 1978.

Urbach 1974   Reinhard Urbach: Schnitzler-Kommentar zu den erzählenden Schriften und dramatischen Werken, München 1974.

Vaihinger 1913   Hans Vaihinger: Die Philosophie des Als Ob: System der theoretischen, praktischen und religiösen Fiktionen der Menschheit auf Grund eines idealistischen Positivismus, 2. Aufl., Berlin 1913.

Verhey 2000   Jeffrey Verhey: Der „Geist von 1914" und die Erfindung der Volksgemeinschaft, übers. v. Jürgen Bauer und Edith Nerke, Hamburg 2000.

Viebig 1986   Clara Viebig: Das Kreuz im Venn. Roman, Düsseldorf 1986.

Vietta/Kemper 1997   Silvio Vietta/Hans-Georg Kemper: Expressionismus, 6. Aufl., München 1997.

Völker 1993   Ludwig Völker: Lyrik als „Paradigma der Moderne"?, in: Zeitschrift für Germanistik N. F. 3, 1993, S. 487–500.

Wachler 1894   Götz Verding [Pseudonym für Ernst Wachler]: Volkstümliche Dramatik, in: Der Kunstwart 7, 1893/94, S. 241–248.

Wachler 1918   Ernst Wachler: Vermag die Wanderbühne unser Theater zu erneuern?, in: Das deutsche Drama 1, 1918, S. 153–156.

Wagner-Egelhaaf 1989   Martina Wagner-Egelhaaf: Mystik der Moderne. Die visionäre Ästhetik der deutschen Literatur im 20. Jahrhundert, Stuttgart 1989.

Walser 1997   Martin Walser: Ein Flugzeug über dem Haus und andere Geschichten, Frankfurt a. M. 1997.

Weber 1972   Max Weber: Wirtschaft und Gesellschaft. Studienausgabe, 5. Aufl., Tübingen 1972.

Wedekind 1994ff.   Frank Wedekind: Werke. Kritische Studienausgabe, hg. v. Elke Austermühl, Rolf Kieser und Hartmut Vinçon, Bd. 1ff., Darmstadt 1994ff.

Weigand 1894   Wilhelm Weigand: Der Vater. Drama in einem Akt, München 1894.

Wille 1901   Bruno Wille: Offenbarungen des Wachholderbaums. Roman eines Allsehers, 2 Bde., Leipzig 1901.

Wille 1920   Bruno Wille: Aus Traum u. Kampf. Mein 60jähriges Leben, Berlin 1920.

Wittgenstein 2003   Ludwig Wittgenstein: Logisch-philosophische Abhandlung. *Tractatus logico-philosophicus*, Frankfurt a. M. 2003.

Witzleben 1996   Brigitte von Witzleben: Untersuchungen zu Rainer Maria Rilkes „Die Aufzeichnungen des Malte Laurids Brigge". Studien zu den Quellen und zur Textüberlieferung, Vaasa 1996.

Wolters 1930   Friedrich Wolters: Stefan George und die Blätter für die Kunst. Deutsche Geistesgeschichte seit 1890, Berlin 1930.

Worbs 1983   Michael Worbs: Nervenkunst. Literatur und Psychoanalyse im Wien der Jahrhundertwende, Frankfurt a. M. 1983.

Worbs 1999   Michael Worbs: Mythos und Psychoanalyse in Hugo von Hofmannsthals *Elektra*, in: Thomas Anz/Christine Kanz (Hg.), Psychoanalyse in der modernen Literatur. Kooperation und Konkurrenz, Würzburg 1999.

Wunberg 1965   Gotthart Wunberg: Der frühe Hofmannsthal. Schizophrenie als dichterische Struktur, Stuttgart u. a. 1965.

Wunberg 1998   Gotthart Wunberg/Stephan Dietrich (Hg.): Die literarische Moderne: Dokumente zum Selbstverständnis der Literatur um die Jahrhundertwende. 2. Aufl., Freiburg i. Br. 1998.

Wünsch 1991   Marianne Wünsch: Vom späten „Realismus" zur „Frühen Moderne": Versuch eines Modells des literarischen Strukturwandels, in: Titzmann 1991, S. 187–203.

Wünsch 2002   Marianne Wünsch: Sexuelle Abweichungen im theoretischen Diskurs und in der Literatur der Frühen Moderne, in: Maillard/Titzmann 2002, S. 349–368.

Wuthenow 1980   Ralph-Rainer Wuthenow (Hg.): Stefan George in seiner Zeit. Dokumente zur Wirkungsgeschichte, Bd. 1, Stuttgart 1980.

Wuthenow 1981   Ralph-Rainer Wuthenow (Hg.): Stefan George und die Nachwelt. Dokumente zur Wirkungsgeschichte, Bd. 2, Stuttgart 1981.

Zeller 2001f.   Rosmarie Zeller: Grenztilgung und Identitätskrise. Zu Musils *Törleß* und *Drei Frauen*, in: Musil-Forum 27, 2001/02, S. 189–209.

Zimmermann 1995   Rolf Christian Zimmermann: Hauptmanns *Vor Sonnenaufgang*, Melodram einer Trinkerfamilie oder Tragödie menschlicher Blindheit?, in: Deutsche Vierteljahresschrift für Literaturwissenschaft und Geistesgeschichte 69, 1995, S. 494–511.

Žmegač 1980   Viktor Žmegač (Hg.): Geschichte der deutschen Literatur vom 18. Jahrhundert bis zur Gegenwart, Bd. II/1 und II/2, Königsstein/Ts. 1980.

Zola 1991   Emile Zola: Ecrits sur l'art, hg. v. Jean-Pierre Leduc-Adine, Paris 1991.

16.2 Abbildungs- und Gedichtverzeichnis

Abbildungen

Abbildung 1: *Jugend. Münchner illustrierte Wochenschrift für Kunst und Leben* (Januar 1900/ Nr. 1), Titelblatt, München und Leipzig. bpk/Dietmar Katz.

Abbildung 2: Friedrich Nietzsche: Das erste erhaltene Typoskript (1882). Foto: Klassik Stiftung Weimar, GSA 71/BW 275,5 Bl.10.

Abbildung 3: *Der Sturm. Wochenschrift für Kultur und die Künste* (Oktober 1912/Nr. 129), Titelblatt, Berlin.

Abbildung 4: Stefan George (1910), Fotografie von Jakob Hilsdorf.

Abbildung 5: Deutscher Monistenbund: Postkarte (um 1906). Ernst-Haeckel-Haus, Jena.

Abbildung 6: Adolph Menzel: Innenansicht des Schienenwalzwerks Königshütte (um 1872), Bleistiftzeichnung.

Abbildung 7: Léon Augustin L'Hermitte: *La leçon de Claude Bernard* (1889, Unterricht bei Claude Bernard), Gemälde.

Abbildung 8: Ernst Mach: „Sebstschauung" des Ich (1886), Zeichnung, aus: ders., Beiträge zur Analyse der Empfindungen (1886).

Abbildung 9: André Brouillet: *Charcot à la Salpêtrière* (1887, Charcot in der Salpêtrière), Gemälde. akg-images/Erich Lessing.

Abbildung 10: Loïe Fuller, amerikanische Tänzerin und Schauspielerin (1897), Fotografie. bpk/RMN/Isaiah West Taber.

Abbildung 11: Schauspieler auf der Naturbühne des Harzer Bergtheaters (ca. 1905 in Friedrich Lienhards *Wieland der Schmied*), Fotografie.

Abbildung 12: Stanislaw Przybyszewski: *Totenmesse*, Buchdeckel der Erstausgabe (1893). F. Fonaten & Co, Berlin.

Abbildung 13: George Grosz: *Friedrichstraße* (1918), Feder und Tusche. VG Bild-Kunst, Bonn 2009.

Abbildung 14: Anthony Perkins als Josef K. in Orson Welles' Film *Le procès* (*Der Prozess*, 1962), Filmstill. Bildquelle: Deutsches Filminstitut – DIF, Frankfurt.

Gedicht

Jakob van Hoddis: Weltende, aus: Regina Nörtemann (Hg.), Jakob van Hoddis: Dichtungen und Briefe. Wallstein Verlag, Göttingen 2007, Erbengemeinschaft Jakob van Hoddis.

(Der Verlag hat sich um die Einholung der Rechte bemüht. Da in einigen Fällen die Inhaber der Rechte nicht zu ermitteln waren, werden rechtmäßige Ansprüche nach Geltendmachung ausgeglichen.)

16.3 Personenverzeichnis

Adorno, Theodor W. 213
Aichinger, Ilse 218
Alberti, Conrad 21, 43, 62f., 67, 87, 103f., 106, 112, 223f.
Alewyn, Richard 48, 129
Altenberg, Peter 47, 60, 123f., 129, 196
Andreas-Salomé, Lou 137, 146
Andrian, Leopold von 47
Anz, Thomas 136, 145, 223
Anzengruber, Ludwig 171, 179
Arent, Wilhelm 27, 38, 60, 224
Aristoteles 125, 133

Bacon, Francis 152
Baginski, Max 88
Bahr, Hermann 17, 23, 28, 46–48, 53f., 120f., 125, 128–130, 135, 138, 146, 155, 181, 189, 215, 224
Ball, Hugo 59, 160, 161f., 220, 250
Bartels, Adolf 165, 168, 169f., 172, 174
Barthes, Roland 109
Baudelaire, Charles 18, 21, 48, 59, 141, 180f., 183, 185
Baum, Oskar 216
Bebenburg, Edgar Karg von 91
Becher, Johannes R. 50, 209
Beer-Hofmann, Richard 47
Beissner, Friedrich 200
Benjamin, Walter 209, 220
Benn, Gottfried 15, 50, 51f., 82, 143, 198f., 205, 214f., 220, 223, 225
Bergson, Henri 78f.
Bernard, Claude 62, 99, 100, 103, 112
Bernstein, Max 21
Bierbaum, Otto Julius 20, 43, 44, 48, 224
Bismarck, Otto Fürst von 21, 27, 60, 85
Blass, Ernst 49f.
Bleibtreu, Carl 27, 38, 44, 60, 103, 106, 224
Bloch, Ernst 209, 215
Blümner, Rudolf 159, 161
Bölsche, Wilhelm 43, 44f., 61–63, 70,74, 75f., 81, 89, 103f., 106, 112
Brahm, Otto 44, 89
Brecht, Bertolt 209
Breuer, Josef 133, 135, 155, 225
Breuer, Stefan 66
Brod, Max 216f., 220, 224
Brouillet, André 131f.
Büchner, Ludwig 101, 179

Canetti, Elias 220
Celan, Paul 220

Cézanne, Paul 37, 141
Chamberlain, Houston Stewart 172
Charcot, Jean-Martin 131f.
Coetzee, John M. 220
Comte, Auguste 101f., 103f.
Conrad, Michael Georg 44, 106
Conradi, Hermann 27, 38, 43f., 60, 87

D'Annunzio, Gabriele 48, 181
Dahn, Felix 28
Darwin, Charles 39, 74, 82, 101, 103f., 118, 180, 250
Dauthendey, Maximilian 123f., 125, 129, 212, 224
Dehmel, Richard 44, 48, 123, 179, 212, 224
Derleth, Ludwig 63f.
Dilthey, Wilhelm 106
Döblin, Alfred 37, 42, 51, 130, 135, 143–145, 197, 205, 223f., 251
Dörmann, Felix 47f., 120, 123f.
Dostojewski, Fjodor 103
Driesch, Hans 78
Dujardin, Edouard 38

Edschmid, Kasimir 49, 53, 205, 223f.
Ehrenstein, Albert 42, 50, 205, 216
Eichendorff, Joseph von 94
Einstein, Carl 50f., 198f., 205, 223f.
Engel, Manfred 37, 142, 220, 229f.
Ewers, Hans Heinz 196

Fechner, Gustav Theodor 73f., 82
Fels, Friedrich Michael 10, 23
Feuerbach, Ludwig 101
Fontane, Theodor 27–29, 32f., 38, 43, 57f., 68, 89, 111
Foucault, Michel 36
Frenssen, Gustav 170, 172, 175
Freud, Sigmund 16, 130, 132f., 134–138, 140, 142, 146, 155, 209, 252
Fritsch, Theodor 167
Fuchs, Rudolf 216
Fuller, Loïe 147f.

Galton, Sir Francis 166
Gautier, Théophile 59, 181, 183
Gebsattel, Emil Freiherr von 141
George, Stefan 17f., 36f., 43, 47–49, 55f., 59, 63–66, 68, 90f., 125, 157, 181, 186f., 190, 208–213, 219–221, 223–226
Goebbels, Joseph 214

Goethe, Johann Wolfgang von 74, 121, 126, 175, 183, 219
Goll, Iwan 296
Gomringer, Eugen 213
Grautoff, Otto 184
Gross, Otto 135
Grosz, George 191f.
Gundolf, Friedrich 56, 211

Habermas, Jürgen 57, 67f.
Haeckel, Ernst 15, 70, 73f., 75, 101, 179, 250
Halbe, Max 21, 43f., 59, 86, 224
Handke, Peter 162, 218
Hanstein, Adalbert von 27, 43, 45, 109, 252
Hardekopf, Ferdinand 49, 52
Hart, Heinrich 27, 44f., 53, 60f., 74, 86, 106, 223
Hart, Julius 27, 43–45, 53, 59f., 74, 86, 106, 196, 224
Hartleben, Otto Erich 27, 43f.
Hasenclever, Walter 14, 52, 94–96, 199, 224
Haubach, Theodor 93
Hauptmann, Gerhart 20, 43f., 82, 84, 86–90, 96f., 104, 107–113, 209, 224, 226
Hausmann, Raoul 220
Hebbel, Friedrich 274
Hegel, Georg Friedrich Wilhelm 149
Heine, Heinrich 169
Heißenbüttel, Helmut 213
Helmholtz, Hermann von 118
Henckell, Karl 38, 43, 60, 149
Hennings, Emmy 59
Herzfeld, Marie 48
Heym, Georg 22, 49f., 52, 80–82, 198, 220
Hille, Peter 59, 63f., 224
Hiller, Kurt 49f., 94f., 203, 250
Hilsdorf, Jakob 55
Hitler, Adolf 211, 214f.
Hoddis, Jakob van 19, 50f., 193f., 196, 205
Hofmannsthal, Hugo von 18f., 21, 27f., 36, 46–49, 73, 78, 82, 91, 120, 125–130, 135f., 143, 146, 151–153, 155f., 161f., 181, 190, 209, 224, 227
Holz, Arno 21, 27, 38, 43, 62, 63–65, 67, 75f., 82, 86, 89, 104–109, 112f., 148–150, 159, 223f., 251
Horaz 187
Hutten, Ulrich von 27
Huysman, Joris-Karl 130, 185

Ibsen, Henrik 45, 103, 111, 188

Jerschke, Oskar 104
Jones, David Hugh 219
Jung, Carl Gustav 133

Kafitz, Dieter 181, 190, 222
Kafka, Franz 51f., 82, 130, 154, 198–201, 205f., 208f., 216–220
Kaiser, Georg 95, 203–205
Kandinsky, Wassily 42, 51, 224
Kant, Immanuel 118, 121
Kästner, Erich 209
Kaufmann, Hans 34
Keller, Gottfried 171, 179
Kemper, Hans-Georg 51f., 158, 162, 193, 202, 206
Kennan, George F. 21
Keyserling, Eduard von 123
Kienzl, Hermann 196
Kierkegaard, Sören 204
Kittler, Friedrich 37
Klages, Ludwig 47, 60
Klee, Paul 51
Kleist, Heinrich von 216
Klopstock, Friedrich Gottlieb 64
Kokoschka, Oskar 51
Kracauer, Siegfried 92
Kraus, Karl 19, 47, 78, 146, 150, 209
Krull, Wilhelm 52
Kurella, Alfred 213–215

L'Hermitte, Leon Augustin 99, 112
Lagarde, Paul de 167, 176
Lamarck, Jean Baptiste de 111, 181, 251
Landauer, Gustav 61f., 89, 150, 156, 160, 161
Langbehn, Julius 167f., 176
Lasker-Schüler, Else 51, 59, 209
Laßwitz, Kurd 73
Lenin, Wladimir Ilijtsch 174
Lichtenstein, Alfred 50, 194, 196, 224
Liebknecht, Karl 87
Lienhard, Friedrich 164, 168–170, 175
Liliencron, Detlev von 44, 48, 123, 224
Loewenson, Erwin 49f., 79f.
Lombroso, Cesare 183
Löns, Hermann 170–172
Louis-Philippe I., König von Frankreich 58
Lublinski, Samuel 27
Luckmann, Thomas 71
Luhmann, Niklas 12f., 24, 35, 39
Lukács, Georg 214–216
Lumière, August Marie und Louis Jean 195
Luther, Martin 166
Luxemburg, Rosa 210

Mach, Ernst 16, 115–117, 119–122, 124, 128f., 130, 135, 138, 142, 151, 162
Mackay, John Henry 43, 44
Maeterlinck, Maurice 125

Magnan, Valentin 180
Mahal, Günther 45, 107
Mallarmé, Stéphane 47f., 64, 148
Mann, Heinrich 48, 59, 82, 94, 181, 190, 204, 209, 125
Mann, Klaus 210f., 214
Mann, Thomas 20, 22, 28, 48, 58, 59, 66f., 94, 135, 170, 181, 183-185, 190, 209f., 215, 217, 227f.
Marc, Franz 51
Marinetti, Filippo Tommaso 51, 59, 159
Martens, Gunter 79, 82
Marx, Karl 34, 210
Mauthner, Fritz 89, 151f., 156f., 159f., 162
May, Karl 28
Mehring, Franz 45, 87
Meier-Gräfe, Julius 48
Meister Eckhart 156
Menzel, Adolph 83, 84
Mill, John Stuart 102, 104f.
Moleschott, Jakob 101
Morel, Bénédict Augustin Morel 179f.
Morgenstern, Christian 37, 155, 157f., 160, 162, 213
Mühsam, Erich 59-62, 137, 209f.
Musil, Robert 15, 48f., 73, 82, 120, 130, 142f., 146, 153, 156f., 199, 209, 216, 229

Napoléon Bonaparte 126
Nietzsche, Friedrich 16, 25f., 64, 72, 77-79, 86, 93, 118-120, 125f., 135, 150f., 157, 159f., 161, 169, 181, 183f., 185, 203f., 212
Nipperdey, Thomas 23, 71, 81, 252
Nisard, Désiré 180
Nordau, Max 20, 182f., 189

Oppert, Kurt 124, 250

Perkins, Anthony 207f.
Pfemfert, Franz 50f.
Pinter, Harold 219
Pinthus, Kurt 51f., 193, 202, 209, 224
Pius IX. 71
Poe, Edgar Allan 180
Polenz, Wilhelm von 170, 172f.
Politzer, Heinz 217
Praz, Mario 48
Przybyszewski, Stanislaw 48, 177f., 181, 182, 190

Raabe, Paul 52, 54, 199, 221
Raabe, Wilhelm 28, 171
Rasch, Wolfdietrich 48, 190
Reventlow, Franziska zu 59f.

Rilke, Rainer Maria 19, 28f., 30-38, 48, 60, 63f., 68, 82, 124f., 130, 135, 137, 140-142, 146, 154, 162, 194, 212, 220, 229f., 250
Ringelnatz, Joachim 209
Rodin, Auguste 148
Rousseau, Jean-Jacques 94
Rowohlt, Ernst 17, 51f.
Rubiner, Ludwig 50f.
Rye, Stellan 196

Sachs, Hans 175
Schaeffer, Albrecht 212f.
Scheideler, Britta 57, 68
Schelling, Friedrich Wilhelm Joseph von 73
Scherer, Wilhelm 106
Schiller, Friedrich von 107, 110, 174f.
Schlaf, Johannes 21, 27, 43f., 63, 82, 89, 106f., 108f., 112f., 149
Schnitzler, Arthur 14, 36, 47, 49, 120, 125, 127-130, 135, 139, 146, 154, 181, 190, 209, 230f.
Schönherr, Karl 175, 224
Schopenhauer, Arthur 184, 187
Schreyer, Lothar 159
Schuler, Alfred 47
Schwitters, Kurt 220
Shakespeare, William 175, 217
Simmel, Georg 79, 193f.
Soergel, Albert 52
Sokel, Walter Herbert 52
Spencer, Herbert 104
Spielhagen, Friedrich 62
Stadler, Ernst 50, 220, 224
Stauffenberg, Claus von 211
Sternheim, Carl 51, 92f., 209
Storm, Theodor 57, 67, 171, 179
Stramm, August 50f., 158f.
Strauß, David Friedrich 72
Strauss, Ludwig 212f.
Strindberg, August 44, 103, 125, 203
Stumpf, Carl 15, 120
Swinburne, Charles 21, 48

Taber, Isaiah West 147
Taine, Hippolyte 102f., 104
Thomé, Horst 12, 23, 30, 82, 146
Titzmann, Michael 35, 39, 54
Toller, Ernst 15, 61f., 95, 202f., 209
Tolstoi, Leo 103
Träger, Albert 149
Trakl, Georg 50-52, 224
Tucholsky, Kurt 209, 220

Vaihinger, Hans 118, 151
Verlaine, Paul 21

Viebig, Clara 170f.
Vietta, Silvio 52, 193, 198
Vogt, Karl 101

Wachler, Ernst 168, 174f., 176
Wagner, Richard 77, 93, 167, 183–185
Walden, Herwarth 42, 50f., 159, 215
Walser, Martin 162, 218f.
Weber, Max 14, 64f.
Wedekind, Frank 44, 59, 188–190
Wegener, Paul 196
Weigand, Wilhelm 182f.
Welles, Orson 207f., 219
Werfel, Franz 50–52, 202
Wilde, Oscar 181
Wildenbruch, Ernst von 57
Wilhelm I., Preußischer König und Deutscher Kaiser 21

Wilhelm II., Preußischer König und Deutscher Kaiser 21, 57, 87, 96
Wille, Bruno 44f., 61, 70, 74f., 86, 224
Wittgenstein, Ludwig 156f.
Wolff, Eugen 11
Wolff, Kurt 17, 51f., 95, 217
Wolfskehl, Karl 47, 125, 211, 224
Wolters, Friedrich 65, 210f.
Worbs, Michael 146, 155
Wunberg, Gotthart 48, 54
Wundt, Wilhelm 16, 119, 121, 133

Zech, Paul 50
Zola, Emile 43f., 45, 62f., 94, 103f., 105, 113, 251
Zweig, Stefan 209

16.4 Glossar

Aktivismus (Selbst-)Bezeichnung für den oft → utopischen, revolutionären Linkssozialismus einiger Expressionisten, insbesondere von Kurt Hiller. Ausgehend vom → Vitalismus wurde gefordert, dass Intellektuelle auf die Politik wirken sollten, indem sie Zielvorgaben formulieren und zur politischen „Tat" aufrufen. → KAPITEL 6.4, 13.3, 13.4

Ästhetizismus Kunsttheoretische Auffassung, die für die Kunst eine radikale Autonomie (im Sinne einer → Kunst für die Kunst) fordert. Häufig wird damit auch die Einstellung von (literarischen) Personen bezeichnet, die die Welt nicht als Ort des Handelns und der sozialen Beziehungen, sondern als ein selbstgenügsames Kunstwerk betrachten. Als literaturhistorischer Epochenbegriff bezeichnet er in der Regel diejenige gegennaturalistische Literatur um 1900, die Kunst absolut autonom setzt. → KAPITEL 6.3, 12.3, 14.2

Avantgarde Der Begriff stammt aus der Militärsprache [franz. *avantgarde* = Vorhut] und bezeichnet Kunstströmungen des 20. Jahrhunderts, die durch ihr antibürgerliches Kunstverständnis im Gegensatz zum herkömmlichen Literaturbetrieb stehen und die Auffassung vertreten, ihre Ästhetik sei fortschrittlicher als die anderer Strömungen. → KAPITEL 1.2, 14.3

Bewusstseinspsychologie Psychologische Strömung, deren Vertreter davon ausgehen, dass alles Psychische bewusst ist. → KAPITEL 8

Boheme Personengruppe, die sich durch einen gegenbürgerlichen Lebensstil und ebensolche Werte auszeichnet. → KAPITEL 1.1, 4.2, 12.4

Bote aus der Fremde Formulierung des Literaturwissenschaftlers Ernst Herbert Bleich aus dem Jahr 1936. Er beschrieb damit Figuren des naturalistischen Dramas, die von außen in ein Milieu kommen und eine latent krisenhafte Situation sichtbar machen bzw. eskalieren lassen. → KAPITEL 7.3

Botenbericht Dramentechnischer Terminus, der die Vermittlung eines bereits vergangenen Geschehens außerhalb der Bühne durch eine Bühnenfigur bezeichnet. → KAPITEL 6.2

Dadaismus Avantgardistische Strömung der Literatur und Bildenden Kunst, die sich gegen den traditionellen Kunstbegriff wendet und sich durch ihre Antibürgerlichkeit auszeichnet. Keimzelle des Dadaismus ist das Züricher Cabaret Voltaire, das 1916 u. a. von Hugo Ball gegründet wurde. → KAPITEL 10.4

Darwinismus Sammelbezeichnung für Theorien, die sich an Charles Darwins Evolutionslehre orientieren. In der idealistischen Variante wird die Selektionstheorie zugunsten der Vorstellung einer zielgerichteten Höherentwicklung der Lebewesen vernachlässigt. In Deutschland wird diese idealistische Spielart besonders vom Biologen Ernst Haeckel als → Weltanschauung im Sinne des → Monismus vertreten. → KAPITEL 5.2, 8.1, 10.1

Décadence Vieldeutiger Begriff, der vorwiegend den kulturellen Niedergang [franz. *décadence* = Verfall] einer Zeit meint. Durch die Vorstellung, dass der Verfall eine biologische Komponente enthält (z. B. Überfeinerung der Nerven), ist er mit der → Degeneration verbunden. Décadence ist abwertender Kampfbegriff, z. B. der Völkischen, ebenso wie eine positiv gemeinte Selbstcharakterisierung von Künstlern seit ca. 1850 und schließlich wertneutrale Epochenkennzeichnung der heutigen Literaturwissenschaft. → KAPITEL 1.2, 2.3, 3.2, 11.2, 12

Degeneration Um 1900 häufig anzutreffende Vorstellung, dass sich eine Familie oder eine Gesellschaft über eine Folge von Generationen im körperlichen und geistigen Niedergang befindet, auch Entartung genannt. → KAPITEL 1.2, 12

Dinggedicht Begriff des Literaturwissenschaftlers Kurt Oppert aus dem Jahr 1926, der damit insbesondere Gedichte von Rainer Maria Rilke bezeichnete, die ein Ding (Tier, Pflanze, Kunstwerk etc.) zum Gegenstand haben. → KAPITEL 8.2

Einakter Kurzes Drama aus einem Akt, das um 1900 sehr beliebt war. → KAPITEL 8.3

ANHANG

Erlebte Rede Terminus der Erzähltextanalyse. Wiedergabe von Gedanken oder Worten einer Figur in der 3. Person Präteritum Indikativ ohne einleitendes Verb des Sagens, Denkens oder Fühlens, wobei sich Figuren- und Erzählerperspektive überlagern. → KAPITEL 9.2, 9.4

Heimatkunst Sammelbezeichnung für Dichtung, die in der Heimat den zentralen Wert sieht. Heimat meint dabei den jeweiligen lokalen Raum, mit dem seine Bewohner eng verbunden sind. Feindbild ist häufig die Großstadt. → KAPITEL 11

Hysterie Bezeichnete um 1900 ein psychisches Leiden vorwiegend weiblicher Personen, bei dem ein verdrängter Bestandteil des Bewusstseins für bestimmte körperliche Symptome wie Lähmungen verantwortlich gemacht wurde. → KAPITEL 9.1, 10.3

Impressionismus Bezeichnung für einen Teil der Fin-de-Siècle-Literatur, der die Welt als Menge augenblicklicher Sinneseindrücke gestaltet. → KAPITEL 8.2

Innerer Monolog Erzählung von Gedanken, Assoziationen und Wahrnehmungen einer Figur in der 1. Person Präsens ohne Erzähleranteil. Stilistisch ist häufig eine Nähe zur mündlichen Sprache erkennbar. → KAPITEL 9.2

Kinostil Begriff aus dem *Berliner Programm* (1913) von Alfred Döblin. Er bezeichnet eine Orientierung der literarischen Gestaltung an der Ästhetik des Kinos. → KAPITEL 13.2

Kunst = Natur − x Vom Naturalisten Arno Holz in Anlehnung an den französischen Schriftsteller Emile Zola und den → Positivismus aufgestellte Formel. Sie definiert Kunst als Natur, abzüglich x. Dabei ist x das künstlerische Medium (Sprache, Marmor, Ölfarben etc.), in dem nachgeahmt wird, einschließlich der Handhabung dieses Mediums. → KAPITEL 7.2

Kunst für die Kunst Aus Frankreich stammende Formulierung [franz. *l'art pour l'art*] einer Kunsttheorie, die besagt, dass Kunst keinem anderen gesellschaftlichen Bereich verpflichtet sein sollte, sondern nur um ihrer selbst willen – als Selbstzweck – existiert. → KAPITEL 6.3

Lamarckismus Überzeugung, dass erworbene körperliche und geistige Eigenschaften wie trainierte Muskeln oder Gemütszustände vererbt werden können. → KAPITEL 7.3, 12.1

Lautgedicht Dichtung aus Lautverbindungen ohne konventionelle Wortbedeutungen. → KAPITEL 10.3

Materialismus Überzeugung, dass die gesamte geistige und körperliche Welt auf Materie zurückgeführt werden kann. Damit verbunden ist um 1900 häufig die Leugnung eines transzendenten Gottes und der Willensfreiheit. → KAPITEL 7.1, 11.1

Mauerschau Dramentechnischer Terminus, der die Vermittlung eines gleichzeitig außerhalb der Bühne stattfindenden Geschehens durch eine Bühnenfigur bezeichnet. → KAPITEL 6.2

Mimesis Aus der Antike stammender Ausdruck der Poetik und Ästhetik, der bezeichnet, dass Kunst die Welt nachahmt oder darstellt [griech. *mimesis* = darstellen]. → KAPITEL 3.1, 3.2, 6

Monismus Im Gegensatz zum Dualismus die um 1900 wirkungsmächtige Überzeugung, dass es nur ein Prinzip des Seins gibt, d. h. dass Geistiges und Körperliches, Psychisches und Physisches letztlich eins sind. → KAPITEL 5.2

Mystik Erfassung des Übersinnlichen und Göttlichen nicht durch die Vernunft oder die Sinne, sondern durch eine besondere innere Erfahrung. Das Wort kommt aus dem Griechischen und meint das Schließen [griech. *mýo* = sich schließen] der Augen, also das Versenken ins Innere. → KAPITEL 5, 9.3, 10

Nonsens Komische Dichtung, die auf empirischen, logischen oder sprachlichen Regelverletzungen aufbaut. → KAPITEL 10.3, 14.2

Positivismus Philosophische und wissenschaftliche Richtung, die vom Gegebenen und Erfassbaren ausgeht und mittels genauer Beschreibung und Beobachtung räumlich-zeitliche Abhängigkeiten ermitteln will. Bei dieser Art des Erkenntnisgewinns wird die Bezugnahme auf Übersinnliches abgelehnt. → KAPITEL 6.2, 7

GLOSSAR

Reihungsstil Grammatikalisch unverbundenes Nebeneinander ungleichartiger Vorstellungen, insbesondere im Gedicht oder in lyriknaher Prosa. → KAPITEL 13.1

Sekundenstil Vom Literaturhistoriker Adalbert von Hanstein im Jahr 1900 geprägter Begriff, der – „Sekunde für Sekunde" – die exakte Wiedergabe der Wirklichkeit in Dichtung meint. → KAPITEL 7.3, 8.2

Simultangedicht Gedicht, in dem durch den → Reihungsstil der Eindruck der Gleichzeitigkeit und der Gleichartigkeit räumlich getrennter Vorstellungen hervorgerufen wird. → KAPITEL 13.1

Soziale Frage Name für die Debatte über soziale Missstände, die im Zuge der Industrialisierung auftraten. → KAPITEL 6.1

Stationendrama Im Expressionismus häufiger Dramentypus, bei dem die Einteilung in Akte durch eine Reihung von Einzelbildern ersetzt ist. Eine kontinuierliche Handlungsführung gibt es in der Regel so wenig wie die Einheit von Ort und Zeit. → KAPITEL 13.4

Symbolismus Bezeichnung für Teile der gegennaturalistischen Literatur, die anders als die Naturalisten Dinge und Gefühle nicht direkt benennen und damit → mimetisch wiedergeben, sondern durch stilistische Kunstmittel im Leser evozieren wollen. → KAPITEL 3.2, 6.3, 9.3

Tiefenpsychologie Psychologische Strömung, die einen nichtbewussten Teil der Psyche annimmt und ihm eine große Bedeutung zuspricht. Die einflussreichste tiefenpsychologische Theorie ist die Psychoanalyse Sigmund Freuds. → KAPITEL 9

Utopie Der Begriff bezeichnet politisch-soziale Idealvorstellungen oder deren literarische Gestaltung. Häufig wurde das ideale Gemeinwesen an exotischen oder nicht existierenden Orten [griech. *ou* = nicht; *topos* = Ort] aufgesucht, in die Vergangenheit oder seit dem späten 18. Jahrhundert auch in die Zukunft verlegt. → KAPITEL 13.4

Vagierende Religiosität Der Terminus des Historikers Thomas Nipperdey bezeichnet die außerkirchliche religiöse Gestimmtheit um 1900, wie sie z. B. im → Monismus, der → Mystik, im völkischen Neuheidentum oder in der religiösen Überhöhung des Lebens zu fassen ist. → KAPITEL 5, 11.1, 11.3

Vitalismus Biologisch-naturphilosophische Überzeugung, dass dem Leben eine Kraft zugrunde liegt („Lebenskraft"), die sich nicht weiter erklären lässt. → KAPITEL 5.3, 13.3

Weltanschauung Beschreibt die Welt als sinnvolles Ganzes unter Zuhilfenahme von Ergebnissen der Naturwissenschaften, die spekulativ ergänzt werden. → KAPITEL 1.1, 4.3, 5, 6.2, 7.1

Wortkunsttheorie Sammelbezeichnung für sprachtheoretische Überlegungen im Umkreis der expressionistischen Zeitschrift *Der Sturm*. In der Wortkunsttheorie wird dem einzelnen Wort und seiner „Ur-Bedeutung" mehr poetischer Wert zugestanden als Grammatik und Logik. → KAPITEL 10.4

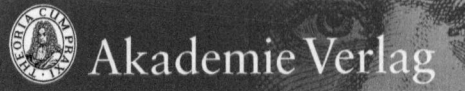

Akademie Verlag

Akademie Studienbücher

Literaturwissenschaft

Basisbuch

Ursula Kocher, Carolin Krehl
Literaturwissenschaft
Studium – Wissenschaft – Beruf
2008. 224 S. – 19 Abb. – 155 x 215 mm,
Broschur, € 19,80
ISBN 978-3-05-004413-2

- Gegenstandsbereiche des Studiums
- Berufsfelder für Literaturwissenschaftler
- Literaturwissenschaftliche Schlüsselbegriffe, Theorien und Modelle, z. B. Text, Fiktionalität, Epochen
- Literaturwissenschaft historisch betrachtet
- Anschlüsse und Abgrenzungen: Philologie, Literaturwissenschaft, Kulturwissenschaft
- Schlüsselkompetenzen für Studium und Beruf: z.B. Recherche, Lesen und Schreiben, Kritik und Thesenbildung, Präsentieren und Lektorieren

Arbeitsbuch

Kristin Felsner, Holger Helbig,
Therese Manz
Arbeitsbuch Lyrik
2008. 297 S. – 26 Abb. – 155 x 215 mm,
Broschur, € 19,80
ISBN 978-3-05-004434-7

- Anwendungsorientierte Vermittlung des Handwerkszeugs zur Gedichtinterpretation
- Ausführliche Einführung in Metrik und Rhetorik
- Wichtige Vers-, Strophen- und Gedichtformen und ihre Geschichte
- Historische Kontexte, Intertextualität, Bild-Text-Beziehungen
- Überblick über den historischen Wandel des Lyrikbegriffs
- Konkrete Anwendung des Gelernten in Beispielinterpretationen
- Übungsaufgaben zu allen Themen, Tipps zu Gliederung und Aufbau von Interpretationen

www.akademie-verlag.de | info@akademie-verlag.de

Akademie Verlag

Akademie Studienbücher

Literaturwissenschaft

Epochenbände

Andreas Keller
Frühe Neuzeit
Das rhetorische Zeitalter
2008. 231 S. – 15 Abb. – 155 x 215 mm,
Broschur, € 19,80
ISBN 978-3-05-004399-9

Iwan-Michelangelo D'Aprile, Winfried Siebers
Das 18. Jahrhundert
Zeitalter der Aufklärung
2008. 255 S. – 18 Abb. – 155 x 215 mm,
Broschur, € 19,80
ISBN 978-3-05-004364-7

Themenbände

Alexander Košenina
Literarische Anthropologie
Die Neuentdeckung des Menschen
2008. 254 S. – 37 Abb. – 155 x 215mm,
Broschur, € 19,80
ISBN 978-3-05-004419-4

Franziska Schößler
Einführung in die Gender Studies
2008. 232 S. – 10 Abb. – 155 x 215mm,
Broschur, € 19,80
ISBN 978-3-05-004404-0

Weitere Titel, auch zu den Fächern Geschichte, Philosophie, Kultur- und
Sprachwissenschaft finden Sie unter **www.akademie-studienbuch.de**

www.akademie-studienbuch.de

www.ingramcontent.com/pod-product-compliance
Lightning Source LLC
Chambersburg PA
CBHW032109220426
43664CB00008B/1192